KB021061

허 당 선 생 의 공 부 뒤 집 기

이것이
공부다

이것이 공부다

초판 1쇄 발행 | 2012년 1월 17일
초판 3쇄 발행 | 2012년 12월 31일

글쓴이 | 이한
펴낸이 | 현병호
편 집 | 김경옥, 홍미진
디자인 | 전인애

펴낸곳 | 도서출판 민들레
주 소 | 서울시 마포구 성산동 209-4
전 화 | 02) 322-1603
전 송 | 02) 6008-4399

전자우편 | mindle98@empal.com
홈페이지 | www.mindle.org
SNS | www.facebook.com/mindlebooks
www.twitter.com/mindleda

ISBN | 978-89-88613-49-8 (03300)

이 도서의 국립중앙도서관 출판시도서목록(CIP)은
e-CIP 홈페이지(www.ni.go.kr/cip.php)에서 이용하실 수 있습니다.
(CIP 제어번호: CIP2011005664)

값은 뒤표지에 있습니다. 잘못된 책은 바꾸어 드립니다.

허 당 선 생 의   공 부   뒤 집 기

이것이 공부다

민들레

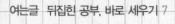

공부의 재발견

나를 바꾸는 공부 기술 2

뒤집힌 공부
바로 세우기

저는 13년 전부터 '어떻게 하면 공부를 잘할 수 있을까?'라는 고민을 죽 해왔습니다. 이 책은 그 고민에 대한 나름의 답, 즉 요령을 시시콜콜하게 정리한 글입니다. 그럼 14년 전까지는 왜 고민하지 않았느냐? 부끄러운 일이지만 그전에는 제가 공부를 잘 하고 있다고 착각했습니다. 그런데 알고 보니 저는 공부가 무엇인지도 제대로 모르고 있었던 겁니다! 그래서 저는 공부 좀 한다고 폼 잡았던 많은 시간들이 결국 '허당'이었다는 결론에 이르게 되었습니다.

변명하자면, 제가 잘난 체하느라 꿰지도 못할 정보를 이리저리 읽어대고 제 깜냥으로 생각하면서 뭔가 대단한 걸 하고 있다고 착각한 것이 전적으로 제 책임만은 아닙니다. 우리 사회에 공부에 대한 양극단의 오해가 만연해 있기 때문입니다.

그 오해 중 하나는 시험준비를 공부 본연의 모습으로 착각하는 것입니다. 이 착각에 빠지면 책만 찾아보면 금방 답을 알 수 있는 퀴즈 문제들을 책을 보지 않은 상태에서 알아맞히는 준비 활동을 가치 있는 일로 여기게 됩니다. '세상에 보탬이 되는 문제해결에 필요한 도구를 습득하는 일'과 '무의미한 정보를 꼬아서 만든 퀴즈풀이를 준비하는 일'의 차이를 깨닫지 못합니다.

예를 들면 이런 식입니다. 통합교과라고 하면서 망이·망소이의 난이 일어난 지역을 새까맣게 표시해놓고, "이 지역에 노비들의 반란이 일어났을 때, 영국 지도에 색칠해놓은 저 지역에서는 무슨 일이 있었나?"라고 묻습니다. 세계사와 역사를 통합시켰다는 식입니다. 물론 같은 지도를 놓고 '텅스텐은 B지역에서 많이 난다'고 하면 한국지리까지 통합시킨 그야말로 '훌륭한 문제'가 되는 것입니다. 저는 청소년기에 이런 퀴즈풀이에는 달인, 그것도 전국에서 손가락 안에 꼽히는 정도였습니다. 그러나 진짜 공부에 관해서는 정말 아무것도 몰랐습니다. 이 오해 속에서 평생을 살아가는 사람들도 있습니다. 이들에게는 시험점수 높은 사람이 '공부 잘하는 사람'이고, 자기 시험점수가 높으면 공부를 잘하는 사람인 줄 착각합니다. 그러나 지금 이 시간에도 많은 가정에서 귀에 딱지가 앉도록 외치고 있을 "공부 좀 해라, 공부!"라는 말은 실상 "퀴즈풀이에 대비해! 퀴즈풀이!"로 바꾸어야 합니다.

당연히 그 반동으로 반대쪽에는 또 다른 오해가 생겨났습니다. 구조화되지 않은 체험을 공부 본연의 모습으로 착각하는 것입니다. 이 착각에 따르면 주의 깊게 설계한 적절한 반복훈련은 필요가 없습니다. 그냥 이리저리 여러 가지 방법으로 시도해보면 되고, 문제가 주어지면 혼자 무정형으로 생각하기만 하면 답이 나옵니다. 그 과정을 '삶에 밀착한 공부' 또는 '창조적 자기주도학습'이라고 하면서 말이지요. 그러나 이 오해에 잘못 빠지면 반(反)지식인적인 태도를 갖게 됩니다. 전문 지식이란 아무짝에도 쓸모없고, 지식인들이 대중에게 잘난 척하려고 개념의 산을 쌓아 올린 것에 불과하다며 비난합니다. 물론 그런 허상적인 개념의 산들이 존재하기도 합니다. 하지만 진짜 문제는, 어렵지만 유용한 산과 정말 쓸데없는 산을 구별하지 못하는 것입니다. 자기 깜냥 수준에서 이해되지 않는 지식은 지식이 아니며, 스스로 생각하는 힘을 갖추어서 이미 배울 건 다 배웠다고 생각하니까요. 게다가 이리저리 기발하고 그럴듯한 아이디어를 툭툭 던지기만 하면 창조적이라고 칭찬까지 합니다. 창조성이란 자유연상기법에 의해 아무렇게나 끼적거린 '낙서'라기보다 엄밀한 제약 조건하에서 피어나는 아름다운 '시조' 같은 것이라는 점을 놓쳐도 어느 누구 분명하게 지적하지 않습니다. 제약 조건이 없는 생각은 해파리처럼 떠다니는 몽상에 불과한데도 "정답은 없다. 단지 의견이 다를 뿐이다"라는 입증되지도 않은 형이상학적 교리를 암송하면서 어떤 의견이 더 타당한지 집중해서 보지 않죠.

두 가지 오해가 가장 큰 해악을 끼치고 있는 분야가 바로 우리 사회의 정치입니다. 한쪽에서는 정치인들이 하는 말이나 언론을 통해 반복적으로 노출된 말들을 앵무새처럼 읊을 수 있게 되면 자신이 뭔가 많이 알고 있다고 착각합니다. 그 반대편에서는 정치인이나 매체가 보도하는 말들과 다른 생각을 한다는 이유만으로 자신은 '스스로 생각해서' 알게 되는 지식에 접근했다고 착각하고요. 그 결과 정치공동체가 숙고해서 결정해야 할 문제들을 삼척동자들도 씹어댈 수 있는 노가리 수준으로만 생각하게 됩니다.

제 공부 인생은 이 양극단에서 한 번씩 토스 당하면서 허당이 되었습니다. 그나마 제가 손쉽게 제시된 답이 매우 불만족스럽다고 느끼는 불만 많은 인간이었다는 것이 제 문제를 깨닫는 데 도움이 되었습니다. 불만을 해소하기 위해 문제에 대한 관심의 끈을 놓지 않고, 문제를 풀기 위해 발버둥치면서 서서히 공부를 하게 되었습니다. 그러다 보니 제가 알아가고 싶은 분야에서 공부 잘하는 사람들이 눈에 띄기 시작하더군요. 물론 직접 만난 것은 아니고 모두 책으로 만난 분들입니다. 저서들을 읽으며 그분들의 발끝에도 미치지 못하겠다는 생각이 들었고, 주눅이 들었습니다. 그렇게 주눅 든 상태로 있다 보니 스스로 한계를 긋게 되고 공부도 딱 그 한계까지만 하는 부작용이 생기더군요. 저는 그 부작용을 인식하고 사고의 변화가 생겼습니다. 바로 '공부는 요령이다'라는 생각을 하게 된 것이지요.

요령이라고 하니 너무 가볍게 들릴 수도 있겠습니다만, 설명하자면 다음과 같습니다. 인생에는 통제할 수 있는 부분과 통제할 수 없는 부분이 있습니다. 통제할 수 없는 부분은 한탄해보았자 별 수 없는 것이지만 통제할 수 있는 부분을 한탄하기만 한다면 사고방식이 잘못된 것입니다. '나는 천성이 게으르고 머리가 나빠서 의미 있는 문제해결을 하지 못할 거야.' 이런 생각은 인생의 모든 부분을 통제할 수 없다는 잘못된 전제를 깔고 있습니다. 게으르다는 것은 무엇인가? 게으름 유전자가 내 몸에 박혀 있거나 귀차니즘 귀신이 들러붙어서 나의 일거수일투족을 옴짝달싹 못하게 만드는가? 두뇌 회전 속도가 느리다는 것은 무엇인가?

"나는 왜 공부를 잘하지 못할까?"라는 질문의 '왜'는 부정적인 힘을 지닙니다. 이런 의문은 "나는 왜 공부에는 소질이 없는 아이로 태어나고 길러졌을까?"라는 자괴감으로 이어지기 쉽기 때문입니다. 반면에 "나는 게으르고 머리 회전이 빠르지 않은데 조금이라도 개선할 수 있는 방법은 무엇일까?"라고 질문하는 것이 바로 '요령' 중심의 발상입니다. 이런 발상법을 모든 문제에 적용할 수 있습니다. '아, 나는 왜 시간을 함부로 쓸까? 나는 정말 바보야.' 하는 대신, '지금보다 시간을 더 알차게 쓰며 재밌게 보내는 방법이 있을 것이다. 내 의지력은 그대로라고 가정하고 이 상황을 개선하려면 어떤 요령이 필요할까?'라고 생각해볼 수 있죠. 더 나아가 '내 나름의 요령을 만들었는데 재대로 실천하지 못했다. 내가 만든 요령을 실천할 수 있는 요령은 무엇일까?'라는 요령의 요령까지 고민할 수 있습니다.

이 요령 중심의 사고에서 보면 두뇌는 문제를 해결하는 일종의 요술보자기입니다. 요술보자기의 뉴런 하나하나를 손가락 움직이듯이 자유자재로 움직일 수는 없지만, 우리가 할 수 있는 것이 있습니다. 그 요술보자기가 언제 잘 작동하고 어눌하게 움직이는지, 아예 스위치가 꺼지는 때는 언제인지 잘 관찰합니다. 그래서 잘 작동할 때의 작업 환경이나 방식, 기분 등을 연구해서 요술보자기가 최대한 잘 작동할 수 있게 유도합니다. 통제할 수 있다는 것은 전면적인 지배력을 획득할 수 있다는 것이 아니라 개선의 여지가 있다는 것입니다. 그리고 그것으로 충분합니다.

결국 이 책에 담긴 내용은 이제 막 공부를 시작한 범재가 '어떻게 하면 조금 더, 조금 더 개선할 수 있을까?' 고민한 내용을 정리한 요령의 기록입니다. 뛰어난 업적을 이룬 분이 이런 책을 쓴다면 더욱 유용하겠지만 저처럼 유치한 요령들까지 시시콜콜하게 늘어놓지는 않을 것 같습니다. 그러나 오히려 유치하고 시시콜콜한 내용들이 이 책의 장점이라고 생각합니다. 단순한 격언들로 압축된 행동강령들을 나열하고 "자, 이제 네 의지력에 달렸어. 열심히 해봐." 하며 내모는 자기계발서보다는 가까이에 두고 자주 들춰 보며 참고할 수 있는 이야기가 되길 바랍니다.

이 세상에는 누구나 풀어야 하는 진짜 문제들이 널려 있습니다. 큰 문제도 있고 작은 문제도 있겠죠. 추상적인 문제도 있고 구체적인 문제도 있습니다. 학문적인 문제도 있고 실무적인 문제도 있습니다. 인류의 빛나는 지성인 중 한 분인 존 스튜어트 밀은 음악 감상을 하면서 '이런 멋진 멜로디들이 나중에 다 고갈되면 어쩌지?' 걱정했다고 합니다. 지금 생각해보면 어쩌다 그런 황당한 생각에 사로잡혔는지 의아합니다. 지금도 멜로디는 고갈되지 않고 새로운 음악으로 계속 나오고 있는데 말이죠. 이와 마찬가지로 흥미로운 문제를 다른 사람이 다 해결했을 거라고 미리 걱정할 필요가 없습니다. 이 책에 나오는 공부 요령이나 방법들은 하나의 사례에 불과하다는 점도 염두에 두는 것이 좋겠습니다.

이 책에서 제시하는 공부 사례들은 주로 '정치철학'에 초점이 맞춰져 있습니다. 다른 분야의 이야기도 기술했지만 제가 잘 모르는 것을 중심으로 얘기할 수는 없었기 때문입니다. 그러니 허당선생과 촛불이의 대화에서 언급되는 공부의 구조를 잘 숙지하고 각 분야의 문제해결 방식에 적절하게 참조하고 적용하시기 바랍니다.

공부 이야기를 정치철학, 더 넓게는 정치적 쟁점이 되는 지식을 통해 설명하는 것이 의미 있겠다고 생각했던 또 다른 이유가 있습니다. "이런 정책을 시행하면 사회는 이렇게 될 것이다." 또는 "그 현상의 원인은 이것이다"와 같은 이야기들이 단순히 편 가르기나 여론 동원의 빌미로 이용되는 것이 안타까웠기 때문입니다. 그것은 우리의 정치공동체 모든 구성원들의 삶에 큰 영향을 미치는 중대하고 흥미로운 문제들이며, 연마된 이성을 통해 체계적으로 해결되어야 할 문제들입니다. 시민들이 정치적 쟁점을 공부 대상으로 생각하지 않는다면 정치인들 역시 진지하게 접근하지 않을 것입니다. 시민들이 심정적인 친밀도, 개인적인 이해관계, 화려한 수사와 상징적 표현에 휘둘리는 존재라면, 정치인들은 어떻게 자기 자신을 포장하고 여론몰이 할 것인지만 고민하기 때문입니다. 민주주의는 물건 만드는 사람 따로 파는 사람 따로 있는 분업 방식으로는 해결할 수 없는 공동 과업입니다. 공부하는 시민들이 일정 수 존재하지 않는다면 민주주의는 단순한 욕망의 다수결로 변질되거나, 권력자들의 조작에 놀아나는 장난으로 전락할 것입니다. 정치적 쟁점들을 우리 문제로 인식하고 접근하여 깊이 있게 공부하고 해결하는 일은 우리 모두에게 부과된 공동의 과업입니다. 이 책이 우리 사회의 정치적 가치들을 이성적으로 고민하고 해결하려는 여정에 작은 길잡이가 되기를 희망합니다.

1

공부의 재발견

···

공부란

어떤 영역의 문제해결과 관련하여

정신의 통제와 주의력을 요하는 훈련을 통해

지식의 저변에 깔린 규칙을 능숙하게 다루고 적용해서 답을 내고

때로는 규칙을 고치거나 새로이 구성하는 과정을 단계적으로 즐기는

매우 중층적이고 복합적인 활동이다.

···

1

허당선생
공부를 논하다

촛불이, 허당선생을 찾다

허당선생의 사무실 문을 두드리는 소리.

'촛불이'라는 소녀가 찾아온 건 이번이 세 번째.

어디서 이야기를 듣고 찾아왔는지, 이 친구 막무가내다.

허당선생 어허, 알려드릴 수 없다니까요.

촛불이 치사하게 혼자만 공부 잘하려고 이러시는 거예요?

허당선생 글쎄, 그게 아니라니까요. 저도 겨우겨우 공부하고 있는 처지인데 어떻게 공부 잘하는 법을 알려줄 수 있겠어요?

촛불이 공부하는 법은 허당선생에게 물어보라고들 해서 찾아온 건데, 왜 발뺌을 하세요?

허당선생 그럼 공부 잘하는 법 말고 그냥 공부하는 법에 대해 얘기하는 건 어때요? '잘' 자를 빼면 나도 설명할 염치가 좀 생길 것 같은데.

촛불이 그냥 공부하는 법쯤은 저도 알거든요? 제가 이래봬도 학생 경력이 얼만데요. 근데 만날 공부해도 잘 안 되니까 문제죠. 그러지 말고 공부 잘하는 법 좀 제발 공개하세요.

허당선생 그런 비법을 알려주는 책은 책방에 깔려 있지 않아요? 흔히 공부 잘한다는 '공신'은 퀴즈풀이의 달인을 말하죠. 시험만 끝나면 다 잊어버리고 마는 공부는 아무리 잘한다 해도 사실 별 의미가 없는 것 같아요. 그런 퀴즈풀이 준비하는 거 말고 사회를 읽고 세상에 널려 있는 진짜 문제를 푸는 데 도움이 되는 공부법을 같이 찾아보는 게 어때요?

촛불이 좋아요. 이제 시험도 다 끝났으니까 시험공부 말고 진짜 공부 잘

| 허당선생 | 사실 특별한 비법이 있는 건 아니고, 그런 작업을 먼저 잘 해낸 사람들의 사례를 참고하면 시행착오를 줄일 수 있겠죠. |

하는 법 좀 배우고 싶어요.

허당선생 사실 특별한 비법이 있는 건 아니고, 그런 작업을 먼저 잘 해낸 사람들의 사례를 참고하면 시행착오를 줄일 수 있겠죠.

촛불이 그러니까 진짜 공부를 하는 사람들은 어떻게 공부하고 있나 한번 들어봐라, 뭐 이런 말씀이세요?

허당선생 그렇죠. 사실은 저도 공부를 잘 못해서 어떻게 하면 좀더 잘 할 수 있을까 나름 머리 싸매고 생각해둔 방법 같은 게 있긴 하거든요. 그걸 죽 알려드리면 막힐 때마다 참조할 수 있지 않을까요?

촛불이 앗, 비법 같은 건가 보다. 좋아요. 알려주세요, 공부하는 법!

공부가 뭐냐고 물으신다면

허당선생 먼저, 공부(工夫)라는 말이 무슨 뜻 같아요?

촛불이 공부요? (전자사전 톡톡톡 두드리며) 학문이나 기술을 배우고 익히는 게 공부라고 나와 있는데요.

허당선생 맞아요. 공부로 익히는 대상은 학문이나 기술이잖아요. 그리고 학문과 기술은 서로 다르기는 하지만 둘 다 지식의 체계라는 점에서는 비슷하죠. '학문이나 기술'이라고 말하면 번거로우니까 앞으로는 그냥 간단히 '지식'이라고 할게요. 그런데 촛불이는 지식이 어떤 구조로 되어 있다고 생각하나요?

촛불이 잘은 모르지만, 오래 전부터 사람들이 옳다고 생각한 것들을 차곡차곡 쌓아놓은 게 지식 아닐까요? 그리고 공부는 그렇게 쌓여 있는 것들을 배우는 것이고요.

허당선생 촛불이는 지식이라는 것이 곳간에 나락 쌓여 있듯 잘 쌓여 있어서 공부는 그걸 하나하나 들추어내며 보는 이미지로 이해하고 있군요.

촛불이 네, 학교에서도 학년이 올라갈수록 더 어려운 지식들을 차곡차곡 순서대로 배우니까요.

허당선생 그런데 사실 그런 이미지는 정확하지 않답니다. 그렇게 보면 효과적으로 배울 수 없을 뿐만 아니라 공부에 대한 의욕도 떨어지기 쉬워요.

촛불이 아이고, 그래서 제가 그렇게 공부 의욕이 뚝 떨어졌나 봐요. 그러면 공부에 대해서 어떻게 생각해야 하는데요?

허당선생 '문제해결의 체계'로 생각해야 합니다.

촛불이 문제해결 체계요? 시험문제를 푸는 비법이란 뜻인가요?

허당선생 문제라는 말은 여러 가지 뜻이 있지만, 우리 이야기에서 '시험문제'는 잠시 잊기로 합시다. 우리는 문제라는 단어를 이렇게 정의하기로 해요.

"문제란 인간의 삶 또는 세상의 작동과 관련된 것들 가운데 깊은 관심을 기울이게 되는 것으로, 규칙을 만들고 적용해서 타당한 답을 낼 수 있는 질문이다."

우리가 정의한 의미로는 학교 시험에 나오는 문제 중 상당수는 진짜 문제라고 할 수 없지요.

촛불이 문제에도 진짜, 가짜가 있다는 말씀이세요?

허당선생 예를 들자면 '(A)불황이 왔을 때 부자 감세를 하면 정말로 경기가 빨리 회복될까?'는 문제라고 할 수 있지요. 하지만 '(B)한글을 발명한 조선시대 왕은 누구인가?'는 문제라고 할 수 없습니다.

촛불이 왜요? 둘 다 물음표로 끝났잖아요. 다 문제인 거 같은데요.

허당선생 문법적으로는 그렇지요. 하지만 질문에 답하는 방식은 완전히 다르답니다. (B)는 하나의 사실을 지칭하는 것으로 끝이에요. 더 이상 흥미를 불러일으키지 않죠. 그리고 (B)에 대한 답을 알아냈다고 해서 그 답이 다른 질문의 답에 근거로 활용되는 것도 아니에요.

예를 들어 (B)의 세종대왕이라는 답이 '고구려 왕 중에 가장 넓은 영토 확장을 이룩한 왕은 누구인가?'라는 다른 질문에 아무 도움도 주지 못하는 것과 같아요. 그러니까 문제 이면에 규칙이 깔려 있지 않다는 겁니다. 때문에 깊은 관심을 기울여 살펴봐야 하는 인간의 삶과 세계의 작동 원리에 관해선 아무것도 알려주지 않죠. 반면에 (A)는 불황에서 호황으로 경기가 회복되는 과정에 대해 세부요소를 파악하여 이해하고, 어떤 정책이 어떤 요소에 영향을 미치는지 논리를 세운 다음, 그 논리를 제대로 검토하는 검증과정이 무엇인지 고민하고, 실제로 그 검증과정을 거쳐야 하거든요. 그리고 이 질문에 답하면 '경제 불황이 왔을 때 정부가 해야 할 적절한 대처 방안은 무엇인가?' 또는 '재정적자를 효과적으로 감소시키는 정책은 무엇인가?'라는 다른 질문에도 도움을 줄 수 있어요. 왜냐하면 같은 규칙이 적용되기 때문이죠. 게다가 이건 그 자체로 정말 대단한 논쟁의 대상이 될 뿐만 아니라 여러 사람들의 관심을 불러일으킬 수 있답니다.

촛불이 학교 시험에는 '한국에서 하상계수가 가장 높은 강은?' '다음 중 프랑스혁명 당시 벌어졌던 사건의 순서로 올바른 것은?' 이런 질문들이 많은데 이런 것들도 다 세상일에 관한 거 아닌가요?

허당선생 그렇긴 하지만 세상일이 모두 '작동되는 원리'와 관련 있는 건 아니죠. 그런 질문들은 오히려 오타쿠가 즐겨 모으는 정보의 전형적인 구조를 보여줍니다. 하상계수가 가장 높은 강을 묻는 질문은 '가수 ○○○는 언제 데뷔했는가?'라는 질문과 비슷하잖아요. 이런 질문들은 단순히 그 질문이 구하고자 하는 사실을 찾아냄으로써 끝나버려요. '프랑스혁명 당시 벌어졌던 사건의 올바른 순서는?'은 '가수 ○○○의 발표곡들을 시간 순서대로 바르게 나열한 것은?'과 똑같지요. 이런 식의 질문에 대한 답을 아무리 많이 모은다고 해도 학문과 기술을 익히고 있다고, 다시 말해서 공부를 하고 있다고 말할 수는 없는 것입니다. 물론 오타쿠적 관심을 충족시키는 일은 그 자체로 재미있는 일이고, 단순 정보에 대한 흥미로부터 공부가 시작되는 경우도 얼마든지 있지요. 하지만 진짜 공부를 하려면 거기에 머물러서는 안 됩니다.

문제해결의 규칙, 그 겉과 속

촛불이 그러니까 오타쿠는 정보를 모으는 거고, 공부하는 사람은 문제해결의 규칙을 배운다는 거네요. 그런데 문제해결의 규칙이라는 것도 그 규칙을 확인하면 그걸로 끝 아닌가요?

허당선생 그렇진 않아요. 규칙이란 첫째, 어디 기록되어 있어서 확인만 하면 되는 것이 아니라 하나하나 구성하는 겁니다. 누구나 물리 교과서에서 $E=mc^2$를 찾아내 손가락으로 가리킬 수는 있지만 그렇다고 그 규칙을 안다고 할 수는 없어요.

예를 들어 지금 촛불이 앞에 한국에서 출간된 모든 법률서적과 판례집이 놓여 있다고 합시다. 그래서 어떤 법, 어떤 판례든지

다 찾아볼 수 있다고 할 때, 어떤 사람이 법률 상담을 요청하면 촛불이가 제대로 답해줄 수 있을까요? 지식을 '안다'는 것은 정보들을 읊을 수 있거나 해당 정보를 찾을 수 있다는 것과는 전혀 다른 문제입니다. 도시를 건설하듯이 건설해간다는 이미지를 떠올리면 좋을 것 같아요. 다만 도시를 마음대로 상상해서 만들 수 있는 것이 아니라 물리적 법칙에 맞게 무너지지 않게 만들어야 해요.

예를 들어 영국 철학자 데이비드 리카도가 "각 나라는 무역을 통해 비교우위가 높은 생산물을 특화함으로써 부를 증대시킬 수 있다"고 말했을 때, 누가 어디에다 기록해놓은 것을 찾아내서 읽은 게 아니거든요. 기존에 타당하다고 받아들여지던 여러 가지 규칙들을 기초로 해서 새로 구성한 것이지요.

둘째로, 규칙은 언제나 다른 규칙과 관련이 있어요. 무역에 관한 경제이론은 분업에 관한 이론, 생산요소에 관한 이론, 인간의 행동 원리에 관한 이론들과 관련을 맺고 있거든요. 그래서 규칙 이면에는 또다시 검토해야 할 규칙이 있지요. 표층에 드러나 있는 규칙은 마치 우리가 확인만 하면 되는 것처럼 보이지만, 그 규칙의 타당성을 따지자면 규칙의 심층으로 들어가서 다른 규칙이나 증거와의 관계까지 검토해야 합니다.

촛불이 표층과 심층이요? 그게 뭔데요?

허당선생 예를 들어 어떤 외계 행성에 지하층을 건설하지 않고는 지상층을 건설하지 못한다는 제약이 있다고 해봅시다. 이 행성에 지상 1층부터 지하 4층까지의 구조로 되어 있는 건물이 있다고 상상해보세요. 눈에 언뜻 보이는 것은 지상 1층이지만 그 밑에는 지하 1층, 2층, 3층, 4층이 있는 거죠. 그리고 이 행성에서는 지하 층들이 서로 무너지지 않는 관계를 맺고 있기 때문에 그것을 토대로 지상 1층이 건축될 수 있다고 합시다. 그리고 지하층이 계속 확장되면 또 다른 구역에서도 지상에 원하는 건물을 지을 수 있다고 생각하면 됩니다.

이때 지상 1층이 실용적으로는 제일 많이 활용되는 표층이지만, 지하층들은 그 표층이 활용될 수 있는 토대를 제공해줍니다. 그리고 지하 3층은 지하 2층에 대해 심층이고, 지하 4층은 지하 3층의 심층이 되겠지요. 그래서 표층에서 보기에는 마치 '확인만 하면 되는 질문'처럼 보이지만 얼마든지 심층으로 들어갈 수 있고 거기서 더 들어가려는 질문들이 있다면 그것도 문제라고 할 수 있습니다.

예를 들어 '오토바이 엔진이 고장 나면 어떻게 고쳐야 하는가?' 도 문제에 속할 수 있어요. 단순한 수리 지침도 엔진의 작동 원리를 깔고 있고, 오토바이 엔진의 작동 원리는 동력기계의 작동 원리 일반, 그리고 에너지 변환 원리를 밑바탕에 깔고 있거든요.

촛불이 그러니까 규칙의 규칙, 또 그 규칙의 규칙이 있을 수 있다는 건가요?

허당선생 네, 그런 경우가 많아요. 우리가 규칙의 심층으로 들어갈수록 더 많은 것들을 예측하거나 설명하고 이해하게 되는 겁니다. 다만 언제나 더 깊게 심층을 파고들어야만 하는 것은 아니고, 같은 층의 규칙들을 서로 긴밀하게 연관시켜 새롭게 구성하는 것이 중요할 때도 있습니다.

촛불이 그러니까 공부란 어떤 문제를 염두에 두고 규칙을 익히고 활용

하면서 새롭게 구성하는 활동인데, 하다 보면 점점 수준이 높아
진다, 이 말이네요.

허당선생   맞아요. 정말 훌륭하십니다.

봉합하지 말고 규칙을 찾아라

허당선생   이렇게 길게 설명하는 이유는 공부가 무엇인지 분명히 이해해야
만 공부하고 싶은 마음을 막아버리는 트릭을 극복할 수 있기 때
문이에요.

촛불이   공부하지 않게 만드는 트릭이요?

허당선생   그러니까 지식구조 자체가 이렇게 생겨먹었다면, 문제를 봐야
공부할 마음이 날 것이고 만약 문제가 없다면 공부할 의욕도 안
생기겠지요. 그런데 많은 경우에 '언어의 문법적 트릭'이 문제를
봉합해버리거든요.

촛불이   봉합이라면, 꿰매는 거요?

허당선생   맞아요. 봉합이라는 것은 틈이나 구멍이 있는 부분을 꿰매거나
붙여버리는 것을 말하지요. 문제는 항상 기존에 알고 있던 것에
틈이나 구멍이 생겨 의문이 드는 것에서부터 시작되거든요. 예
를 들어 '빛은 왜 도자기는 통과하지 못하는데 유리는 잘 통과할
까?'라는 의문이 생겼다고 해봐요. 유리는 그림자도 안 생기고
유리 안에 있는 물건도 잘 보이잖아요. 왜 그럴까? 이런 의문이
생겼는데, 누가 "이 바보야! 도자기는 불투명한데 유리는 투명하
니까 그렇지!"라고 해요. 그럼 충분한 답이 된 걸까요?

촛불이   답이 된 것 같은데요. 유리가 투명해서 그런 거니까요.

허당선생   그러면 유리는 왜 투명하다고 하죠?

촛불이   그야 빛을 통과시키니까요. 어라? 원래 질문으로 돌아왔네.

허당선생   문법적으로는 '~이기 때문이다.' 또는 '~하니까'라고 되어 있어
           서 설명이 충분하다고 느끼지만, 사실은 다른 언어로 대체한 것
           뿐입니다. 빛을 통과시키는 성질을 '투명하다'고 명명, 즉 단순
           히 이름만 붙인 건데, 그걸 설명으로 받아들여서는 안 되는 거
           죠. 비슷한 예로는 어떤 것이 있을까요?

촛불이   "요즘 젊은이들의 투표율이 왜 낮을까?"라는 질문에 "요즘 젊은
           이들은 정치의식이 희박하기 때문이지"라고 답하는 거요. 실제
           로 정치의식이 희박하다는 사실을 직접 관찰할 수는 없잖아요.
           그러니까 투표하지 않는 행위를 단순히 정치의식이 희박하다는
           심리 표현으로 바꾼 것에 불과한 것이죠. "요즘 젊은이들이 정치
           의식이 희박한 걸 당신이 어떻게 아는데?"라고 물으면 "거참, 보
           면 모르나. 투표율이 낮잖아!" 하고 대답할 게 뻔하죠.

허당선생   하나를 가르치면 둘을 아는군요.

촛불이   히히, 그런 말 자주 들어요. 그런데 유리는 왜 투명한 거죠?

허당선생   너무 어려운 질문을 하시네요. 이러시면 곤란합니다. 제가 주로
           공부한 분야는 사회 변화와 규범에 관한 것이어서 앞으로 '공부
           하는 법'에 대한 설명을 할 때도 이 분야의 사례들을 중심으로
           이야기할 생각이에요. 제가 공부한 분야의 사례들이 다른 분야
           에도 모두 유용하게 쓰이는 것은 아니지만, 잘 유추해서 생각해
           보면 최소한의 도움은 될 것 같습니다. 물론 제가 잘 모르는 분
           야도 때때로 예로 들기는 할 거예요. 지식의 구조에는 공통되는
           부분이 있으니까요. 특히 물리학은 지식의 층위가 가장 잘 드러

나는 학문이라서 앞으로 물리학을 공부할 사람이 아니라 해도 그 지식의 구조나 이론의 변천사를 겉핥기로라도 살펴보면 도움이 되거든요.

빛을 통과시키는 유리 문제를 일단 지금 설명하는 주제에 맞춰서 간략히 말씀드리면, 우리는 일상적인 경험 때문에 빛이 그냥 날아와서 비춰지는 입자라고만 생각할 뿐 파장이자 에너지라는 걸 잊기 쉬워요. 그런데 그 일상적인 경험 아래의 심층 규칙을 들여다보면, 빛은 여러 개의 짧고 긴 파장으로 이루어져 있고, 그중 가시광선 범위에 해당하는 빛을 우리가 볼 수 있다는 걸 알게 됩니다. 또 사물마다 빛을 흡수, 반사하거나 통과시키는 파장의 범위가 다르기 때문에 색깔과 투명도가 달라진다는 것도요. 그러면 '그렇게 받아들이는 파장의 범위가 다른 이유는 무엇일까?'라는 질문이 필연적으로 발생하게 되겠죠. 그래서 더 파고들면, 유리의 경우 가시광선 수준의 에너지를 가진 전자는 존재하지 않기 때문에 그 에너지를 다시 그대로 옆 원자로 방출하는 과정을 거쳐 전달하다가 결국 그 에너지가 다시 빛으로 내보내지게 된다는 걸 알게 됩니다. 이 설명에서 전제된 규칙들도 더 심층으로 들어갈 수 있게 됨은 물론이고요. 그렇게 심층으로 계속 들어갈수록 더 많은 것을 설명할 수 있게 되는 겁니다.

촛불이 아이고, 너무 어려워요.

허당선생 저도 자세히는 모르는 이야기입니다. 이런 규칙을 정말로 제대로 이해하려면 훈련을 거쳐야 하는데 저는 그런 전문적인 훈련을 거치지 않았거든요.

촛불이 어쨌든 "유리는 투명하니까 빛을 통과시키지." 하고 넘어가면 그 심층에 있는 규칙을 살펴볼 생각도 하지 않게 된다는 거죠?

허당선생 그렇지요. 유리의 투명성 문제에서도 알 수 있겠지만, 규칙을 제대로 이해하고 숙달하여 다음 수준으로 나아가기 위해서는 긴 시간 주의 깊은 훈련이 필요하다는 겁니다. '가수 〇〇〇 데뷔 날짜가 언제냐?'처럼 답한다고 바로 끝나는 문제가 아닌 거죠.

공부, 도대체 왜 하는데?

촛불이 어쩐지 공부는 어려운 일 같아요. 근데 너무하신 거 아니에요? 공부가 재미있다고 해도 할까 말까인데, 자꾸 복잡하고 힘든 것처럼 말씀하시잖아요.

허당선생 공부는 상당히 복합적인 활동이라서 재미있는 부분도 있지만 괴로운 부분도 분명 있어요. 공부가 재미있다, 재미를 위해 공부한다, 흔히 공부 좀 한다는 사람들이 이런 말을 하는 경우가 있는데 이런 말도 곧이곧대로 받아들이면 공부의 모습이 왜곡된다고 생각합니다.

우리가 '재미'라는 단어를 여러 뜻으로 쓰는데, 제일 대표적인 것이 '영화가 참 재미있다' 같은 경우입니다. 흥분되고 신나는, 즐거운 감정인 거죠. 그런데 공부하면서 느끼는 그런 감정은 케이크에 몇 개 박혀 있는 딸기를 맛보는 거라고 보면 됩니다. 일정 기간에는 딸기가 좀 많이 나올 수도 있어요. 이런 경우를 흔히 '필 받는다'고 말하는데, 여기에 대해서는 다음 기회에 다시 얘기하기로 해요. 어쨌든 주의할 부분은 공부라는 것이 성격이 다른 여러 요소로 이루어진 복합체라는 거예요. 그래서 공부 시간 중 상당 부분은 괴롭기도 하고 답답하거나 자신이 한심스럽다는 생각도 들죠. 조급해지거나 지루하기도 하고요. 공부하는 내내 즐거워 미치겠다는 사람도 가끔 있긴 하지만 그건 아주 특이한 경우죠. 그래도 공부는 전체적으로 봤을 때 계속 하고 싶은 활동이긴 해요. 이 마음은 촛불이 이름처럼 마치 촛불 같은 것이에요. 쉽게 지나쳐버릴 수도 있고 꺼지기도 쉬워요. 가끔은 활활 타오르기도 하지만 오래 가지는 않지요. 그래서 초에 종이컵 받침을 씌우듯 평소에 자세를 잘 잡아놓아야 해요. 그 핵심에 '염두에 두고 해결해야 할 문제'가 놓이는 것이고요. 공부의 가장 힘 있고 구체적인 동기는 문법적 트릭으로 의문을 봉합하지 않고, 심층 규칙에 대한 의문을 흘려 보내지 않고 문제로 정식화하여 제대로 직시하는 겁니다.

촛불이   음, 공부가 뭔지 조금 알 것도 같아요.

허당선생   그런데 사람들은 왜 공부를 할까요?

촛불이   좋은 직장 들어가 월급 많이 받으려고? 아니면 사회에 보탬이 되려고? 교양 있는 인생을 살기 위해서? 유식해지고 싶어서? 그냥 재미있어서?

허당선생   아, 물론 그것들도 간접적이고 멀리 있는 동기는 될 수 있을 겁니다. 또 첫 출발점을 찍는 계기가 될 수도 있겠지요. 하지만 실제로 '문제해결로서의 공부'를 계속 이끌어가게 해주는 힘에 대해서 제대로 묘사했다고 볼 수는 없습니다.

예를 들어 어떤 사람이 존 롤스의 『정의론』을 읽겠다고 마음을 먹어요. 그런데 그 책과 관련해서 풀어야 한다고 염두에 두고 있는 문제는 전혀 머릿속에 없고 단지 그 동기가 '사회정의에 대해 제대로 교양을 갖춘 전인적 인간이 되기 위해 이런 고전은 읽어 줘야 한다'였다고 해봅시다. 아마 한 장(章)도 제대로 읽기 힘들 겁니다. 마찬가지로 '인생을 제대로 살기 위해' '유식해지려고'와 같은 동기도 우리를 공부 그 자체로 이끄는 힘과는 무관한 것 같습니다. 또는 『정의론』이 공무원 시험에 나와서 읽는다고 해봐요. 아마도 오타쿠같이 읽을 수밖에 없겠지요.

촛불이   오타쿠 같다는 건 무작정 정보를 모으는 걸 말하는 건가요?

허당선생   그렇지요. 예를 하나 들어볼게요.

다음 중 존 롤스의 원초적 입장에 대한 설명으로 옳은 것은?
1) 홉스의 자연상태와 같은 것이다
2) 로크의 소유권리론을 차용하였다
3) 현실 사람들이 그대로 계약을 맺게 되는 상황이다
4) 정의관을 판단하는 일에 합당하고 합리적인 추론의 규칙을 선택 상황으로 집약한 것이다

이런 식의 질문은 물론 책을 읽으면 쉽게 알 수 있는 것이고, 읽지 않으면 전혀 알 수 없는 것이긴 하죠. 그러나 이런 질문은 답을 제시하는 것으로 끝나버립니다. 그래서 위와 같은 퀴즈에는 답할 수 있어도 '국가정책을 비판하는 언론사의 보도가 사실과 일부 다를 경우, 그 국가정책을 담당하는 장관에 대한 명예훼손이 성립하는가?'라는 문제에는 답할 수 없게 되는 겁니다. 그런 문제야말로 롤스가 풀고자 했던 문제였는데 말이에요. 이렇게 지식을 접하면 공부를 한 게 아니라 퀴즈풀이에 숙달한 것이고, 정보를 수동적으로 집적했을 뿐 문제를 해결하기 위해 정보를

조직하고 규칙을 이해한 것이 아닙니다.

물론 공부에 꼭 필요한 훈련 속에는 정보를 암기하고, 논리구조에 익숙해지고, 반복해서 숙달하는 과정이 들어가지만, 그 동기에 따라 구슬을 꿰는 배움이 될 수도 있고 그냥 단순히 수많은 구슬을 만져보고 버리는 행위에 그칠 수도 있는 거예요.

촛불이　그럼 존 롤스의『정의론』을 끝까지 읽으려면 어떻게 해야 되나요?

허당선생　첫째는 롤스가 그 책에서 풀고자 했던 것과 비슷한 문제에 관심이 있어서 평소에도 생각을 부지런히 해야 하고, 둘째는 문제해결에 필요한 이전 단계의 공부를 해놓아야 합니다. '공부의 단계적 진행' 문제는 뒤에서 다시 다루기로 하고요, 우선 첫째 요건에 대해 좀더 얘기해봅시다.

문제를 직시하고 불만을 느껴라

허당선생　무언가에 관심이 있다는 것은 의문을 갖는 것이라고 생각해요.

촛불이　그런데 솔직히 말하면 저는 아까 예로 든 명예훼손 같은 문제에는 별로 의문이 생기지 않아요.

허당선생　물론 그럴 수 있어요. 의문이 드는 사안은 사람마다 다 다르니까요. 그래서 사람마다 공부하게 되는 관심 분야가 다른 것이지요. 그러니까 앞으로도 제가 예로 드는 것들에 대해 큰 관심이 가지 않거나 완전히 이해가 안 돼도 괜찮아요. 제가 전달하려고 하는 대략적인 얼개의 흐름만 보시면 됩니다.

어쨌든 저는 어렸을 때부터 규범적인 문제를 늘 생각하게 되더라고요. 보통 자유는 보장해야 하고 그중 하나로 '계약의 자유'

가 있다고 이야기하잖아요. 그런데 계약의 자유는 왜 있는 것일까? 그리고 그 계약의 자유를 제한하는 법은 (근로기준법처럼) 어떤 경우에는 타당하고, (출판계약의 대상이 될 수 있는 책의 범위를 제한하는 법이 있다고 했을 때처럼) 어떤 경우에는 타당하지 않을까? 국가가 개인의 삶에 간섭할 수 있는 범위는 어디까지일까? 이런 문제들이 계속 머리에 떠올라요.

촛불이 그런 문제가 머릿속에서 떠오르면 곧바로 공부해야겠다는 생각이 들어서 책을 보게 되나요?

허당선생 아뇨. 꼭 그렇진 않아요. 우선 머릿속에 이런 문제들을 상당히 묵혀두는 기간이 있어요. 그냥 제가 기존에 알고 있던 것들을 가지고 어떻게든 설명하고 풀어보려고 노력하죠. 책상 앞에 앉아 땀 흘리며 고민하는 게 아니라, 친구들에게 물어보고 혼자 사례를 만들어 생각해보기도 하고 이 개념이나 저 원리로 적용해보기도 하고. 살다 보면 그 문제에 서로 다른 답을 내는 논거들을 자주 접하게 되거든요. '속이거나 폭력을 써서 맺은 계약이 아니라면 계약의 일부를 무효화하는 것은 계약의 자유라는 기본권을 침해하는 잘못된 법이다.' 같은 의견 말이에요.

그런데 이런 의견이 그럴듯하다고 생각되는 경우도 있어요. 예를 들어 누가 결혼을 하는데 주위 사람들이 하나같이 다 말려요, 저 사람하고 결혼하면 불행하게 된다고. 그런데 폭행을 당했거나 속아서 결혼한 게 아니라 그 배우자감에 대해 잘 알고 결혼했다면 그 결혼이 무효로 되지는 않거든요. 그런데 다른 한편으로는 '자발적으로 노예 계약을 맺었다고 해서 노예제가 정당하다고 할 수 없다'는 논거가 있어요. 그것도 맞는 말이잖아요. 그래서 자칫 중간에 그냥 주저앉아 봉합해버릴 수도 있습니다. 즉, 일반적으로 말하는 '자유는 절대적인 것이 아니고 평등이나 다른 가치에 의해 제한될 수 있다. 자유와 평등은 상호 충돌하는 경우도 있지만 상호 보완 관계에 있기도 하다'라는 식의 대답에 만족하는 것이지요. 그렇지만 이도 저도 아니고 이건 너무 애매모호하잖아요. 어떤 경우의 제한이 타당한 것인지 알고 싶은데 그런 판단 기준을 제공해주질 않는 거예요. 결국 자유와 평등, 둘 다 좋은데 너무 한쪽만 추구하지 마라, 이런 식의 충고에 그치게 됩니다. 그런데 그건 하나마나한 충고 아닌가요? 그동안 대충 이해하고 있던 자유 개념과 평등 개념을 그대로 밀고 나가면 이런 문제에 대한 만족스러운 해답을 결코 얻을 수 없다는 것을 알게 되고 가슴에 불만이 쌓이는 거예요.

촛불이   봉합하고 주저앉아버리면 그런 불만족스러운 감정조차 느낄 수 없겠네요.

허당선생   그렇죠. 의문들을 머릿속에 묵혀서 이리저리 생각해보고, 기존에 알고 있던 것을 가지고 끝까지 해결하려고 하다 보면 다음과 같은 불만족이 생기게 됩니다.

첫째, 기존에 알고 있던 개념이나 규칙으로 일관되게 밀고 나가면 모순점 혹은 충돌이 생기거나 우리가 봉합이라고 불렀던 트릭으로 귀결된다. 또 '그때 그때 달라요'라는 답과 본질적으로 동일하게 되지만 왜 다른지는 제대로 설명해주지 않는다. 그리고 기존의 답이, 분명히 연결되어 있는 것처럼 보이는 새로운 질문에 대한 답을 구할 때 신뢰할 만한 비빌 언덕의 역할을 전혀 해주지 않는다는 거예요.

예를 들어 '대학생을 제외한 일반인이 과외교습 하는 것을 금지하는 법은 위헌이다'라는 헌법재판소 판결이 있어요.[1] 그런데 이 판결에 대해서 '평등이라는 가치를 고려하지 않은 판결이다. 과외로 인해서 대학 입학의 불평등이 심화되고 있지 않는가. 과외를 하거나 받고 싶은 사람들 사이의 자유는 그만큼 중요한 자유가 아니다'라고 비판을 하거든요.

촛불이   '자유와 평등은 때때로 상호 충돌하거나 보완하기도 하는데, 너무 한쪽만 추구하면 안 된다'라는 답을 가지고요? 지나치게 한쪽만 추구하는 건지 아닌지 판별하는 기준이 없으니 아무 도움이 안 될 것 같아요.

허당선생   '연장근로 금지는 사용자와 노동자 사이의 불평등한 관계의 특수성 때문에 자유보다는 평등을 추구한 것이다'라는 답이 과외 금지 문제를 해결하는 데 어떤 도움을 줬나요? 사안별로 특수성을 내세우면서 그 사안에 한정되는 답을 바로 내려버렸으니 당연히 아무런 도움도 줄 수 없겠죠. 분명히 관련된 문제 같은데도 말이에요.

촛불이   문제를 봉합하면 관련 있는 문제에도 체계적인 해답을 제시해주지 못하겠네요.

허당선생   그래서 마음속에 계속 불만이 쌓이고, 이 불만을 해결하고 싶다는 긴장감이 생기게 되는 거예요. 공부하는 삶이란 이 긴장감을 계속 안고 가는 삶을 의미하기도 합니다.

촛불이   문제가 해결되면 그 긴장감은 없어지나요?

---

1   헌법재판소 2000. 4.27. 98 헌가16 결정

허당선생 문제가 해결되는 만큼 구체적인 긴장감도 함께 해결이 되겠지요. 그게 공부에서 딸기 같은 부분이라고 말한 지점이에요. 저 혼자 해결한 것이 아니라 남이 해결한 걸 그냥 이해하는 것만으로도 어느 정도 기쁨을 느끼게 되고, 그 순간은 정말 신나거든요. 그렇지만 공부하면 문제가 계속 더 생기기 때문에 결국 긴장감은 늘 신선하게 유지됩니다. 그러니 긴장감이 아주 없어지면 어쩌나 같은 걱정은 안 해도 돼요. 그리고 공부를 하다 보면 문제 자체가 새로 생길 뿐 아니라 계속 변형되기도 합니다. 더 깊은 심층 규칙을 알기 때문에 표층에서 사용하던 언어나 개념들만으로는 문제를 좀더 정교하게 정식화할 수 없기 때문이지요.

촛불이 그런데 혹시 긴장감을 느끼면 기분이 나빠지진 않나요?

허당선생 공부하면서 해결해야 할 문제로부터 생기는 긴장감은 시간 압박을 크게 받지 않는 것이라서 부정적인 감정은 아니에요. 오히려 실을 꿰게 하고, 주의력을 유지시키고, 공부를 이끌어가는 역할을 해주지요. 그리고 공부가 진행될수록 이 문제를 풀 수 있을 것 같다는 생각이 들면서 왠지 풀릴 듯 말 듯한 상태가 되는데, 이게 상당히 묘한 기분이라 제 생각엔 쾌락적인 면도 분명히 있는 것 같습니다.

촛불이 도대체 그게 어떤 건지 기대가 돼요.

허당선생 기대가 된다니 다행이네요. 아, 그리고 그런 긴장감을 느끼려면 책을 읽는 것처럼 지식을 받아들이는 데만 중점을 둘 것이 아니라, 염두에 둔 문제에 대해 지금까지의 부족한 지식으로라도 늘 해결책을 이리저리 생각해보는 습관이 필요하답니다.

나는 문제해결자입니다

허당선생 해결책을 찾는 과정은 뒤에서 다시 설명할게요. 그럼 지금까지 이야기했던 핵심사항을 행동강령으로 뽑아볼까요? 이제부터 누가 "학생이세요?" 물으면, 농담하듯이 "저는 문제해결자입니다." 하고 대답해보세요. '공부하는 사람=문제해결자'라는 이미지를 머릿속에 딱 넣어두는 거예요.

촛불이 문제해결자? 멋진데요! 만화에 나오는 판타스틱한 직업 같아요. 그러면 친구가 전화해서 "공부하냐?"라고 물으면 "문제해결 중이다!" 하면 되겠네요.

허당선생 하하하. 친구에게 잘 설명해서 오해받지 않도록 하세요. 허당선생 만나더니 이상해졌다고 하면 곤란하니까요. 만약 수학이나 외국어 자체에는 큰 흥미가 없는 사람이 수학을 공부하거나 외국어를 익힐 때, 또는 자신이 공부하는 분야의 논리와 개념들을 반복 숙달하고 있을 때는 뭐라고 해야 할까요?

촛불이 글쎄요. 훈련 중이다?

허당선생 그보다는 '문제해결을 위해 필요한 장비장착 중이다.' '문제해결을 위한 도구를 갈고 닦고 있다.' '문제해결을 위해 중무장 중이다'와 같이 이야기하는 것이 더 좋습니다.

촛불이 '장비장착 중'이라는 말이 제일 마음에 들어요.

허당선생 이것이 더 큰 문제를 해결하기 위해 꼭 필요한 업그레이드라는 점을 명확히 인식하게 되면 자신이 큰 흥미를 느끼지 않는 지식의 필요성도 더 자각할 수 있게 됩니다. 그런데 이 장비장착 활동은 꼭 초심자들만 하는 건 아니에요. 자기 전문 분야가 있는 학자나 실무자들도 새로이 착수하게 된 문제를 해결할 때 필요하다면 집중적으로 해야 할 경우가 있어요. 그리고 이 장비장착 활동도 경우에 따라선 세부 문제들이 떠올라 더 강한 동인을 주기도 합니다. 브라질 노동자당이 어떻게 성공했고 구체적으로 어떤 정치를 했는지 연구한 『브라질에서 진보의 길을 묻는다』라는 훌륭한 책이 있는데요. 사회학자인 저자는 원래 포르투갈어를 전혀 몰랐어요. 순전히 이 분야를 공부하기 위해 포르투갈어도 공부한 것이죠. 『페르마의 마지막 정리』라는 책에는 수학자 앤드루 와일스가 페르마의 정리를 풀기 위해 아예 따로 시간을 내서 집중적으로 첨단 수학 기법들을 마구 공부하는 장면이 나옵니다. 와일스는 분명히 어떻게 문제를 풀어야겠다는 실마리는 잡고 있는 상태였고, 최종적인 답에 도달하기 위해서는 여러 가지 장비들이 필요하다는 걸 직감한 겁니다.

촛불이 정말 스스로 찾아서 하는 학습이네요. 대단해요.

허당선생 정말 멋지죠? 그런데 이렇게 멋진 천재들의 탐구 과정을 그린 책을 읽을 때는 주의할 것이 있어요.

촛불이 주눅 들지 않는 것?

허당선생 맞아요. 탁월한 재능에 감탄하는 것은 우리 안에 잠재하고 있는 아름다운 마음씨 때문이라고 생각해요. 감탄하면서 주눅이 들 수도 있죠. 다만, '나는 아예 그 사람들과 다른 존재니까 공부해도 소용없을 거야'라고 생각해서는 안 됩니다. 그들이 어떻게 발상하고 풀어갔는지를 중점적으로 살펴볼 필요가 있어요.

촛불이 이 사람의 발상 기법을 내가 공부하는 분야에 적용시키면 어떨까? 이런 고민을 해야 한다는 거죠?

허당선생 그렇죠. 천재 수학자 존 폰 노이만 이야기를 들어보세요. 어떤 수학자가 노이만에게 이런 문제를 냈어요. "두 대의 기차가 120마일 떨어져서 시속 60마일로 서로를 마주 보며 달려오고 있다. A기차 앞머리에 파리 한 마리가 있는데, 이 파리는 B기차를 향해 날아가서 B기차 앞머리에 도착하면 방향을 바꿔 다시 A기차로 날아가고 또다시 B기차로 날아가는 과정을 반복한다. 파리는 이 왕복운동을 두 기차가 충돌할 때까지 반복한다. 만약 파리의 비행 속도가 시간당 120마일이라면 파리가 운동한 거리는 전부 얼마일까?"

촛불이 두 기차가 만날 때까지 파리가 왔다갔다한 거리를 전부 계산하는 거네요. 아, 언제 다 계산하고 있지?

허당선생 이 문제를 쉽게 푸는 방법이 있어요. 120마일 떨어진 두 기차가 시속 60마일로 마주 보고 달리니까 한 시간만 지나면 두 기차가 만나잖아요? 그런데 처음부터 그때까지 파리는 계속 시속 120마일로 움직이니까 결국 1시간 동안 120마일 날아다니는 거죠!

촛불이 뭐야! 완전히 속임수잖아요!

허당선생 문제를 낸 사람도 노이만이 이 트릭을 알고 있나 싶어서 물어본 겁니다. 그런데 노이만은 몇 초 지나지 않아 "120마일"이라고 대답했어요. 문제 낸 사람은 "아, 역시 노이만 박사는 트릭을 눈치챘군요. 다른 사람들은 대개 무한급수를 적용해서 해결하느라 고생하더라고요"라고 했죠. 그러니까 노이만이 "네? 저도 무한급수 이용해서 풀었는데요?" 했다는 거 아닙니까.

촛불이 헐~ 대박!

허당선생 저도 공부에 대해 고민하지 않던 시절에는 이 이야기를 읽고

"아, 노이만은 차원이 다른 놈이구나. 역시 공부는 이런 놈들이 나 해야지. 에휴!" 했습니다. 그런데 나중에 다시 읽었을 때는 나도 무한급수로 계산해봐야겠다고 생각했고, 수학책을 펴놓고 등비수열부터 무한급수까지 다시 공부하고 문제를 풀었어요. 그러고 나서 몇 가지 비슷한 유형의 문제를 더 풀어보니 왕복 파리 문제는 자신감이 생기더라고요. 그전에는 트릭으로만 풀 수 있었던 문제를 정공법으로 풀 수 있게 되고, 거기다 별다른 트릭이 없는 무한급수 문제도 풀 수 있게 된 것은 제게는 엄청난 개선의 결과입니다. 천재들만큼 잘 나가느냐보다 내 공부가 지금보다 얼마나 더 개선될 수 있는지가 더 중요한 겁니다.

이런 마음가짐이라면 『파인만!』 같은 책도 별나라 천재 이야기로만 들리지 않고, 지금 하고 있는 공부에 도움이 되는 통찰력을 얻을 수 있어요. 물리학자 리처드 파인만이 슬럼프에 빠졌을 때, 우연히 날아가는 플라스틱 원반이 좌우로 흔들리는 속도와 회전하는 속도의 비율을 그냥 장난삼아 계산해보거든요? 그런데 그 일을 계기로 파인만은 슬럼프를 극복합니다. 그리고 나중에 알게 된 사실이지만 그렇게 장난삼아 계산한 원리가 전기동역학과 양자전기역학 문제와 관련이 있었다고 합니다. 저는 이 이야기에서 공부하다 슬럼프가 오면 주위의 사소하고 흥미로운 문제부터 재미로 해결해보자는 교훈을 얻었어요. 와일스 이야기를 장비장착의 사례로 들다가 이야기가 너무 딴 데로 샜네요. 다시 장비장착 이야기로 돌아옵시다. 이 장비장착 활동을 하다가 아예 새로운 문제를 알게 되거나, 생각하지도 못했던 해법을 발견하기도 한답니다. 꼭 공부뿐만 아니라 직장에서 일할 때도 그래요. 저도 A사건의 소송 서면을 쓰기 위해 판례와 논문을 찾아서 읽다가 이걸 잘 구성하면 B사건에도 활용할 수 있겠다는 생각이 들 때가 꽤 있거든요. 그런데 공부에서는 이런 우연이 더 자주 일어난답니다.

촛불이 장비장착 활동도 너무 기계적으로 생각하면 안 되겠네요.

허당선생 장비장착은 이 문제를 풀기 위해서는 이걸 훈련해야 한다, 이렇게 정해져 있는 정적인 활동이 아닙니다. 오히려 문제설정과 문제해결을 오고가는 역동적인 활동 중에 있을 때도 많아요.

촛불이 어휴, 너무 많은 걸 한꺼번에 배워서 머리가 멍하네요. 집에 가서 곰곰이 다시 생각해봐야겠어요.

허당선생 우리 얘기와 직접 연관되진 않지만 읽으면 도움이 될 만한 책을 두 권 추천할게요. 철학자 칼 포퍼의 『삶은 문제해결의 연속이다』에서 9장 '문제들과 사랑에 빠졌더니 어느 날 철학자가 되어 있더라'를 한번 읽어보시겠어요? 그리고 물리학자들이 흥미로운 문제를 살펴보고 선택하는 모습을 실감나게 묘사한 책으로는 『파인만에게 길을 묻다』가 좋을 것 같네요. 이 책은 익살이 가득해서 아주 재밌게 읽을 수 있을 겁니다.

촛불이 마무리로 책 추천 쓰나미까지! 으악!

:: 함께 읽으면 좋은 책

삶은 문제해결의 연속이다 칼 포퍼 저 | 허형은 역 | 부글북스

페르마의 마지막 정리 사이먼 싱 저 | 박병철 역 | 영림카디널

파인만! 리처드 파인만 저 | 김희봉·홍승우 공역 | 사이언스북스

• • •

단계가 올라갈수록 규칙이 보인다.

작은 문제들을 꼬치구이로 엮어라.

기계적인 반복이 아닌 의도적 수련을 하라.

그리면서 반복하면 공부가 재미있다.

하나의 주제를 발판으로 문제를 변용하라.

• • •

2

단계별 수준 높이기와
반복 숙달

 ## 인상비평을 넘어선 문제해결을 하자

허당선생 이번에는 단계별로 공부의 수준을 높여가는 반복 숙달 과정에 대해서 이야기하기로 해요.

촛불이 드디어 공부 실력이 쑥쑥 올라가는 비법을 얘기해주시는군요.

허당선생 하하하, 그렇게 너무 기대하면 곤란해요. 듣고 나면 실망할지도 몰라요.

촛불이 제가 공부를 하다 보면 늘 그 수준에서만 맴돌고 더 높은 수준은 너무 어렵다는 생각을 많이 하거든요. 저한테 제일 문제라고 생각하는 게 바로 그 부분이에요.

허당선생 누구나 느끼는 어려움이지요. 예를 들어 인문학이나 사회과학 경우에도 쉬운 책들만 잘 팔리고 좀 높은 단계의 내용을 다루는 책들은 거의 안 팔리거든요. 만약 사람들이 다음 단계로 쉽게 올라설 수 있다면 모든 책들이 다 비슷하게 팔려야겠죠.

촛불이 쉬운 책들이 읽기 편하니까 부담 없잖아요.

허당선생 그렇지요. 쉽다는 건 좋은 겁니다. 그리고 꼭 필요하고 중요한 내용들을 쉽게 풀어서 설명해주는 책들은 분명히 가치가 있어요. 그런데 좀더 제대로 문제를 풀려면 단계를 높여야 할 필요성은 분명히 있거든요. 그렇지 않으면 인상비평 수준에서만 머무를 위험이 있어요.

촛불이 인상비평 수준이 뭐예요?

허당선생 우리 사회는 가난한 사람들의 건강은 챙기지 않고 의료보험제도도 제대로 갖춰져 있지 않은 반면, 부자들이 사치품에 소비하는 돈은 점점 늘어나고 있죠. 이런 현상을 지적하면서 정말 통탄할 일이라고 비판한다고 해봅시다.

촛불이   정말 안타까운 일이에요.

허당선생   그런데 "사치품에 소비하는 이 세태가 잘못되었다. 각자 반성하여 그런 데다 돈 쓰지 말고 그 돈으로 어려운 사람들을 돕자"는 결론에 그친다고 생각해보세요.

촛불이   그런 식으로 고칠 수 있었으면 이미 고쳤겠죠.

허당선생   어떤 문제가 발생해서 그 문제가 계속 지속되고 있으면 그건 그 상태를 유지하거나 가속화하려는 힘이 작용하고 있는 겁니다. 그 힘을 분석해서 그와 반대되는 힘을 체계적으로 제시해주지 않으면 하나마나한 잔소리에 머물거든요.

촛불이   문제를 제대로 풀기 위해서는 좀더 깊이 있게 문제를 이해해야 한다는 거네요.

허당선생   그렇지요. 2008년 미국 금융위기 이전에 일반인들이 경제 문제에 대해 들었던 이야기는 다음과 같았어요. "시장 규제를 풀면 금융시장의 혁신으로 경제구조가 매우 효율적으로 변화한다. 이제 우리 경제는 불황이 오지 않는 새로운 고원에 올라섰다. 다만 약간의 문제가 있다면 기업의 임직원들이 보너스를 너무 많이 받는다는 것이다. 개인적인 욕심을 좀 줄여라."

촛불이   금융위기가 터지고 난 지금에야 보니 그다지 도움이 되는 말은 아니었던 것 같아요.

허당선생   그렇지요. 그런 말은 그냥 눈에 보이는 것을 여러 가지 말로 버무려서 표현하는 상식 수준에 지나지 않거든요. 그 당시 진짜 문제는 시장 규제를 풀어서 오히려 금융시장이 위험을 만들어 내고, 부풀어가는 부동산 거품과 결합하여 더 큰 문제를 낳고 있던 것이었죠. 그러다 부동산 거품이 꺼지니까 복잡하고 큰 위험을 안고 있던 금융기관들이 대책 없이 휘청거리게 된 것이고요. 만약 당시에 진지하게 현실 진단을 하고 문제에 체계적으로 접근했다면 앞으로 닥쳐올 위기도 충분히 예상할 수 있었고, 우선 그 위험을 제거하는 것이 가장 시급한 일이라는 것을 깨달을 수도 있었을 거예요.

촛불이   이런 위기를 예상한 사람이 있었다는 건가요?

허당선생   네. 노벨경제학상을 받으며 유명해진 조셉 스티글리츠나, 폴 크루그먼도 이 문제에 대한 경고를 했거든요.

촛불이   그냥 때려 맞춘 것 아니에요?

허당선생   그런 건 아니에요. 그 사람들의 예상이 맞았던 건 단순히 점쟁이가 누가 대통령이 될지 알아맞히는 문제와는 차원이 다릅니다. 왜냐하면 경제학자들의 경고는 가격 시스템이 시장 문제를 해결하는 방법의 전부가 될 수 없고, 정보가 불완전한 상황에서 금융 시장의 안정을 위해서는 규제가 꼭 필요하다는 탄탄한 논리에 근거한 것이었거든요. 게다가 실제 금융위기도 거의 그 논리가 예견한 수순을 밟아 전개되었고요.[1]

촛불이   아, 그런 위험에 대한 전문가들의 의미 있는 경고가 이미 금융위기 이전에 있었는데도 정치인이나 대중들이 그런 경고들을 제대로 이해하지 못했던 것이군요.

허당선생   그렇죠. 현대 대의민주주의는 매우 불완전하기 때문에 대중들

---

1 『불황의 경제학』, 폴 크루그먼 저, 안진환 역, 세종서적, 2009 ; 『위기 경제학』, 누리엘 루비니 외 공저, 허익준 역, 청림출판, 2010 ; 『끝나지 않은 추락』, 조지프 E. 스티글리츠 저, 장경덕 역, 21세기북스, 2010 참조.

이 견제하지 않으면 정치인들은 자신들의 특수한 이익만을 챙기는 관심사에서 벗어나질 않아요. 다시 말해 공동체의 미래는 돌보지 않는 거죠. 그런데 미래에 대한 예상이나 경고는 아무나 할 수 있잖아요? 사주팔자 보는 사람이 할 수도 있고, 타로점 치는 사람, 계룡산 도사, 정치인, 학자, 인터넷 논객 등 누구나 경고는 할 수 있어요. 그 수많은 말들 중에서 제대로 된 지식의 토대를 가지고 있는 것을 분별할 수 있어야 문제를 해결할 수 있겠죠.

촛불이 수준 높은 책들을 꼭 읽을 필요가 있군요. 사람들이 이런 책들을 잘 읽지 않는다니 안타까워요. 그렇지만 인상비평 수준의 책들이 인기 있고 쉽게 느껴지는 이유가 있어요. 이미 알고 있는 이야기들을 다루기 때문이에요. 이해하기 쉽고 공감이 많이 되거든요. 아까 정보경제학 어쩌고 하셨는데, 솔직히 저는 생전 처음 듣는 얘기고, 그런 걸 알아야 한다니 벌써부터 머리가 아파요.

허당선생 인상비평 수준에 머무르지 않으면서도 정말 쉽고 좋은 책들도 많아요. 저도 늘 그런 책을 쓰고 싶고요. 그리고 우리가 모든 분야를 깊이 있게 단계를 밟아가며 공부할 수는 없어요. 그건 불가능하죠.

촛불이 선생님은 유리가 왜 투명한지도 잘 모르시잖아요.

허당선생 하하하, 맞아요. 하지만 우리가 전문적으로 깊게 파는 분야가 아니더라도 지식에 대한 판단 기준을 잘 활용하면 다른 사람들의 말을 가려들을 수 있답니다. 적어도 유리가 빛 알갱이를 막지 않고 통과시키니까 투명하다는 설명은 배제할 수 있지 않겠어요?

촛불이 그러네요. 그리고 사람들이 지금보다 좀더 수준을 높여야 하는 부분도 있는 것 같아요.

허당선생 어떤 것이지요?

촛불이 앞서 말씀하신 금융위기 같은 문제들을 이해할 수 있는 능력이
요. 현대 대의민주주의가 그렇게 불완전하다면, 대중들은 정치
인들이 문제해결을 위해 내놓은 방안들 중에서 어떤 것이 적합
한지 분별할 능력이 있어야 하잖아요.

허당선생 맞아요. 제가 하는 이야기들도 대부분 그런 능력을 높일 수 있는
공부에 관한 것입니다. 문제를 제대로 이해하고 스스로 해답을
찾아볼 수 있는 능력, 설령 답을 찾지 못한다고 해도 다른 사람
의 답이 옳은지 그른지 평가할 수 있는 능력이 필요하죠. 그렇다
고 그렇게 거창한 능력이 필요한 건 아니에요.

『폭두직딩 타나카』는 순박한 청년의 소소한 일상을 그린 만화인
데요, 타나카는 건설 노동자입니다. 하루는 목욕탕에서 동료들
과 이야기하던 중에 누군가 "2008년 금융위기가 왜 찾아왔느
냐?"라는 질문을 던져요. 그런데 어느 누구도 그 질문에 답하지
못했죠. 그렇다면 이 사람들이 관련 문제를 근시안적으로 처리
하고 나 몰라라 하는 정치인들을 제대로 견제할 수 있을까요?
중후반부에는 타나카 자신이 정직원이라고 착각하다가 사실은
파견노동자에 불과하다는 걸 깨닫고 다른 일자리가 있는 곳으로
또다시 떠나는 장면이 나와요. 타나카의 삶을 이렇게 불안정하
게 만드는 것은 파견노동자제도를 무제한 허용한 일본의 법제도
때문이거든요? 그런데 그 영향을 크게 받으면서도 타나카의 삶
은 그 제도가 미치는 힘을 이해하고 그것을 바꿀 수 있는 기회와
는 너무 멀리 떨어져 있어요. 물론 누군가 타나카에게 간단하게
답을 알려줄 수는 있을 거예요. 그렇지만 그 답이 옳은 답인지는

여전히 타나카가 판단해야 할 부분이죠. 왜냐하면 정치인들은 같은 현상에 대해서도 서로 다른 해답을 말하고, 게다가 그 해답들 중에는 항상 엉터리가 포함되어 있거든요.

촛불이 그런 상황에서 벗어나기 위해서는 인상비평을 넘어서는 최소한의 공부가 필요하다는 말씀이군요.

📖 단계를 높일수록 규칙이 보인다

허당선생 그럼 이제 본론으로 들어가볼까요? 공부의 단계가 높아진다는 건 무슨 뜻일까요?

촛불이 점점 더 복잡하고 어려운 것들을 많이 알게 되는 거요.

허당선생 그렇게 얘기할 수도 있겠네요. 그런데 우리가 맨 처음에 공부에 대해 말했던 것들을 다시 생각해봅시다. 다르게 표현할 수도 있지 않을까요?

촛불이 음~ 세상이 돌아가는 원리들을 이해하고 설명할 수 있는 규칙을 알게 되는 것, 그러니까 심층적이고 보편적인 원리들을 일관되게 설명할 수 있는 규칙을 알게 되는 거요.

허당선생 맞아요. 단계가 높아지는 것은 단순히 다루는 정보가 양적으로만 늘어나는 게 아니라 문제를 좀더 깊이 있고 폭넓게 해결할 수 있다는 것이죠. 예를 들어 광우병 위험이 있는 미국산 소고기에 대한 보도 내용 중에 사실과 다른 내용이 포함되어 있었다면, 소고기 수입 정책을 추진하는 장관에 대한 명예훼손죄로 방송국 관계자를 처벌할 수 있을까요?

이 경우에 진실은 좋고 거짓은 나쁘다는 격언 수준의 반응부터,

공영 방송에서 오류는 있을 수 없으니 당연히 처벌해야 한다고 말하는 사람까지 있을 수 있겠죠. 또 다른 사람은 대한민국 헌법에는 표현의 자유가 있으니 처벌하면 안 된다고 할 수도 있고요. 이에 대해 표현의 자유도 제한되는 경우가 있고, 허위 사실을 방송하는 것은 보호되는 표현에 해당하지 않는다는 반론이 나올 수도 있겠죠.

자, 여기서 봉합에 만족하는 사람은 표현의 자유가 있지만 때때로 제한되는 경우도 있다는 상식 수준에 머물겠죠. 법대에서 헌법 교과서를 들여다본 사람이라면 "표현의 자유를 제한할 때 다음과 같은 요건을 갖추어야 한다. 목적이 정당하고, 수단이 상당하며, 피해 입는 쪽과 이익 얻는 쪽이 균형을 이루어야 하고, 최소한의 침해여야 한다"고 잘난 척하며 이 봉합을 포장할 수도 있겠고요. 그런데 과연 그 공식이 이 경우에 적용되었을 때 일관된 답을 도출할 수 있을까요?

촛불이 음, 같은 공식을 적용해도 어떤 사람은 '아이고, 사실이 아닌 내용을 보도해서 국가 정책을 폄훼하다니! 당연히 장관에 대한 명예훼손이지!'라고 생각하기도 하고, "그 정도 가지고 처벌하는 건 너무 심하잖아, 이건 독재야 독재!"라고 말하는 사람도 있을 것 같아요. 결론을 먼저 내리고 나중에 공식을 끼워 맞출 여지도 얼마든지 있고요. 특히 현 정부를 지지하느냐 아니냐에 따라서도 결론이 많이 달라질 것 같아요.

허당선생 그 공식 자체는 유용한 틀이라고 생각하지만 그 틀을 잘못 이해하면 논의를 엉뚱한 방향으로 진행하게 됩니다. 실질적인 답을 내기에는 너무 자의적인 틀이 되어버리는 거죠. 자신이 지지하는 표현 내용에 따라 표현의 자유 범위를 자의적으로 정하기 쉽거든요. 결국 더 깊이 들어가면 "공식이 자의적인 결론에 이르지 않도록 하는 해석은 무엇인가?"라는 질문을 하게 됩니다. 이 질문에 답하려면 "애초에 그 공식이 정당화되는 이유는 무엇인가?"라는 좀더 심층적이고 본질적인 질문을 던지게 되지요.

촛불이 공부를 하면 할수록 처음에 했던 질문 자체가 달라지네요. 묻는 방식도 달라지고요.

허당선생 이전 단계의 지식을 갖추지 못한 상태에서는 할 수 없었던 질문들을 던질 수 있게 되는 겁니다. 그러니까 단계가 높아지는 것은 더 심층적인 문제를 풀 수 있는 정교한 질문들을 다룰 수 있게 된다는 거죠. 단계가 높아지는 것은 또 다른 측면도 있어요.

촛불이 어떤 측면이죠?

허당선생 규칙을 익힌다는 건 다양한 경로를 통해 규칙을 풍부하게 이해하는 것을 뜻하기도 합니다. 규칙을 발견하거나 설명하는 방식은 하나가 아니라 여러 가지죠. 그 규칙을 적용해보니까 여러 가지 구체적인 사례들이 하나로 꿰어지는 것처럼 보이는 경험을 하는 거고요.

촛불이 여러 가지 사례들로 꼬치구이를 만드는 거네요?

허당선생 맞아요. 이런 꼬치구이들을 많이 만들수록 규칙을 제대로 익히는 겁니다. 그런데 이 과정이 처음부터 모르던 것들을 갑자기 전부 알게 되는 경험은 아니에요. 아예 모르던 것들만 다루면 막막하기만 하고 공부가 진전되지 않아요. 그런데 처음 단계에서는 아무래도 모르는 것들이 많을 수밖에 없어서 점점 앞으로 단계를 밟지 않으면 도중에 중단하기 쉽죠. 차근차근 나아가면서 규칙을 풍부하게 이해할수록 전에는 어렴풋이 연결되던 것들이 명확하게 연결되고, 별 관계없어 보이던 것들이 분명하게 통합됩니다. 멋진 유추 과정과 그에 따른 논리가 들어맞는 경험을 하고, 여러 규칙들이 서로를 지탱해주는 것을 깨달으면서 큰 즐거움을 느끼게 된답니다. 그러면서 차츰차츰 규칙을 문제에 적용해보겠죠. 처음에는 규칙들이 생소해서 기존의 해결 사례나 결론을 참고하겠지만 시행착오를 겪으면서 규칙을 적용하는 일에 점차 능숙해진답니다. 무질서하게 보이는 정보들 중에서 규칙에 맞는 쟁점만을 뽑아내 분석 단계를 거쳐 문제를 해결하는 과정에 익숙해지면 자신감이 붙습니다.

촛불이   제가 그런 경험이 없어서 그런지 아직 이해가 잘 안 가요.

허당선생   촛불이도 게임해본 적 있죠? 모든 게임에는 규칙이 있잖아요. 처음에는 게임 규칙을 잘 모르다가 계속 하다 보면 조금씩 알게 되고, 나중에는 게임 규칙들을 활용해서 새로운 전략을 짜기도 하고요.

촛불이   맞아요. 게임 잘하는 친구들은 어떤 게임이든지 거의 반사적으로 전략을 짜서 하더라고요. 불필요한 정보는 신경 쓰지 않고 중요한 것들만 뽑아서 활용하던데요?

허당선생   공부도 게임과 비슷해요. 작은 에피소드들을 꼬치로 엮고 단계가 올라가거나 능숙해질 때까지 반복하죠. 다만 공부는 게임처럼 어느 정도 결론이 정해진 닫힌 구조가 아니고 단계를 거듭할수록 질문들이 깊고 넓어진답니다. 공부가 게임보다는 문제해결 과정이나 그에 따른 결론들이 풍부하다고 볼 수 있죠.

반복이 즐겁다고?

촛불이 이제 공부 단계가 높아진다는 것을 이해할 수 있겠어요. 그러면 어떻게 해야 단계를 높일 수 있을까요?

허당선생 지금 배우는 것들을 잘 반복하여 열심히 질문을 던지고 풀어보는 겁니다.

촛불이 반복이라고요?

허당선생 네. 우리가 앞에서 장비장착에 대해 얘기한 적 있죠? 문제해결의 도구로 쓸 수 있는 지식들 말이에요. 특히 장비를 장착하는 과정에서는 반복훈련이 중요해요.

촛불이 으아, 생각만 해도 벌써부터 지루하고 하기 싫어요.

허당선생 아, 벌써 그러면 안 되죠. 이제부터 반복의 즐거움에 대해 얘기할 참이었는데요.

촛불이 맙소사! 반복의 즐거움이라고요? 반복은 지겹잖아요.

허당선생 반복이 지겨운 건 사실이에요. 영화배우가 같은 내용을 두 시간 내내 반복해서 연기한다면 아마 영화관에서 폭동이 일어날지도 모르죠. 하하하!

촛불이 드라마 경우도 다음 편이 어떻게 이어질지 기대하고 있는데 "반복의 즐거움을 위해 오늘은 재방송을 하겠습니다." 하면 인터넷 게시판이 난리가 나겠죠.

허당선생 하하하! 맞아요. 그런데 공부와 달리 영화와 드라마는 어떤 문제를 해결하려는 과정이 아니라는 공통점이 있어요. 영화나 드라마는 이야기가 진행되면서 다음 이야기가 어떻게 전개될지 궁금하잖아요. 문제를 해결한다기보다 궁금증을 해소하는 과정 그 자체가 즐거움으로 다가오는 거죠.

촛불이 그러면 일상에서도 반복이 즐거운 경우가 있다는 건가요?

허당선생 물론이죠. 반복이 지겹다고 단정하는 건 좋지 않아요. 특히 공부를 할 때 장비장착이나 문제해결의 실마리를 발견하는 데는 반복이 큰 역할을 하거든요. 촛불이도 꼬꼬마 텔레토비 알죠? 아이들은 텔레토비가 늘 똑같은 의성어와 의태어, 똑같은 율동을 하고 거기다가 끝나기 전에 다시 한 번 "여러분, 안녕~!" 하는 걸 보고 까르르 웃잖아요.

촛불이 아직 애들이니까 그렇죠.

허당선생 그런 면도 있죠. 유년기에는 감정을 느끼는 경험 자체가 새롭기 때문에 똑같은 만화영화나 동화책을 반복해서 봐도 볼 때마다 그 감정을 강하게 느껴요. 그래서 그런 감동이나 감흥을 기대하게 되고 그것이 실제로 일어나면 엄청 좋아하죠. 전에 봤던 것과 똑같은 내용이라도 정말 재밌게 느껴지는 거예요. 저도 어릴 때 『드래곤볼』 만화책을 해적판으로 보고 또 보고 아예 뒤에서부터 거꾸로 보기도 했어요. 그렇다면 어른들은 어떨까요? 제가 예전에 매일 저녁 7시, 집 근처 분식집에 가서 항상 두 번째 식탁 오른쪽 의자에 앉아 "청국장 하나 주세요." 했어요. 그렇게 한 달쯤 지나니까 아주머니께서 제가 들어가기만 하면 웃으시는 거예요.

촛불이 아주머니 입장에서는 선생님 행동이 웃겼을 것 같아요.

허당선생 물론 제가 아주머니를 웃기려고 그런 건 아닌데 매일 똑같이 반복되는 제 행동이 아주머니께 일정한 기대를 하게 만든 거죠. 그기대가 어김없이 충족되었을 때 아주머니는 쾌감 내지 즐거움을 느끼는 겁니다. 또 다른 예를 들자면 자주 만나는 친구와 늘 같은 일을 하면 심리적으로 안정이 되고 편안함을 느낄 수 있습니다. 저도 친한 친구와 만나기만 하면 '우리는 왜 애인이 없을까?'라는 주제로 질리지도 않고 정말 재밌게 얘기하거든요.

촛불이 으악! 말로만 듣던 찌질남이 이렇게 가까이 있을 줄이야!

허당선생 너무 찌질한가요? 하하하! 그런데도 그 친구와 만나서 그런 이야기를 나누면 즐거워요. 물론 늘 똑같은 이야기만 하는 건 아니지만 같은 주제로 얘기하더라도 내용은 무궁무진하거든요.

촛불이 뭐, 막 이론 같은 거 만들고 그러는 거 아니에요? 새로운 책 읽으면 무조건 그 주제에 막 갖다 붙이고.

허당선생 어떻게 알았어요? 귀신이네.

촛불이 우와, 진짜 찌질하다~.

허당선생 매번 같은 주제로 이야기를 해도 변화를 주면서 응용할 수 있기 때문에 대화가 즐거운 거예요. 이미 서로 공유한 경험과 주제를 발판으로 여러 가지 변용을 할 수 있는 거죠. 여기서 우리가 주목할 것은 변용을 가능하게 만드는 '발판'입니다. 우리는 보통 자주 보는 친구와 수다를 더 많이 떨게 되죠. 물론 공통된 이야기의 발판이 탄탄하게 있는 사이라면 오랜만에 만나도 할 이야기가 많겠지만요.

촛불이 맞아요! 시간 가는 줄도 모르고 얘기한다니까요. 헤어진 후에도 전화로 또 얘기하고.

허당선생 다른 예를 들어볼까요? 버스회사 사정으로 노선이 없어져서 갑자기 출퇴근 경로가 바뀌면, 그 경로가 익숙해질 때까지 아침마다 불안할 겁니다. 이렇게 생활 속에서 반복되는 일정한 부분들이 우리 삶의 안정감과 즐거움을 주는 발판이 되는 거죠.

촛불이 그런데 그 발판이 공부하고 무슨 관련이 있어요? 공부하는 것도 지겨운데 거기다가 같은 내용을 반복하면 얼마나 괴로운데요. 선생님 말씀에 동의할 수 없어요!

허당선생 무슨 뜻인지 잘 알아요. 기본적으로 인간은 새로운 것에 집중하고 주의를 기울이는 성질이 있기 때문에 이미 알고 있는 정보나 예전에 봤던 것들은 주의 깊게 보지 않죠.

촛불이 저도 어제 본 수학 내용을 정확하게 아는 것도 아니면서 같은 부분을 다시 보면 하기 싫어지고 그냥 넘어가고 싶어요.

허당선생 어제 공부했던 것이 잘 생각나지 않아 헛수고로 느껴지면 하기 싫죠. 새로운 걸 보고 싶은 마음도 있고요. 그런데 반복을 할수록 문제해결에 필요한 발판을 만들 수 있기 때문에 반복훈련을 하지 않으면 정말 허당이 됩니다. 발판을 확실하게 만들면 변주가 자유롭고 즐거워져요. 발판을 딛고 있는 느낌도 좋고요. 공부의 구조를 잘 파악하면 반복을 통해 발판을 탄탄하게 만드는 과정에서 느끼는 심리적 저항감을 쉽게 극복할 수 있답니다.

촛불이 선생님, 저는 아직도 발판 만드는 과정에서 반복이 왜 중요한지 잘 모르겠어요. 발판이 될 만한 지식들이 어떤 책, 어디에 있는지만 알아두고 필요할 때마다 찾아보면 되는 거 아닌가요?

허당선생 모든 지식을 그때그때 다 검색하겠다는 건 발판 없이 작업하겠다는 말과 같아요. 확실한 발판이 되는 규칙을 기억하는 건 단기기억이 아니라 장기기억이거든요. 그런데 장기기억이 제대로 자리를 잡으려면 반복이 꼭 필요해요.[2] 어떤 바이올리니스트가 원

---

2 『학습이론』, 문선모 저, 양서원, 2007 : 11장 및 12장 참조.

곡을 바탕으로 자신만의 스타일로 즉흥 연주를 한다고 해봅시다. 정해진 대로 연주하지 않고 자유롭게 애드리브를 하려면 원곡을 눈 감고도 연주할 수 있어야겠죠.

촛불이 다른 예가 또 있을까요?

허당선생 이번에는 만화 이야기를 해볼까요? 국내에서도 출간된 『베이비 스텝』이라는 일본 만화가 있습니다.

촛불이 베이비 스텝? 아기 성장 만화인가요?

허당선생 테니스 만화에요. 주인공 마루오는 테니스에 완전 문외한이었어요.

촛불이 그런데 알고 보니 마루오는 테니스의 천재였다, 뭐 이런 거죠?

허당선생 아뇨. 몇 달 사이에 상당히 잘했지만 그렇다고 천재까지는 아니었어요.

촛불이 마루오는 저를 배신하지 않았군요.

허당선생 알고 보니 천재였고 한달음에 세계선수권대회에서 우승하면 정말 허탈하죠.

촛불이 그런데 마루오는 어떻게 테니스를 그렇게 잘하게 되었어요?

허당선생 마루오는 먼저 자기가 해결해야 할 과제를 정해서 시행착오를 거듭하며 자신이 원하는 결과가 나오는 동작을 찾아 그 동작을 계속 반복해서 연습했어요. 예를 들어 테니스 코트 곳곳에 공을 정확하게 보내는 방법을 익혀야겠다는 목표를 정합니다. 그리고 목표를 달성하기 위해 여러 가지 시도를 해보고 그중에 가장 적합한 방법 하나를 죽어라 반복해서 연습하죠. 그러면 점차 그 방법이 몸에 익어서 다음 동작을 배우는 발판이 되는 겁니다. 이런 과정들을 안드레스 에릭손이라는 학자는 '의도적 수련'이라고 불렀습니다. 의도적 수련은 단순한 반복이 아니라 좁은 범위의 기술에 정신을 집중하면서 '어떻게 하면 더 잘할 수 있을까?' 스스로 되물으며 개선하려는 의도를 지닌 반복입니다.[3]

촛불이 아, 저도 탁구를 배운 적 있는데 처음에는 계속 공을 대각선으로 주고받는 것만 반복하더라고요. 제가 실력이 늘지 않았던 이유가 의도적 수련이 아닌 기계적인 반복만 해서 그렇군요.

허당선생 네. 반복훈련의 중요성을 이해할 때는 운동을 체계적으로 반복해서 배웠던 경험을 떠올리는 것이 도움이 될 거예요. 탁구는 가장 기본적인 동작인 대각선으로 공치기를 반복 연습하고, 기본 동작이 익숙해지면 백핸드로 치는 응용 동작을 연습하죠. 기본 동작에 다른 동작들을 연결하거나 두 동작을 동시에 하며 점점 단계를 높여 연습하는 거죠. 예를 들어 백핸드, 포핸드를 번갈아 치면서 동시에 스텝도 연습하는 것처럼요.

촛불이 선생님도 탁구 배우셨어요?

허당선생 네. 탁구하면 허당 탁구라는 소문이 파다할 정도죠. 군대에서는 대대에서 탁구 일등 먹은 적도 있어요.

촛불이 와, 허풍이 진짜 심하시네요.

허당선생 제가 증명할 길이 없어서 반론을 못하겠네요. 탁구 말고 살사 댄스 이야기를 해보죠. 제가 살사도 배운 적 있는데 살사도 기본 동작부터 시작해서 그 동작들을 변용한 좀더 복잡한 동작을 배우고 그것들을 연결하는 방식으로 단계를 높여가거든요. 동작이

---

3 Ericsson, K. Anders, "Deliberate practice and the modifiability of body and mind: toward a science of the structure and acquisition of expert and elite performance", *International Journal of Sport Psychology* 38, 2007

숙달되면 자유자재로 동작을 변용하고 연결해서 일정한 순서가 정해지지 않은 자유로운 춤을 추게 되는 거죠.

촛불이 순서가 정해지지 않았는데 둘이서 어떻게 춤을 출 수 있어요?

허당선생 리드하는 사람이 당기고 밀면 상대방이 그 신호를 받고 따라가죠. 일종의 입출력 프로그래밍이 사전에 약속되어 있다고 보면 됩니다.

촛불이 그래서 밀고 당기는 맛에 바람의 춤꾼이 되셨나요.

허당선생 아뇨. 바빠서 매일 나가 반복하질 못하니까 발판이 안 생기더라고요. 외국어든 춤이든 처음 배우는 두세 달 동안은 거의 매일 반복해야 합니다. 일단 그렇게 연습할 수 있는 여건을 만든 후에 덤비는 게 현명한 것 같아요.

촛불이 정말 대한민국 대표 허당이시네요.

📖 반복의 기회를 주지 않는 학교

허당선생 어쨌든 운동을 배울 때는 반복훈련 하는 걸 당연하게 생각하면서 막상 공부할 때는 반복하기가 힘들죠. 왜냐하면 우리는 눈으로 글자를 좇으며 읽는데, 눈으로 읽는 속도가 마치 자신이 무언가를 배워 나가는 속도라고 착각하기 쉽기 때문입니다. 운동은 그런 착각이 일어날 여지가 없거든요. 공부하면서 한 권의 책을 읽는다고 가정했을 때 그 책을 처음부터 끝까지 눈으로 읽었다고 해서 그 책을 제대로 공부했다고 할 수는 없어요.

촛불이 맞아요. 읽고 나서도 무슨 소린지 전혀 모를 때가 있어요.

허당선생 책 내용을 천천히 이해하면서 여러 가지 사례들을 떠올리거나 의미 있는 질문들과 연결시키며 읽지 않으면 장기기억에 제대로 자리잡지 못해요.

촛불이 문제해결에 진짜 도움이 될 수 있는 장비가 장착되지 않는 거네요. 제가 수학을 어렵게 생각했던 이유가 앞 단계에서 필요한 장비를 제대로 장착하지 않고 뒷부분만 허둥지둥 따라가려고 해서 그렇군요.

허당선생 네. 사실, 제대로 반복했다고 하려면 주어진 세부 과제나 문제들을 풀 때 약간 지루함을 느끼면서도 거뜬하게 해낼 수 있어야 해요. 수학처럼 교재들이 체계적으로 나와 있는 분야는 이 원칙만 잘 지켜도 충분하답니다. 물론 이런 수준에 오를 때까지의 반복은 단순 반복이 아니라 의도적 수련이어야 함은 당연하고요.

촛불이 장비장착의 반복훈련 원칙, 이미 배운 데서 나온 문제는 '의도적 수련'을 통해 약간의 지루함을 느끼더라도 거뜬하게 해결할 수 있을 때까지 반복한다! 그런데 이 원칙을 지키기가 쉽지 않아요.

허당선생 맞아요. 그게 학교교육의 문제점이기도 하죠. 우리나라 학교들이 마치 반복훈련을 중시하는 것처럼 보이기도 하고 그렇게 착각하는 사람들이 많지만, 실상은 그 반대죠. 학교만큼 반복훈련을 등한시하고 학습을 날림으로 만드는 곳도 없어요. 반복훈련을 전적으로 학생에게만 맡기잖아요. 그 대표적인 경우가 학년제 강의식 수업입니다.

촛불이 저는 그게 교육의 당연한 모습인 줄 알았어요.

허당선생 그건 학교교육의 당연한 모습이 아니라 행정적 편의일 뿐이죠. 그렇게 일률적으로 진행하는 것이 행정적으로 제일 편하거든요. 학생들의 숙달 수준은 천차만별인데 그렇게 일방적으로 한 번에 진행하면 어떤 일이 생기겠어요?

촛불이   못 따라가는 학생은 정말 스트레스 받죠. 제대로 익힐 기회도 없고요.

허당선생   그렇죠. 그런데 학교 진도를 따라가지 못하는 학생들은 영원히 장비장착도 제대로 할 수 없는 운명에 처해지는 건가요?

촛불이   아뇨. 거뜬하게 해낼 수 있을 정도까지 반복해서 숙달하면 다음 단계로 나아갈 수 있다고 했죠.

허당선생   그러니까요. 공부에서 가장 중요한 과정은 반복하는 것입니다. 촛불이가 보기에 수업을 잘하시는 선생님도 있고 그 반대인 경우도 있죠?

촛불이   그럼요.

허당선생   이왕이면 전국에서 강의를 제일 잘하는 선생님 수업을 듣는 게 좋겠죠?

촛불이   당연하죠. 각자 스타일에 맞는 선생님의 수업을 골라서 들을 수 있다면 더더욱 좋을 것 같아요.

허당선생   그런데 지금 학교교육은 각자 다른 학습 수준을 완전히 무시한 채, 교사가 강의를 잘하든 못하든 카세트처럼 반복하는 것이 전부죠. 요즘 같은 시대에 이런 방식은 물적, 심적으로 낭비죠.

촛불이   듣고 보니 그러네요. 그럼 선생님이 꼭 필요한 건 아닌가요?

허당선생   모든 교사들이 꼭 강의만 하는 사람이어야 하나요? 단순히 강의만 필요하다면 직접 얼굴을 맞대고 할 필요는 없죠. 인터넷 강의가 있잖아요! 걸어다니면서 강의를 들을 수 있는 세상인데 왜 물리적으로 제한된 방법을 고집해야 하죠? 강의는 강의 잘하는 사람들에게 맡기고, 교사들은 훨씬 더 유용하고 긴요한 일을 해야 합니다. 우리가 공부하면서 직접 만나야 하는 사람은 누구일까요? 어떤 자료와 교재를 가지고 공부할지 알려주거나 적절한 과제 부여, 친절한 답변 등을 해줄 수 있는 사람이 필요하죠. 내가 지금 어느 단계까지 와 있는지 평가해주고 그에 적합한 스케줄을 짜주는 사람 말입니다. 교사는 깜냥으로 강의만 되풀이하는 사람이 아니라 학생들에게 자연스러운 반복 숙달의 기회를 주는 존재여야 합니다. 촛불이는『몰입』이라는 책, 본 적 있어요?

촛불이   네, 제목은 들어본 것 같아요.

허당선생   그 책에서 말하는 몰입이란 문제해결 과정에 몰두해 삼매경에 빠지는 것을 말합니다.

촛불이   삼매경이라….

허당선생   영화 〈스워드 피쉬〉를 보면 삼매경에 빠진 모습을 볼 수 있어요. 이 영화에서 휴 잭맨이 세계 최고의 해커로 나오죠?

촛불이   아, 영화 〈엑스맨〉에서 울버린이었던 사람요?

허당선생   네. 그 사람이 해킹을 하면서 "아하!" 소리치거나 환한 얼굴로 손을 비비거나 박수를 치기도 하고, 컴퓨터를 향해 혼자 "캄온, 캄온!" 하며 애걸하기도 하죠. 때로는 타자를 마구 치기도 하고, 혼자 고민에 빠져 서성이는 모습이 정말 예술이죠. 영화 속 해커가 겪는 심적 변화들은 모두 삼매경에 빠지면서 일어나는 현상들인데, 이 삼매경이라는 것이 그 과정도 즐겁고 끝낸 후에 뿌듯하기도 하거든요. 그런데 자기 수준에 맞지 않는 과제를 맞닥뜨리면 어떻게 될까요? 스트레스만 받고 열등감에 시달리거나 혼란 속에서 벗어나지 못하는 겁니다.

촛불이   딱 제 이야기를 하시는 거 같아요.

허당선생 게다가 심층 지식으로 가는 길을 안내해도 시간이 부족한데, 표층 지식을 인위적으로 꼬아서 만든 퀴즈풀이에 골몰한다면 그나마 남아 있던 공부에 대한 흥미를 잃어버리지 않을까요?

촛불이 그럼 제가 머리 나쁘다고 자책할 필요는 없는 건가요?

허당선생 아우, 절대 그러지 마세요. 머리가 좋고 나쁜 건 사람들마다 조금씩 차이가 있지만 공부 계단을 오르는 건 적절한 속도만 따라올 수 있다면 누구나 할 수 있어요. 교육심리학자 벤자민 블룸의 연구에 따르면, 개별 능력에 따라 수업을 받은 학생의 평균 학습 수준은 전통적인 방식으로 수업을 받은 학생의 상위 2퍼센트 수준과 같다고 합니다.[4]

촛불이 헉, 스케줄을 잘 짜서 삼매경 1단계, 2단계, 3단계 이렇게 타고 올라갔을 때 그 효과가 대단하군요!

허당선생 그러니까 앵무새처럼 집단 강의를 되풀이하는 지금의 학교가 학습 계단 오르기를 얼마나 방해하고 있는지 짐작이 가죠? 게다가 나이에 따라 학년을 매기고, 정기적으로 시험을 치러 성적이 낮은 학생에게 "넌 머리가 나빠서 그래"라며 학습 부진아 딱지까지 붙입니다.

촛불이 이야기를 듣다 보니 저까지 억울하네요.

허당선생 네, 이건 진짜 중요한 문제입니다. 더 중요한 건 적절한 스케줄을 따라 학습 계단을 타고 올라갈 때 어디까지 도달할 수 있는지 한계가 정해진 것도 아니에요. 누구나 더 나아질 수 있는 가능성

---

4 Bloom, B. S., "The 2 sigma problem : The search for methods of group instruction as effective as one-to-one tutoring". *Educational Researcher*, 13(6), 1984

이 있어요. 『우리 안의 천재성』이라는 책을 읽어보면 이런 가능성에 대해 다시 한 번 진지하게 생각해볼 수 있을 겁니다. 특히 이 책은 주석이 전체 내용의 삼분의 이를 차지하는데 주석이 더 재밌어요. 그만큼 지능과 학습에 대한 현대 학문의 논의를 잘 정리한 책입니다.

'천재' 하면 많은 사람들이 모차르트를 떠올리지요. 모차르트 같은 천재는 연습하지 않아도 처음부터 잘할 수 있다고 생각하거든요. 그런데 실은 모차르트의 업적은 끊임없는 반복과 엄청난 노력의 결과입니다. 베토벤은 어땠을 것 같아요? 베토벤은 하나의 악절을 정하기까지 머릿속에서 60~70개의 안을 시도해보고, 만족할 때까지 바꾸고 버리고 수없이 시도했다고 해요. 천재의 업적이 그냥 하늘에서 뚝 떨어져서 저절로 된 것이라거나 아니면 약간의 연습으로 금방 잘하게 되었다고 묘사하는 영화들은 모두 거짓말입니다.

촛불이 〈굿 윌 헌팅〉이라는 영화를 보면 대학교 청소부인 주인공이 청소를 하다가 아무도 풀지 못하는 엄청 어려운 수학 문제를 쉽게 풀잖아요.

허당선생 그 영화도 인간의 잠재능력에 대한 거짓말로 가득 찬 대표적인 영화예요. 수학에 대해 꾸준히 고민하거나 공부하지도 않은 사람이 어느 날 갑자기 어려운 문제를 쓱쓱 푸는 일은 현실에서 일어날 수 없어요.

촛불이 그럼 그 영화 전체가 구라네요?

허당선생 그럼요. 처음부터 끝까지 구라죠. 그 외에도 천재의 재능을 다룬 많은 영화들이 그런 구라들로 가득 차 있어요. 구라 영화들의 공통점은 비범한 인물들이 탁월한 결과를 내기 전까지 끝없이 반복하고 고민하는 고된 과정들을 모조리 생략한다는 거죠. 그러니까 낙담할 필요 없어요. 자신의 인생에서 정말로 해결해야 하는 과제가 어떤 분야인지 생각하고, 그 분야에 필요한 장비들을 자기 페이스에 맞게 반복 숙달하며 자신감을 가지는 것이 훨씬 더 중요합니다. 제도가 부과하는 한계에 자신을 가두지 않아야 해요. 실제로도 지능고정이론을 믿는 학생들은 결국 금방 한계를 느끼고 포기하지만, 지능증가이론을 지지하는 학생들은 끊임없이 공부하고 쉽게 지치지 않아요.[5]

촛불이   지능은 고정되어 있는 게 아닌데 한계를 그어버리면 자신이 그 한계에 갇히게 되는군요.

허당선생   그렇죠. 특히 배우는 속도와 실제 공부를 계속했을 때 어디까지 가게 될지 그 가능성을 동일한 것으로 착각하는 데서 비롯됩니다. 우리가 앞에서 이야기했던 공부는 퀴즈풀이의 성과가 전혀 중요하지 않았지요?

촛불이   네, 흥미롭고 가치 있는 질문들을 풀어 나가는 진짜 공부에 대한 이야기였어요.

허당선생   진짜 공부는 남들과 속도를 비교할 필요가 없어요. 시간을 투자하여 꾸준히 공부하고 자주 골똘히 생각하면 언젠가 흥미로운 문제를 스스로 풀 수 있게 됩니다. 앞에서 언급한 『몰입』이라는 책은 한번 읽어볼 가치가 있어요. 규칙을 숙달하면서 중층적으

---

5   Blackwell, Trzeniewski, and Dweck, "Implicit theories of intelligence predict achievement across an adolescent transition", *Child Development*, January/February, Vol78, Number 1, 2007

로 단계가 올라가는 배움의 구조를 잘 설명하고 있거든요. 그런 구조를 머릿속에서 이미지로 그리는 것도 중요합니다.

촛불이 선생님께서 강추하시니 꼭 읽어봐야겠어요.

허당선생 『내 머리로 이해하는 $E=mc^2$』라는 책도 도움이 될 겁니다. 저자는 책 앞부분에서 합성미분과 부분적분에 대해 설명하는데, 이 부분은 상대성이론을 이해할 때 알고 있어야 하는 꼭 필요한 부분이거든요. 앞에서 충실히 장비를 익힌 독자는 뒷부분에서 쉽게 넘어갈 수 있겠죠? 저자는 어떻게든 이것을 배우려 하지 않고 눈으로만 이해하려는 태도에 대해 일침을 가합니다. 차근차근 반복해서 필요한 장비를 터득하면 되는데, 그런 수고를 하지 않으면 문제풀이 내용에 결코 접근할 수 없다는 거죠.

촛불이 아, 읽을 책이 너무 많아요. 그래도 꼭 읽어볼게요.

어떻게 반복할까?

촛불이 그런데 궁금한 게 있어요. 탁구나 살사를 배울 때처럼 가장 기본적인 구성요소로 나눠서 반복훈련 한 다음에 결합하는 과정을 거치면 좋겠지만 모든 분야가 그렇게 체계화되어 있지는 않잖아요. 단계별로 교재가 많이 나와 있는 분야도 있지만 그렇지 않은 분야도 많고요.

허당선생 물론 다른 분야도 기본이 되는 교재들은 있어요. 모든 학문에는 교과서가 있고, 그 교과서를 읽는 순서도 교과과정으로 나와 있습니다. 그 과정을 따라가거나 해당 분야에 대해 잘 알고 있는 사람에게 교재나 자료를 추천해달라고 해도 좋습니다.

촛불이   반복의 방법에 대해 더 말씀해주세요.

허당선생   그냥 단순 반복도 나름의 해답이 됩니다. 예를 들어서 책을 다 읽었는데도 이해가 되지 않으면 다시 한 번 더 읽는 거죠. 물론 정확히 말해서 그 과정이 기계적인 반복은 아닙니다. 그 책에만 매달려 뜻도 모르면서 줄줄 암기할 때까지 읽으라는 것도 아니고요. 하지만 같은 책을 반복해서 읽을 때마다 분명히 새롭게 알게 되고 고민되는 것들이 있을 겁니다. 일반적으로 좋은 책은 거듭 읽을수록 창조적인 생각과 빠른 이해력을 기를 수 있답니다.

촛불이   읽은 책을 또 읽으면 지루하지 않나요?

허당선생   저도 그럴 줄 알았는데 반복해서 읽을 때 나름의 맛이 있습니다. 책에 있는 내용을 처음부터 끝까지 새로 이해하려 애쓸 필요가 없어서 여러 번 읽을수록 읽는데 힘이 덜 들어요. 이미 그 정보에 익숙해져 있기 때문에 다음에 나올 추론을 예상할 수 있고 그 예상이 들어맞으면 쾌감을 느끼게 됩니다. 그리고 대부분의 정보들은 단순히 보는 것만으로도 이미 저장된 기억을 불러오기 때문에 다시 읽을 때 창조적으로 생각하고 내용을 음미하는 데 집중할 수 있어요. 그래서 책을 여러 번 읽으면 처음에는 발견하지 못했던 문제해결의 단서를 발견할 수 있게 돼요. 저는 존 롤스 책이나 논문들을 일주일에 몇 시간씩은 꼭 읽어봅니다.

촛불이   존 롤스가 애인이군요.

허당선생   하하. 일단 롤스 책을 읽으면 마음이 편안해지고 그전에 읽었을 때 발견하지 못했던 문제해결의 실마리를 발견할 수 있어요. 읽을 때마다 기존에 가지고 있던 문제설정이 달라지기 때문에 문제에 대한 새롭고 구체적인 답이 보이는 것이지요. 특히 저자의 글쓰기 스타일에 익숙해지면 사고의 색감까지 느끼게 되는데, 그러면 단서를 잡기가 더 쉬워져요. 그렇지만 가장 중요한 건 자신이 그 분야에 대해 계속 질문을 던지고 다른 책들도 병행하며 읽는 것입니다.

촛불이 글맛이 느껴진다니 생각만 해도 근사하네요. 그런데 멋진 고전 작품은 그렇게 반복해서 읽는 것이 근사할 수도 있겠지만, 수학책이나 영어책을 반복해서 보듯이 단순히 장비장착을 위한 공부를 할 때는 심리적 저항감을 느끼는데 어떡하죠?

허당선생 네, 저도 그 기분 잘 압니다. 저도 어제 진도 나간 부분은 다시 보기 싫더라고요. 아마 자신이 전진하지 않고 제자리에 머물러 있다는 기분이 들어서 그럴 겁니다. 왜냐하면 우리는 어렸을 때부터 학습 진도가 중요하다고 세뇌 당하며 살았기 때문에 진도를 빨리 나가지 않으면 나만 뒤처지는 느낌이 들거든요. 그렇다고 그런 느낌을 이성적으로 완전히 없앨 수는 없는 것 같습니다. 그래서 저는 저항감 없이 장비장착을 할 수 있도록 학생들에게 밀착해서 도전 과제를 주고, 학습 계획을 설계하는 교사의 역할이 무척 중요하다고 생각해요. 아마 인류 문명이 진보를 거듭할수록 교사들은 지금처럼 앵무새같이 강의만 반복하고 시험성적으로 학생들을 평가하는 기계적인 존재가 아니라 배움에서 정말 중요한 부분을 차지하는 사람들일 겁니다.

촛불이 지금 제가 노력할 수 있는 방법으로는 어떤 게 있을까요?

허당선생 친구들과 함께 도전 과제를 중심으로 학습 계획을 짜고 서로 체크해주는 것을 추천합니다. 그리고 혼자 책을 읽을 때는 처음부터 끝까지 한 번 읽고난 다음, 자신이 관심 있는 질문과 관련된 부분을 중점적으로 반복해서 읽습니다. 외국어나 수학같이 장비 장착에 초점을 둔 공부는 자투리 시간에 반복훈련 하세요. 예를 들어 독일어 공부할 때 노트에 쓰면서 하잖아요. 공부했던 노트를 들고 다니며 걸을 때나 횡단보도 신호나 지하철을 기다릴 때, 엘리베이터 타고 가면서도 보세요. 반복이기 때문에 그런 자투리 시간에 잠깐잠깐 해도 상당히 효과가 있습니다. 반면에 새로운 공부는 그 정보가 무슨 뜻인지 파악하는 데도 시간이 꽤 걸리기 때문에 자투리 시간에 하기에는 적합하지 않아요. 이와는 달리 계속 반복해서 다시 보는 경우에는 많이 봐서 그냥 쓱 봐도 '아, 이거구나!' 알게 되거든요. 노트를 뚫어져라 계속 보는 것이 아니라 걸어가면서 살짝살짝 보고 머릿속으로 생각해도 되기 때문에 오히려 눈으로 글자만 좇는 것보다 좀더 적극적으로 두뇌를 활용하며 공부하는 거죠.

촛불이 에이, 설마 선생님도 늘 그러고 다니시는 건 아니죠?

허당선생 당연하죠. 시기나 상황에 따라 다릅니다. 요즘에는 주로 제가 설정한 문제들을 생각하면서 이동하고 지하철에 앉아서 갈 때는 번역 작업을 많이 해요.

촛불이 아우, 그렇게 사시면 재밌나요?

허당선생 음, 멍하니 지하철이나 버스를 기다리거나 그냥 서서 가는 것보다는 낫더라고요. 물론 신나는 몽상이 제일 즐겁지만요.

촛불이 저는 도저히 그렇게는 못하겠어요.

허당선생 자투리 시간을 전부 다 활용하는 사람이 되겠다는 목표는 세우지 마세요. 중요한 건 지금 좀 불만족스러운 시간 활용 상태에서 조금 더 개선된 모습으로 발전하는 거예요. 처음에는 조금씩, 한

가지만 생각해보세요. 사람마다 활용하기에 좋은 자투리 시간이 다 달라요. 촛불이는 일상생활 중에 '아, 내가 이 시간만은 그냥 멍하니 있는 것보다 다른 걸 하는 게 더 시간을 유용하게 활용할 수 있겠다.' 싶은 시간이 없나요?

촛불이 있어요. 저는 버스 기다릴 때 제일 지루하고 지치더라고요.

허당선생 촛불이도 성격이 급하군요. 많은 사람들이 버스 기다리면서 핸드폰을 만지작거리거나 동동거리면서 버스가 오는지 계속 보잖아요. 그때 어제 공부하던 노트를 보면서 기다리는 건 어때요?

촛불이 한번 해봐야겠어요!

허당선생 해보고 맞지 않는 것 같으면 다른 자투리 시간을 또 찾아보세요.

촛불이 알았어요. 한 번에 하나씩, 쉽게 포기하지 말고 다른 부분을 또 찾아서 요령에 요령을 거듭해보라는 말씀이시죠? 오늘부터 하나씩 해볼게요. 그런데 좀더 즐거운 방법은 없나요?

허당선생 물론 단순 반복보다 더 효과적인 방법들이 있습니다. 이 방법은 공부를 하면서 동시에 할 수도 있고, 틈날 때마다 할 수도 있어요. 일단 반복이 똑같은 책이나 정보를 계속 눈으로 보는 거라는 이미지에 갇히지 않길 바랍니다. 같은 질문을 중심으로 계속 생각하는 것도 반복이거든요.

촛불이 같은 강의를 계속 듣는 것도 반복이겠네요.

허당선생 그럼요. 강의는 눈과 귀, 또는 귀로만 반복하는 거죠. 이미 어느 정도 이해하고 있는 내용을 계속 반복해서 들을수록 이해하기 쉬워지고 새로운 질문과 생각들이 떠오르는 것은 당연합니다. 저는 아침에 출근 준비할 때나 귀가해서 옷 갈아입을 때, 청소할 때마다 이미 들었던 강의 파일들을 틀어놓고 들어요.

촛불이　일종의 배경음악 같은 거네요. 그러면 새 강의는요?

허당선생　새로운 강의는 일단 한 번 집중해서 들어야죠. 청소하면서 완전히 새로운 내용을 들으면 무슨 소린지 잘 모르잖아요.

그림을 그리며 공부하기

촛불이　보고 듣는 것 말고 또 어떤 방법이 있을까요?

허당선생　그리는 겁니다. 만화를 그려도 되고, 형식에 구애받지 않고 공부한 내용을 가지고 그림을 그려보는 거죠. 예를 들어『자유주의적 평등』이라는 책에 자유와 평등의 관계에 대한 설명이 나와요. 평등을 제대로 보장하려면 자유라는 기준선이 잘 갖춰져야 한다는 내용인데, 그걸 설명하는 발상이 참 기발해요. 경매 시장에서 모든 사람들이 같은 재화 묶음을 가지고 자유롭게 물품을 교환하기 시작합니다. 그렇게 교환하다 보면 어느 누구도 다른 사람이 가진 걸 시기하지 않는 상태까지 도달하게 되는데, 그 상황이 정말로 평등하려면 자유가 보장되어야 한다는 거죠.

촛불이　음, 그런 경매 시장에서 교환을 한다면 결국 동일한 돈으로 각자 사고 싶은 것을 모두 산 상황이 되겠네요. 그러면 자유와 상관없이 평등은 일단 보장된 것 아닌가요?

허당선생　자유와 평등은 밀접한 관계랍니다. 예를 들어 점토로 작품을 만드는 예술가 A와 B가 경매를 통해 동일한 양의 점토를 샀어요. 그런데 A는 남녀의 사랑을 표현하고 싶고, B는 현 정부를 비판하는 내용을 표현하고 싶어 해요. 그런데 B가 그런 조형물을 만들면 감옥에 가거나 벌금을 내야 한다면, A와 B가 진정으로 평등한 자원을 보장받았다고 할 수 없는 거죠. 그러니까 진정한 의미의 평등에 도달하려면 제대로 된 자유 체계의 다리를 타고 건너야 하는데, 그 다리는 여러 가지 구성물로 이루어져 있어요. 법철학자 로널드 드워킨은 진정성의 원칙, 기회비용 반영의 원칙 등을 이야기하는데, 마치 한강에 있는 전체 다리들을 구성하는 구조물이 다양하듯이 이런 여러 원칙들이 전체적인 개념 다리를 구성한다고 연상하게 되는 거죠.

촛불이 그러니까 책을 읽고 다리를 그리셨군요.

허당선생 맞아요. 개념 다리를 그리면서 책을 찾아보고 이것저것 다시 생각해보는 과정들이 저에게는 모두 반복이었던 겁니다.

촛불이 그림을 그리면서 공부하는 건 많은 분야에서 정말 유용할 것 같아요. 심지어 외국어 공부나 역사 공부를 할 때도요.

허당선생 네. 우리는 그림을 그리면서 언어로 나열된 정보들을 체계적으로 형상화하는 작업을 하게 됩니다. 형상화 연습은 지식을 습득하고 문제를 능숙하게 풀 수 있는 능력을 키워주죠.

촛불이 저는 만화같이 자유롭게 그리고 싶어요.

허당선생 좋은 생각이에요.

촛불이 잘 그리지는 못하지만 수업 시간에 선생님 얼굴 웃기게 그려서 친구들한테 돌리다 혼나기도 했어요.

허당선생 하하하, 캐리커처를 잘 그린다는 건 촛불이가 얼굴의 중요한 특징만 잘 뽑아내는 능력이 있다는 거예요. 그런 능력은 공부를 할 때도 응용할 수 있답니다.

촛불이 히히, 제 그림 실력이 공부에 도움이 된다니 기분 좋은데요?

허당선생 장비장착을 위한 반복훈련도 만화 그리기와 연상 작용을 활용하면 더 즐겁고 효과적으로 할 수 있어요. 예를 들어 『Vocabulary Cartoons』 시리즈를 한번 보세요.

촛불이 어휘 카툰? 설마 어휘 하나에 만화 하나 그려져 있나요?

허당선생 네. 이 책을 보면 quixotic(/kwIksaːtIk/이상주의적인, 완전히 비현실적인)이라는 단어는 idiotic(/IdiaːtIk/바보 같은)이라는 단어와 발음이 비슷하잖아요. 그래서 이 두 단어 모두를 포함하는 Jim, the messenger, is not idiotic, he's just quixotic. (배달부 짐은 바보 같은 것이 아니라 단지 이상주의적일 뿐이야)라는 문장에 배달부 짐의 괴상한 행동을 만화로 표현하는 겁니다.

촛불이 반복훈련을 보다 재밌게 할 수 있는 간단한 몽상 방법을 아예 책으로 엮었군요.

허당선생 책에서 제시한 문장들을 자주 들으면서 읽는 게 "아, 단어를 외워야 해~." 괴로워하면서 빽빽이를 쓰는 것보다 훨씬 즐겁고 효과적일걸요? 물론 외국어는 무엇보다 같은 내용을 자주 읽고 반복해서 들으면서 전체 맥락 속에서 자연스럽게 익히는 것이 좋다고 생각해요. 그런데 다른 분야는 지금 우리가 공부하는 내용에 대한 의식의 끈을 놓지 않고 집중해야 하기 때문에 세부적이고 구체적으로 그리면 오히려 공부에 방해가 되기도 하죠. 그래서 복잡하고 세세한 그림보다는 추상적으로 간략하게 그리는 것이 더 좋아요. 공부하는 내용에 따라 단순한 연상 작용을 그릴 수도 있고, 기하학적이고 입체적인 모양이나 평면적인 구조도를 그릴 수도 있고요. 이런 식으로 그림을 그려가며 공부하면 무엇을 공부하는지 훨씬 분명하게 이해된답니다. 그리고 중요한 내용을 자연스럽게 다시 반복하는 효과도 있어요.

문제를 만들고 머리로 그려보자

촛불이   또 다른 반복훈련 방법으로는 무엇이 있나요?

허당선생   문제를 만들어 직접 적용해보는 거예요. 앞에서 언급한 『자유주의적 평등』의 경매 이야기는 자유와 평등의 관계에 대한 이야기입니다.

촛불이   그러면 자유와 평등의 상충 문제에 대한 문제풀이 모델이 될 수 있겠네요!

허당선생   맞아요. 똑같은 돈을 받고 사고 싶은 물건을 산 경매 시장의 사람들과는 달리, 현실 사회는 재산을 불평등하게 소유하고 있잖아요. 이런 상황에서 로널드 드워킨은 문제 처리 기준으로 '희생의 원칙'을 제시해요. 지금 가하려는 제한이 자원평등 상태가 유지되었을 때 당연히 할 수 있는 일까지 하지 못하는 희생을 강요하는 것은 아닌가의 문제죠. 드워킨은 국가가 값비싼 유물들을 개인 소장할 수 있는 자유를 제한하는 예를 들어 설명합니다. 실제로 자원평등 상태에서는 누구도 비싼 유물을 개인적으로 소장할 수 없기 때문에 국가가 법으로 금지해도 유물 주인이 특별한 희생을 강요받는 것은 아니라는 거지요. 저는 이 문제를 과외 금지 위헌심판 사건에 적용해보았습니다. 예전에 대학생 과외를 제외한 모든 과외를 일률적으로 금지한 적이 있었어요. 헌법재판소는 그 법을 위헌이라고 판시했는데, 자유를 내세워 평등을 무시했다는 비판이 많았지요. 여기에 희생의 원칙을 적용해봅시다. 지나친 고액 과외만 아니면 가르치고 배우는 것은 자원평등 상태에서도 누구나 할 수 있는 일이잖아요. 그런데 그걸 못하게

	하면 과외가 필요한 사람의 자유가 희생되는 겁니다. 그렇기 때문에 헌법재판소의 결정이 타당하다는 결론을 내릴 수 있어요.
촛불이	배운 걸 다른 사례에 적용한 거군요.
허당선생	네. 유사한 문제를 생각해보고 적용하는 과정을 거치면 배운 내용에 대해 반복훈련 하는 셈이 됩니다. 이런 과정들을 거치니까 시각장애인이 아닌 사람이 안마사를 하면 처벌하거나 일정 면적 이상의 택지 소유를 금지하는 문제도 쉽게 풀 수 있겠더라고요.
촛불이	정말요? 어떻게요?
허당선생	간단히 설명하자면, 직업 안마사를 하는 것은 자원평등 상태에서 당연히 허용되는 범위의 일입니다. 시각장애인이 아니라는 이유로 직업 안마사 활동을 금지하면 안마사를 직업으로 삼고 싶은 사람들의 자유를 희생시키는 셈이지요. 시각장애인에 대한 지원은 공동체 전체가 함께 부담해야 하는 것이지, 한 직업군에게만 그 부담이 집중되면 안 된다는 거죠. 반면에 택지 소유 상한제는 최선의 법은 아니더라도 무조건 부당한 희생을 요구하는 법이라고 판단할 수는 없어요. 왜냐하면 자원평등 상태에서 법적 기준을 넘어서는 넓은 택지를 소유하는 사람은 없거든요. 자원평등 상태에서 어느 누구도 고고학적 가치가 있는 유물을 독점할 수 없는 것과 마찬가지입니다.
촛불이	같은 모델로 다양한 문제를 많이 풀어볼수록 논리 체계가 단단해지겠어요.
허당선생	아무래도 좀더 수월하게 관통해서 볼 수 있지요. 제가 추천하는 마지막 방법은 공감각적으로 이야기를 진행해보는 겁니다. 머릿속으로 생생한 영화를 그려보는 거예요. 위에서 예로 든 로널드

드워킨의 논변을 생각해보면, 사람들이 무인도에 표류했는데 그 무인도에 여러 가지 유용한 자원들이 많은 거예요. 그래서 그 자원을 어떻게 나눌까 고민하다가 일단 동일한 양의 자원을 가진 후에 경매를 벌이고, 경매가 끝난 후에도 자원평등 상태를 보장하려면 자유의 허용 기준을 어떻게 정해야 할지 논의합니다. 그리고 그 이후에 실제로 그 무인도에서 살면서 자유가 희생되었는지 판단하는 과정을 머릿속으로 그려볼 수 있지요.

촛불이 머릿속에서 논증 과정을 하나의 이야기로 그려보는 거네요. 외국어 공부할 때도 써먹을 수 있겠는데요?

허당선생 구문이나 단어를 이용해서 이야기를 만들어가는 거지요. 그리고 또 다른 반복훈련의 방법을 간략하게 언급하자면, 자신이 공부한 것들을 재밌는 학습 과제 형태로 정리해서 친구들에게 보여준다든지, 다른 사람들에게 자신의 문제해결 과정과 결론을 알리는 글을 쓰는 것입니다. 기본 구조는 같지만 세부 조건이 조금씩 다른 사례들과 연결해서 풀어도 도움이 됩니다. 이런 훈련을 하면 문제해결 전략을 훨씬 입체적으로 볼 수 있게 됩니다. 사회철학자 로버트 노직은 『아나키에서 유토피아로』라는 책에서 '노예의 우화'를 제시해요. 예를 들어 주인이 노예에게 단계적으로 더 나은 대우를 해준다고 합시다. 맨 처음 단계는 때리지 않고 인간적으로 대하는데, 그렇다고 노예가 아니라고 할 수 있을까요?

촛불이 아니요. 그냥 좋은 대우를 받는 노예일 뿐이죠.

허당선생 그런데 단계가 올라갈수록 대우가 점점 더 좋아지는 거예요. 중간 단계에서는 나가서 일하면 돈도 얼마든지 자유롭게 벌 수 있고, 주인에게 일정 비율의 돈만 주면 나머지는 자기가 다 가져도 되는 단계도 있어요. 그래도요?

촛불이   주인이 언제라도 다시 불러서 일을 시킬 수도 있고, 자기가 일한 일부를 아무 이유 없이 주인에게 그냥 바쳐야 하니까 여전히 노예 같은데요?

허당선생   그렇죠? 이제 주인이 수백 명으로 늘어난다고 생각해봅시다.

촛불이   주인이 수백 명이라도 노예는 노예죠.

허당선생   맨 마지막 단계에는 이익 분배부터 노예 자신의 삶까지 수백 명의 주인들과 함께 결정할 수 있는 투표권을 가져요.

촛불이   어? 그러면 현대 국가의 일반인들과 비슷한 지위잖아요.

허당선생   그런데 현대 국가에서 단지 다수결을 통해서 "네 재산권을 저 사람에게 몽땅 다 줘라"라고 결정하거나, "너는 이 책을 읽지 말고, 종교는 이 종교를 믿어라"라고 결정할 수 있다면, 투표권이 있다고 해도 그 국민의 삶이 자유롭다고 할 수 있을까요?

촛불이   이상하다. 노예주가 누구라고 정해져 있지도 않은데 노예처럼 마구 휘둘리게 되네요.

허당선생   그게 이 우화의 흥미로운 점이죠. 이 우화가 말하는 것은 노예주가 누구라고 딱 정해져 있지 않고 다수결로 모든 일을 결정한다고 해서 자유인이라는 통념을 반박하는 거예요. 진정한 자유인은 다수가 뭐라고 하든지 일정한 범위에서 보장받은 자신의 삶을 추구할 수 있는 존재여야 한다는 말이지요. 우리는 어떤 책을 볼지, 어떤 종교를 믿을지, 어떤 말을 하고 살지 스스로 결정하고 행동하면서 살 수 있는데, 그 범위를 보장하는 것을 '측면 제약 사항'이라고 해요. 다수의 결정을 '볼링공'이라고 할 때, 그 볼

링공을 모든 방향으로 아무렇게나 굴릴 수 있는 게 아니고, 측면이 일정하게 제한된 범위 내에서만 자유롭게 굴릴 수 있다는 거죠. 그러니까 "강원도 사람들은 이런 책만 읽어라"든지 "여성들은 집에서 가사노동만 해라"라는 방향으로는 볼링공을 보낼 수 없다는 겁니다.

촛불이 아, 무슨 말인지 알 것 같아요.

허당선생 그런데 로버트 노직은 이 결론에서 끝을 내지 않아요. 복지제도를 운영하기 위해 세금을 걷는 것이 노예주가 노예에게 삥 뜯는 것과 다를 것이 없다고 합니다. 즉, 세금을 걷는 것은 강제노동과 같다는 논리지요.

촛불이 네? 그게 어떻게 그렇게 연결될 수 있죠?

허당선생 예를 들어 노예가 2주 동안 100시간 일해서 벌 수 있는 돈이 100만 원인데, 노예주가 2주마다 40만 원을 바치라고 해봐요. 그럼 그 40만 원치의 노동은 사실상 노예주를 위해 강제노동 한 것과 마찬가지라는 거죠. 그리고 가난한 사람들을 돕기 위한 복지제도를 운용하기 위해 40만 원을 걷는 것도 가난하지 않은 국민들을 40시간 동안 강제노동 시킨 것과 마찬가지라는 거예요.

촛불이 뭔가 이상해요.

허당선생 그렇죠? 이 이상한 부분은 로버트 노직이 노예의 우화를 얘기하면서 은근슬쩍 끼워 넣은 전제에서 출발해요. 시장 거래를 통해서 벌어들인 소득은 누가 뭐라 해도 최종적으로 "내 꺼!"라는 거죠. 그 점이 노예 우화에서는 진리로 전제되어 있고, 그런 소유권제도 위에서만 노예주와 노예라는 특수한 관계를 다루거든요. 그런데 만일 시장 거래로 발생한 소득이 최종적으로 내 몫인 게 당연하지 않다면? 이 가정이 우선적으로 정당화되어야 할 명제라면?

촛불이 노예의 우화를 바탕으로 복지제도를 위한 세금이 강제로 삥 뜯는 것과 같다는 결론에 이르는 건 무리인 것 같아요.

허당선생 그런데 저는 오히려 노예의 우화를 이리저리 변형시키면 로버트 노직의 논리를 반박할 수 있다고 생각했어요. 이 우화를 '노예'의 우화라 하지 말고, '노예주'의 우화라고 보는 거예요. 노예주는 단계적으로 노예들의 처지를 개선해줍니다. 그런데 이 상황에서 구체적으로 "어느 단계에서 노예주가 더 이상 주인이 아니라고 할 수 있을까?"라고 질문을 던져보는 거죠. 예를 들어 우리 사회가 땅에서 일을 해야 먹고살 수 있는 농경 사회인데, 노예주가 더 이상 노예들에게 강제로 일할 사람을 정하지 못하는 상황이 되었다고 가정해봅시다. 하지만 그렇다고 해도 노예는 노예주의 토지에 와서 일을 해야 하기 때문에 노예주가 제시하는 조건을 받아들일 수밖에 없죠. 이를테면 "이 종교 행사에 참여해야만 일감을 주겠다"든가 "여자는 결혼하면 내 농장에서 일할 수 없다." "나에게 수확량의 40퍼센트를 바치면 일을 하게 해주겠다." 같은 조건을 제시하는 거죠.

촛불이 음, 삥 뜯는 권한도 그대로고, 노예에게 노예주가 원하는 여러 가지 방식을 강요할 수 있군요. 노예주는 여전히 노예주인데요?

허당선생 이제, 노예주가 다른 지역의 노예주들과 협정을 맺습니다. 협정을 맺은 노예주의 노예들은 어느 농장에 가서든 자유롭게 일할 수 있지만 노예주들마다 내거는 조건이 조금씩 달라요. 결국 노예 입장에서는 먹고 살려면 어디든 가서 일해야 하는 건 마찬가지입니다. 전반적으로 좀 너그러운 노예주를 만나면 삥도 덜 뜯기고 자유롭게 할 수 있는 일들도 늘어나겠지만, 악덕 노예주라면 더 많이 뜯기고 자유롭게 할 수 있는 일도 줄어들겠죠.

촛불이 노예의 삶이 노예주들의 변덕에 달려 있는 거네요.

허당선생 네. 로버트 노직의 우화를 공화주의 자유 개념에 초점을 맞춰 새롭게 구성한 겁니다. 만일 토지나 자본 같은 생산수단이 소수 집단에게 독점되어 있는 사회라면, 그 소수 집단은 사실상 어느 정도까지 노예주의 힘을 행사할 수 있는 것이죠.

촛불이 로버트 노직이 만든 우화에서 생각하지도 못한 다른 그림이 나오는군요.

허당선생 같은 우화를 가지고 조건을 이리저리 조금씩 바꿔보고, 또 바라보는 측면을 반대로 뒤집어보면 신선한 통찰력을 얻을 수 있어요. 이 모두가 반복훈련의 방법이랍니다. 기계적으로 빽빽이를 쓰는 것만 반복이라는 무식한 이미지에서 벗어나야 합니다.

 ## 창조성은 반복에서 나온다

촛불이 반복의 즐거움이라는 말이 완전 엉터리는 아니군요.

허당선생 단순한 반복부터 풍부하고 다채로운 반복에 이르기까지 반복은 다음 단계로 나아가게 하는 중요한 힘이 된답니다. 뿐만 아니라 반복을 통해서 제대로 이해된 규칙과 지식은 문제를 해결하는 귀중한 도구가 되기도 해요. 그러니까 온갖 수단을 동원해서라도 반복훈련을 보다 입체적으로 풍부하고 즐겁게 하는 요령을 찾아야 합니다. 반복훈련의 모습을 잘 이해하면 많은 사람들이 창조성에 대해 잘못 생각하고 있는 점도 바로잡을 수 있어요.

촛불이 창조성이라면 옛것에 얽매이지 않고 새로운 걸 생각하는 능력이 잖아요.

허당선생 물론 그것도 창조성의 중요한 요소죠. 그런데 '옛것에 얽매이지 않는 것'과 '옛것을 토대로 생각할 줄 모르는 것'은 완전히 다른 거예요. 어떤 어린이가 "물방울 하나와 다른 물방울 하나가 합쳐지면 큰 물방울 하나가 되니까 일 더하기 일은 일(1+1=1)이야"라고 한다고 합시다. "이야, 창조적인데! 이 아이는 천재다!"라면서 기뻐할 부모도 있겠지만 이렇게 생각하면 곤란해요. 이 아이는 '1+1=2'라는 수식이 의미하는 바를 제대로 이해하지 못했기 때문에 엉뚱하게 적용한 겁니다. 물방울 두 개를 더하면 물의 양이 두 배가 되니까 1+1=2가 되는 게 맞아요. 서로 경계를 가지고 있던 물방울 형태가 하나로 합쳐졌다는 것에 초점을 둔 발상은 신선하지만 그런 발상은 점·선·면의 관계를 다루는 지식, 예를 들어 위상수학이나 표면장력의 원리를 다루는 과학과 관련된 내용입니다. 그걸 이미 확립된 수식에 왜곡하여 적용한 것만 보고 "천재적이다!" 소리치는 건 문제해결에 도움이 되지 않죠. 창조성은 기존 지식과 규칙을 충분히 이해하고 숙달한 상태에서 다른 측면을 새롭게 보거나 일부 규칙을 의심하고 깨뜨려 다시 구성해보는 부단한 노력 가운데서 나오는 겁니다.

촛불이 적절한 맥락의 반복훈련 없이는 문제해결에 도움을 주는 창조적 발상은 있을 수 없다는 거네요.

허당선생 맞아요. 요새 "2008년 미국의 금융위기가 복지 포퓰리즘 때문이다"라는 말도 안 되는 소리를 하는 사람들이 있어요.

촛불이   포퓰리즘이 뭐죠?

허당선생   포퓰리즘^{populism}은 대중영합주의를 뜻해요. 비합리적이거나 옳
지 않은 선심성 정책을 내세워 일반 대중의 인기로 권력을 유지
하고 쟁취하는 것이죠. 복지 포퓰리즘이라는 용어는 이미 복지
제도가 비합리적이고 그른 정책이 라는 판단을 전제로 깔고 있
는 겁니다. 이를 금융위기와 연관지어 생각한다면, 물론 그런 주
장은 경제학자들이 주장하는 내용과 매우 다르니까 신선하긴 하
죠. 국가의 모든 경제적 난국 원인에 복지 포퓰리즘을 갖다 붙이
는 발상 자체도 상당히 기발하고요. 그런데 그게 문제해결에 도
움이 되지는 않을 겁니다. 미국 금융위기는 주택시장 거품이 붕
괴되면서 시작됐는데, 그 거품은 금융시장에 대한 규제가 부실
해서 생긴 것이었어요. 일례로 무상급식 때문에 금융위기가 터
진 게 아니거든요. 무상이든 유상이든 급식은 어차피 먹는 거예
요. 자산 거품이 생기거나 자원 배분이 왜곡되는 문제는 생각할
수 없죠. 그런데 미국 금융위기와 그로 인해 발생한 선진국의 재
정위기를 논거로 끌어다 쓰면서 우리나라의 무상급식을 반대하
는 신문 사설도 있어요. 이런 괴이한 발상들을 아무렇게나 연결
시켜 툭툭 던진다고 해서 창조적인 게 아닙니다. 그냥 헛소리일
뿐이죠. 이런 식으로 창조성을 오해하면 어떻게 될까요? 이리저
리 기이한 무늬를 그리는 사람 보고 "우와, 창조적이다! 이런 인
재를 많이 길러내야 해!" 하겠죠. 이렇게 극단적으로 가정하지
않더라도 진지한 고민 과정을 거치지 않고 이것저것 툭툭 던지
는 사람들을 보고 창조적이라고 하면 안 됩니다.

촛불이   그러면 신선한 발상은 쓸모가 없는 건가요?

허당선생 물론 신선한 발상도 매우 중요합니다. 다만 핵심은 반복훈련을 하면서도 의심과 의문의 끈을 놓지 않는 거예요.

촛불이 반복훈련을 하면서 생각의 끈을 놓지 않는다고요?

허당선생 네. 우리가 기존 규칙을 반복훈련 할 때, 그 규칙의 검토되지 않은 전제까지 암묵적으로 받아들일 때가 있어요. 반복훈련을 하더라도 모든 규칙은 '잠정적'이라는 점을 잊지 말아야 합니다. 그렇지 않으면 기존의 불완전한 규칙들이 포착하지 못하는 것들을 아예 문제없는 것으로 생각할 위험이 있거든요. 그리고 반복훈련을 하면서 어떤 규칙에 의문이 생기면 그 의문을 곰곰이 깊이 있게 생각해볼 필요가 있습니다. 예를 들어 아인슈타인은 '빛은 파장이고 에테르라는 매질을 통과한다'라는 기존 시각을 무비판적으로 받아들이지 않았어요. 전통적인 시간과 공간의 법칙을 전제한다면, 빠른 속도로 빛을 쫓아가며 관찰하면 그만큼 빛의 속도가 줄어든 것처럼 보여야 하는데, 어디에서나 빛의 속도가 일정하다는 사실과 기존의 전제가 모순된다는 것에 주목했죠. 아인슈타인의 이런 의문이 시간과 공간은 어디에서나 고정된 배경이라는 기존의 통념을 뒤엎는 특수상대성이론으로 이어지게 된 것입니다.

촛불이 숨겨진 가정에 도전하고, 그 도전을 체계적으로 발전시킬 수 있는 궁금증이나 건강한 의심은 유지해야 하는 거군요.

허당선생 맞아요. 그런 의심을 너무 쉽게 놓아버렸기 때문에 오늘날 많은 경제학자들처럼 자기 모델 속에 매몰되는 겁니다. 그들은 주관적인 규범적 주장을 하면서 객관적인 사실에 기반한 주장을 하고 있다고 착각하고 있어요.

촛불이 너무 자기 분야 규칙에만 파묻혀서 맹목적인 적용만 반복하면 충분히 그런 착각을 할 수 있을 것 같아요.

허당선생 젊은 사람들이 창조적인 업적을 많이 이룰 수 있는 이유 중 하나가 바로 그겁니다. 실제로 증명되지 않은 가정들을 참으로 전제하고 논의하는 지식 체계를 너무 오래 다루다 보면, 이미 오래전에 진리가 된 것처럼 착각하게 되거든요.[6] 그런데 아직 건강한 의심의 기운이 사라지지 않았다면 그런 가정들을 포착하거나 규칙들이 모순되고 불만족스럽다고 강하게 느낄 수 있기 때문에 창조적일 가능성이 더 높겠죠. 그런 건강한 의심들이 훨씬 더 큰 그림을 그릴 수 있어요. 물론 나이가 들면 당연히 때가 묻는다는 뜻은 아닙니다. 애덤 스미스는 "국가의 황금 보유량이 곧 그 나라의 국부다, 금을 많이 보유해야 나라가 잘 산다"라는 가정에 의심을 품고 『국부론』을 썼어요. 그때 애덤 스미스는 마흔을 넘긴 나이였고요.

촛불이 복잡한 규칙을 반복적으로 다루다 보니 건강한 의심을 못하게 되는 걸 피하려면 어떻게 해야 하죠?

허당선생 '어? 뭔가 이상하다.' 싶은 부분이 있으면 그냥 지나치지 말고 주의를 기울여서 의식적으로 메모를 해야 합니다. 안 그러면 잠깐 떠올랐다가 금세 사라지거든요. 어떤 발상이 중요한 것 같으면 그걸 정식으로 문제화해야 합니다. 이런 과정을 통해 건강한 의심을 체계적으로 유지하고 기존 규칙을 뒤집어보거나 새롭게 구

---

6 『아담의 오류 : 던컨 폴리의 경제학사 강의』, 던컨 폴리 저, 김덕민 · 김민수 공역, 후마니타스, 2011: 『경제사상사 2』, E. K. 헌트, 풀빛, 1995 등 참조.

성해볼 수도 있습니다.

촛불이   기존 지식을 딛고 서되 그 토대를 무비판적으로 받아들이지 않는 자세를 요령 있게 유지하라는 말씀이시죠?

허당선생   네, 맞아요. 정확하게 이해했어요. 저는 학교교육이 창조성을 죽인다는 의미가 무엇인지 다시 검토해봐야 한다고 생각합니다. 단지 기발하고 신선한 생각을 못하게 하는 것이 창조성을 죽이는 걸까요?

촛불이   일정한 지식의 토대도 없이 무정형으로 몽상하고 떠오르는 생각들을 던지는 건 신선한 사고지 창조적 사고는 아닌 것 같아요.

허당선생   중요한 건 엉뚱한 생각을 마음대로 말하게 하는 것이 아니라, 얼핏 보기에 엉뚱한 생각이라도 중요할 수 있고 그 의문은 지식 체계의 규칙을 파고들어야 답할 수 있을지도 모른다라는 점을 가르쳐주는 거예요.

제가 초등학생일 때, 선생님께 "왜 직사각형의 넓이는 가로 곱하기 세로인가요?"라고 질문했던 적이 있어요. 그랬더니 선생님께서 별다른 설명 없이 "교과서를 확인해보렴." 하시더라고요. 교과서를 펼쳐보니 '직사각형 넓이=가로×세로'라고 잘 적혀 있더군요. 그런데 제가 "점도 넓이가 없고, 세로줄이나 가로줄도 넓이가 없는데 왜 갑자기 넓이가 생겨요?"라고 다시 물었어요. 그랬더니 선생님께서는 너 도대체 무슨 소리를 하는 거냐며 넓이는 선과 다른 개념이고, 원래 넓이는 가로 곱하기 세로 그 자체라고 말씀하셨죠. 평생 동안 수학 공식에 갇혀 직사각형 넓이를 구해왔던 선생님의 그 고정된 사고 속에서 제 엉뚱한 질문의 의미가 포착되지 않았을 겁니다. 저는 직사각형 넓이가 세로를 가로 길이만큼 무수히 겹쳐서 포개어 만들어지는 거라고 잘못 생각했거든요. 넓이를 갖지 않는 선이 모여서 넓이가 갑자기 퐁! 생기니까 이상했던 거죠. 5분 정도 입씨름 끝에 결국 선생님은 "이 답답한 녀석아, 너 일어서! 네 눈은 두 개, 콧구멍도 두 개, 귀도 두 개다. 그런데 입은 하나다. 왜 입만 하나일까? 그냥 그런 거다! 넓이 공식이 가로 곱하기 세로인 것도 그냥 그런 거다!"라며 화를 내셨어요. 같은 반에 좋아하는 여학생도 있었는데 그 애가 보는 앞에서 아주 혼쭐이 났죠. 눈물이 핑 돌더라고요.

촛불이　하하하, 화나고 눈물 날 만하네요.

허당선생　독재 정부 시절에 학생들을 때려가며 국토개발계획을 모조리 암송하라고 다그치던 사람에게 너무 많은 걸 요구하면 안 되겠죠. 하지만 가르치는 사람은 "원래 그런 것"이라는 말이 무책임한 문제 봉합의 최종병기라는 점을 명심해야 합니다. 심지어 눈과 귀가 양쪽에 각각 하나씩 달려 있는 것도 진화생물학 관점에서 보면 생존에 매우 유리한 표현형이지 유전자가 원래 그렇게 생겨먹어서 그런 건 결코 아니거든요.

촛불이　맞아요! 우리 선생님은 학생들에게 설명하고 이해시키려는 게 아니라 칠판에 공식들을 죽 적어주고 무조건 외우라고 해요. 우선 외우고 시작하자는 선생님도 있다니까요!

허당선생　그때 선생님이 저에게 넓이는 가로와 세로가 각각 1인 정사각형에 비교한 '면적의 비율'을 표시한 약속이라는 걸 먼저 일러주셨다면, 또 '점은 길이도 넓이도 갖지 않는다'는 약속이 존재하는 이유가 있고, 그것이 수학의 다른 규칙과 어떻게 연결되는지 알려주셨으면 어땠을까요?

예를 들어 "좌표평면에서 (1,1)이라는 위치에 있는 점을 표시하려면 그 점이 길이나 넓이를 가져서는 안 된다. 길이가 조금이라도 있다면 다른 자리를 침범하는 거니까." 이런 식으로 수학 규칙도 표층과 심층이 있다는 점을 알려주셨다면 어땠을까 생각하곤 해요.

촛불이 엉뚱한 질문을 막는 그 자체가 진짜 문제는 아니라는 거죠? 의미 있는 문제가 되려면 표층과 심층의 규칙 체계 속에서 검토해봐야 한다는 점을 충분히 설명해줘야겠어요.

허당선생 그렇죠. 물론 가르치는 사람이 모든 질문의 의미를 다 알 수는 없어요. 규칙의 체계는 심오한데 배우는 사람의 엉뚱한 질문은 표층이든 심층이든 가리지 않고 마구 찌르니까요. 가르치는 사람에게 질문에 대한 답을 즉각적으로 듣기를 바라는 것만큼 어리석은 것도 없습니다. 그렇다고 잘못된 개념 이해와 그 적용에 불과한 발상을 두고 "그래, 훌륭한 질문이다. 넌 창조적이야." 이렇게 넘어가서도 안 되죠. 학교가 단지 학생들의 엉뚱한 소리를 틀어막아 창조성을 죽이는 건 아닙니다. 자유롭게 엉뚱한 소리를 허용한다고 해도 "어, 그거 참 기발해서 좋구나." 이렇게 넘어가면 그 학생에게 남는 건 무엇입니까? 기존 규칙에 대한 건강한 의심을 유지하고 체계적으로 발전시키는 공부를 격려해야 합니다. 그리고 무엇보다 그 토대가 될 수 있는 풍부하고 입체적인 반복훈련의 기회를 제공해야 합니다. 그렇게 하지 못하는 것이 학교가 겪고 있는 진정한 실패인 거죠.

촛불이 이렇게 사례를 들면서 함께 생각하니까 정말 흥미로웠어요. 그런데 제가 지금까지 반복훈련을 기계적이고 형식적인 거라고 생

각하고, 기발한 건 무조건 창조적이라고 생각해왔기 때문에 그
틀을 깨려면 좀 오랫동안 곱씹어봐야 할 것 같아요.

허당선생 곱씹는 과정이 공부의 시작이자 반복의 과정입니다. 촛불이는
반복의 즐거움에 대해 이미 충분히 알고 있는 것 같은데요?

∷ 함께 읽으면 좋은 책

폭두직딩 타나카 노리츠케 마사하루 글 · 그림 | 대원

베이비 스텝 카츠키 히카루 글 · 그림 | 학산문화사

몰입 flow 미하이 칙센트미하이 저 | 최인수 역 | 한울림

우리 안의 천재성 데이비드 솅크 저 | 조영주 역 | 한국방송출판

내 머리로 이해하는 $E = mc^2$ 고중숙 저 | 푸른나무

Vocabulary Cartoons Sam, Max · Bryan burchers 공저 | 넥서스

• • •

문제설정을 잘 하고

반복훈련과 매듭짓기를 잘하는 사람에게

"유레카!"

해답이 떠오르기 쉽다.

• • •

3

매듭짓기와
정리하기

3

매듭짓기의 의미

허당선생 공부한 내용들은 수시로 매듭지어 정리해야 합니다.

촛불이 매듭이라뇨?

허당선생 공부한 내용이 흩어지지 않게 머릿속에 잘 넣어두고 나중에 참고하기 위해서 정리하는 겁니다. 인간의 기억력에는 한계가 있어서 모든 것을 다 외우고 있지 못하기 때문에 정리하지 않고 공부하려고 하면 사실 아무것도 머리에 남지 않아요. 구슬이 서 말이라도 꿰어야 보배라고 하잖아요. 공부를 할 때도 구슬을 꿰듯이 머릿속에 정보들을 매듭지어 연결해야 합니다.

촛불이 저도 책을 볼 때는 다 아는 거 같았는데, 막상 나중에 문제를 풀려고 하면 생각이 안 나는 경우가 많아요.

허당선생 아마 공부하면서 그런 경험들이 많을 거예요. 하지만 이 매듭짓기 작업은 좀더 넓은 그림에서 요구되는 방법입니다. 아무리 반복훈련을 해도 모든 장비를 완벽하고 세밀하게 장착한 상태로 유지할 수는 없거든요. 예를 들어 자동차 정비공이 A문제 가진 차를 고쳤어요. 그걸 해결한 경험이 머릿속에 남아 있겠죠? 그런데 나중에 A+B문제를 가진 차를 고쳐야 한다고 생각해보세요. 이전에 A문제를 해결했던 경험이 이 새로운 문제해결과 아무런 관련이 없을까요? 아마 이전 경험 자체가 다른 문제를 해결할 때 동원할 수 있는 장비로 변할 겁니다. 그래서 이전의 문제해결 과정을 잘 매듭짓고 정리하는 것은 다음 문제해결에 유용합니다. 보다 큰 문제의 해답에 다가가려면 차근차근 앞으로 전진해야 하는데 지금까지 전진한 방법이나 과정들을 기록해두지 않으면 다음 전진을 위한 시간이 많이 걸리겠죠.

촛불이   마치 블록 쌓기 같아요. 작은 모양들을 여러 개 만들어서 잘 보관하다가 나중에 다 모아서 하나의 큰 구조물을 만드는 것과 같네요.

허당선생   문제를 해결하는 것이 기계적으로 블록을 쌓는 것과는 많이 다르지만, 일단 지금 단계에서는 매듭짓기에 대한 하나의 이미지로 생각해도 크게 문제될 것 같지는 않네요. 하지만 단순히 전화번호를 잠깐 기억하는 것과는 달리 우리가 공들여 공부한 것들은 그 당시 잊어버렸다고 생각해도 어떻게든 머릿속에는 남아 있다는 겁니다. 그런데 중요한 건 남아 있는 기억들이 어떻게 정리되어 있느냐는 거죠. 머릿속에 잘 정리정돈된 정보들은 나중에 쉽고 빠르게 불러올 수 있어요. 즉, 잘 정리된 기억은 다음 전진을 위한 발판으로 쉽게 꺼내 쓸 수 있는 겁니다.

촛불이   공부한 내용들을 머릿속에 꽉꽉 잘 채워두라는 말씀인가요?

허당선생   아니요. 책도 보지 않고 어떤 자료도 참조하지 않는 건 문제해결 활동이 아닙니다. 그리고 콜택시를 부르듯 기계적으로 정보들을 호출하여 해결하는 방법도 아니고요. 그런데 왜 공부한 내용들을 머릿속에 꽉꽉 눌러 저장했다가 필요할 때마다 불러온다는 이미지가 생겼을까요?

촛불이   항상 선생님께서 시험 보기 전에 "보던 책 다 치우고 책상에 아무것도 없게 해!"라고 하시잖아요.

허당선생   맞아요. 이는 학교가 공부하던 책들을 모두 덮고 답 맞히는 것을 공부의 전부라고 믿게 만들었기 때문입니다. 학교 성취도 평가는 책을 보지 않은 상태에서 주어진 시험문제를 정해진 시간 안에 최대한 많이 맞히는 데 초점을 둡니다. 하지만 우리가 관심 있는 '진짜' 공부는 그러한 제한에 구애받을 필요가 없고 구애받아서도 안 됩니다. 문제해결을 위해 참조하고 싶으면 얼마든지 책을 참조할 수 있는 건 당연해요. 하지만 만약에 어떤 개념을 참조해야 하는지조차 매번 다시 찾아보고, 그 규칙과 정보들을 필요하고 유용한 형태로 묶는 작업을 일일이 반복한다면 시간을 낭비하게 됩니다. 그래서 문제를 해결하기 위해서는 어떤 지식이 필요하다는 것을 어렴풋이라도 알고 있고 무엇을 찾아봐야 하는지는 미리 기록해두어야 해요. 잘 정리해둔 자료나 유용하게 해결했던 경험을 바로 참조할 수 있는 상태로 준비해두는 것이 훨씬 더 좋겠죠?

촛불이 아, 그러니까 머릿속에서도 매듭을 짓고, 노트에 정리해서 나중에 매듭지은 내용을 불러와 잘 활용한다는 거군요.

허당선생 네, 바로 그거예요. 큰 문제를 해결하기 위해서는 작은 문제에 대한 답과 풀이를 참고문헌과 함께 적는 것이 중요합니다. 그리고 당시에 문제를 풀면서 깨닫거나 생각해낸 논리, 만들어낸 모델들을 잘 기록해두는 것이 매듭짓기의 핵심이라고 할 수 있어요.

촛불이 예를 들자면 어떤 게 있을까요?

허당선생 정치철학에서는 공리주의가 중요한 이론 중 하나입니다. 그래서 어떤 구체적인 논쟁에 부딪혔을 때 항상 공리주의적 관점에서 의견을 제시하는 사람이 있어요. 이런 경우에는 구체적으로 논박해야 할 특수한 부분도 있지만 대부분 공리주의라는 틀 자체에 대한 비판을 그대로 끌어와서 반박해도 무방합니다.

촛불이	공리주의가 애초에 잘못된 해결방식이라면, 구체적인 사례에 공리주의를 적용했을 때 잘못된 결론이 나온다는 이야기군요.
허당선생	공리주의의 대표적인 문제는 개인 내부의 분배 문제에서 사용되는 의사결정 도구를 서로 독립된 여러 사람들 사이의 분배 문제에도 사용한다는 겁니다. 예를 들어 A가 오늘 아이스크림을 먹고 내일은 먹지 못한다 해도 별 문제는 없잖아요. 그런데 A는 아이스크림을 먹고 B는 아예 먹지 못한다면 B한테 너무 불공평한 것 같지 않아요? 그런데도 A와 B를 하나로 합쳐진 존재처럼 다루면 이런 불공평함을 발견하지 못하게 되는 것이지요.
촛불이	아, 각자 독립적인 가치를 가지고 있는 사람들을 한 사람으로 생각하는 거군요?
허당선생	네, 개인 통합 논리를 사회 통합에도 그대로 적용하는 비약했다는 비판인데, 이 비판을 다루고 있는 문헌들이 많습니다. 존 롤스의『정의론』에서도 직접 그 문제를 다루며 각주에서 관련 문헌들을 소개하고 있어요.[1] 그런데 만약에 어떤 사람이 한참 공리주의를 공부하다가 이 문제를 탐독했는데 제대로 정리해두지 않았다고 해봅시다. 아마 공리주의에 대해 얘기하거나 논박할 때마다 자기가 공부했던 사고 체계들을 다시 역추적하는 과정을 되풀이해야 할 거예요. 매번 이리저리 흩어져 있는 논변들을 모아서 자기 것으로 만드는 과정이 필요하죠. 이렇게 공부한 내용을 자기만의 언어로 재구성하는 과정은 시간도 꽤 걸리고 정신적으로도 많은 에너지를 소모합니다. 그렇지만 공부하면서 공리

---

1 『정의론』, 존 롤스 저, 황경식 역, 서광사, 2003 : p.61. 참조

주의의 문제점에 관해 차곡차곡 정리하면 어떨까요? 공리주의를 논박하는 설득력 있는 학자의 논리를 발견하거나 자신이 독창적으로 떠올린 논리들을 정리해두었다가 나중에 그대로 사용하거나 약간 변형해서 적용하면 됩니다. 이전에 이미 심사숙고했던 문제에 대해서는 빨리 넘어가고 지금 새롭게 당면한 문제, 추가된 문제에 대해서만 집중해서 고민할 수 있죠.

촛불이 시간도 절약되고 더 많은 문제들을 고민할 수 있으니까 좋은 것 같아요.

허당선생 직장 생활에서도 적용할 수 있는 요령이죠. 우리는 보통 일을 직접 하면서 배운다고 하잖아요? 그런데 그 배운 내용을 매듭지어 정리를 잘하는 사람과 몸에 익을 때까지 기록이나 정리도 하지 않고 계속 시행착오를 반복하는 사람 사이에는 배우는 속도나 스트레스에서 큰 차이가 납니다. 잠시 쉬었다가 복귀할 때도 업무 적응 속도에서 차이가 나고요. 자기가 한 번 겪었던 문제에 대해서 해결 방법을 잘 적어두면, 시간이 많이 지난 뒤에 같은 문제에 부딪히더라도 정리해두었던 내용을 다시 찾아보기만 하면 되죠. 그런데 평소에 정리해두지 않으면 똑같은 문제에서 똑같은 실수를 하게 되는 경우가 있습니다.

촛불이 맞아요. 저도 서점에서 아르바이트한 적이 있는데, 사장님이 알려주신 컴퓨터 소프트웨어 사용법을 한 귀로 듣고 흘려버렸다가 나중에 엄청 당황했어요. 한 손님이 샀던 책을 환불한다는데 어떻게 처리하는지 까먹어서 사장님한테 전화로 다시 물어봤어요. 그런데 '에휴~ 십 년 감수했네.' 하고 그냥 지나가버렸더니 다음에 또 생각이 안 나더라고요. 다시 묻기 정말 창피했어요.

허당선생 살아가면서 그런 경험을 많이 하죠. 어떤 일이든 규칙이 적용되지 않는 경우는 없습니다. 기억력에 자신 없는 사람은 설명을 들을 때 자세하게 적어두면 좋죠. 과정들을 단계별로 나눠서 번호를 붙여가며 정리하는 거예요.

촛불이 일종의 매뉴얼이군요. 이런 일이 발생하면 다음 조치로 가고, 그 다음 조치로 가고.

머릿속을 정리해야 답이 떠오른다

촛불이 또 다른 이점이 있나요?

허당선생 아까 블록 쌓기 이미지가 기계적인 과정이라고 잠깐 언급했었죠? 벽돌을 쌓듯이 논리적으로 차곡차곡 쌓아서 해결책을 떠올리는 게 아닙니다. 블록 쌓기는 우리가 문제의 답을 향해 범위를 좁혀가는 과정, 또는 문제의 답을 직감하고 그 직감한 답을 테스트해보는 과정에 가까워요.

촛불이 포위망 좁히기나 검산 같은 거네요.

허당선생 네. 핵심적인 답이 순간적으로 떠오르는 모습은 음, 뭐라고 설명해야 할까요. 공부하면서 축적된 논리나 규칙들이 머릿속에서 이리저리 떠돌아다니다가 어떤 문제를 만나면 핵심 개념들이 버무려져 해답으로 떠오르는 경우가 많아요.

촛불이 정말 신기해요.

허당선생 촛불이도 잘 생각해보면 그런 경험이 있을 거예요.

촛불이 제가 그런 적이 있다고요? 에이~

허당선생 이런 경우는 일상생활에서도 많아요. 예를 들어 촛불이가 공부하는 방법을 고민하다가 저를 찾아왔잖아요. 촛불이 마음속에서 블록을 쌓듯이 차근차근 생각해서 '아, 선생님을 만나러 가야겠다.' 이렇게 생각했나요?

촛불이 아뇨. '어떻게 하면 공부를 잘할 수 있을까? 과연 내가 흥미 있는 일을 찾을 수 있을까?' 이런 고민은 늘 머릿속에 있던 것들인데 우연히 선생님 책을 보고 '아, 이 사람은 공부를 잘 하고 있구나.' 하고 생각했죠.

허당선생 잘 하는 게 아니라니까요! 허당입니다.

촛불이 지금 보니까 그런 것 같기도 해요. 히히. 그러다가 어느 날 어떤 사람이 미국의 저명한 경제학자들에게 어떻게 공부하면 되는지 마구잡이로 이메일을 보냈는데, 그 학자들이 답장으로 관련 문헌들을 추천해줬다는 기사를 봤어요. 그러니까 팍! 떠오르는 거예요. '아, 나도 그럼 저번에 읽었던 책을 쓰신 선생님께 공부하는 방법을 직접 물어보면 되지 않을까?' 하고요.

허당선생 그랬군요. 이 경우에는 문제해결에 직접적으로 도움이 되는 답을 떠올린 건 아니지만 간접적인 해답을 떠올린 셈이죠. 이런 과정들이 신기하게 보이기도 하지만 실제로 공부하는 사람들이 많이 겪는 과정입니다.

촛불이 아! 우주배경복사를 발견한 과정과 비슷한 거 같아요. 처음에는 새똥 때문에 기계가 고장 나서 이상한 소리가 나는 줄 알았는데 알고 보니 그 현상이 빅뱅의 증거였다는 이야기요.

허당선생 맞아요. 공부하면서 관련 문제들에 대한 이론들을 잘 매듭지어 정리해둔 상태로 있었기 때문에 세부 문제를 해결할 수 있는 탄탄한 토대가 된 거예요. 만약 우주배경복사를 발견한 학자들의 머릿속에 빅뱅에 관한 많은 이론과 무엇이 빅뱅의 증거가 될 것인가에 대한 생각들이 떠돌아다니지 않았다면 그런 답은 나오지 않았을 겁니다. 이런 생각의 탄생은 학문의 역사에서 매우 자주 있는 일입니다. 물론 어떤 경우에는 지금 의식적으로 해결하려는 문제와는 전혀 다른 문제의 해답이 떠오르는 경우도 있어요. 그렇다고 그전에 아예 생각해본 적도 없는 문제의 답이 떠오르는 건 아닙니다. 이미 어렴풋이 마음속에 자리 잡고 있는 문제에 대해 직관적으로 감을 잡는 거죠. 그런데 이런 직감이 잘 떠오르려면 이 문제와 관련된 핵심 내용들이 머릿속에 늘 맴돌아야 합니다. 그런데 핵심 내용이라고 했을 때 자질구레하거나 사소한 것들에만 마음을 뺏겨서는 여러 가지 사항을 다 고려해야 하는 문제해결에 이르지 못할 거예요. 애초에 정리를 잘 해두지 않으면 산만하고 세부적인 사항으로만 시야가 좁아져서 직감이 제대로 떠오르지 않거든요.

촛불이 반복훈련과 함께 매듭짓기와 정리하기가 신비로운 문제해결로 가는 밑바탕이군요. 이거, 기회는 준비된 자에게 온다는 식상한 격언과 비슷한데요?

허당선생 하하, 식상하게 느껴지는 경구들이 불변하는 진실의 일부를 담고 있기도 하답니다. 그런데 그 경구를 더 깊이 있게 음미하지 않고 엉터리로 이용하면 오히려 해를 끼치기도 하죠. 아까 그 말도 "기회를 잡지 못하는 사람은 준비가 되지 않았던 것이니 모든 일은 자업자득이다. 그러니까 사회에 불평하지 마라"라는 주장으로 전환시켜버리면 문제가 되잖아요.

촛불이 세상에 떠돌아다니는 격언이나 경구를 살필 때에도 그것이 진실의 어떤 측면을 포착하고 있는지 주의해야겠네요.

허당선생 그렇죠. 버트런드 러셀은 격언을 인용하며 자신의 주장을 펼치는 사람을 경계하라고 했습니다. 예를 들어 '백지장도 맞들면 낫다'는 '사공이 많으면 배가 산으로 간다'는 말과 상충되죠.

촛불이 그러네요? '백지장도 맞들면 낫다'는 격언을 모든 일에서 동일한 책임과 역할을 가져야 한다는 뜻으로 확대해서 생각하면 문제가 될 수 있겠어요. 그리고 '사공이 많으면 배가 산으로 간다'도 효율적인 의사결정 과정의 필요성을 의미하지, 독재나 권위주의를 정당화하는 논리로 쓸 수는 없고요.

허당선생 네. 그러니까 격언은 통찰을 주는 단초로 봐야지, 논증에서 사용할 수 있는 진지한 논거로 생각해서는 안 되겠죠? 자, 그럼 이제 '기회는 준비된 자에게 온다'라는 격언을 우리 이야기에 맞게 좀 더 분석적으로 바꿔볼까요? 좋은 문제설정을 가지고 반복훈련과 매듭짓기를 잘하는 사람에게 "유레카!" 하는 해답이 떠오르기 쉽다!

촛불이 하하하, 그렇게 정리하니까 웃긴데, 선생님이랑 계속 얘기했더니 이상하게 변형한 것이 더 와닿고 쉽게 이해되요.

허당선생 이게 바로 '용어 익숙해지기' 현상입니다. 우리가 용어에 익숙해진다는 것은 단어 하나하나에 익숙해지는 분리되고 독립된 과정이라기보다 그 용어가 자리 잡고 있는 사고의 틀에 익숙해지기 때문에 새로운 용어를 익히는 것에 너무 거부감을 느끼면 곤란해요. 과학이나 수학 내용을 이해하지 못한다고 해서 그 모두가 쓸모없다고 말하는 사람 있나요? 그런데 철학이나 역사 같은 인문학이나 정치, 법과 같은 사회과학은 그렇게 생각하는 사람들이 꽤 있어요. 모든 지식들이 중학생 수준에서 다 이해될 수 있다고 생각한다면 잘못 생각하고 있는 겁니다. 공부의 구조를 알고 있다면 그렇게 얘기할 수 없어요. 물론 전문 용어들 때문에 대중의 접근이 어려운 것은 큰 문제입니다. 그래서 전문가들은 자기 지식을 대중에게 쉽게 설명해줄 의무가 있어요. 또 어떤 지식인들은 쓸데없는 개념의 산을 쌓아 올리기도 하지만 그렇다고 옥석을 가리지도 못하는 상태에서 "이 모든 건 전문가들의 음모다"라고 불평하면서 공부하지 않는 건 잘못이에요.

촛불이 제가 생각해도 용어만 쉽게 풀어쓰면 문제를 해결할 수 있는 이해력 확장에는 한계가 있을 것 같아요. 그 한계를 넘어선 부분에서는 용어 문제가 아니라 적절하고 단계적인 반복훈련의 기회가 제공되느냐가 문제겠어요.

허당선생 맞아요. 예를 들어 통계학에서 T-검증, 표준오차 같은 용어들을 길게 풀어쓴 용어로 대체한다고 하더라도 통계학 내용을 배우지 않는다면 여전히 낯선 단어일 뿐이죠. 많은 경우에 용어를 이해하는 건 곧 그 개념에 압축된 사고의 논리를 배우는 겁니다.

촛불이 저는 '어떻게 하면 공부를 잘 할 수 있을까?'라는 고민 하나로 선생님과 얘기했는데, 지금은 좀더 원대한 목표도 생겼어요.

허당선생 어떤 목표인가요?

촛불이 공부하면서 알게 된 내용들로 세상의 가치 있는 문제들을 멋지게 해결해보겠다는 목표요. 아직은 추상적이지만 제가 공부하는 과정 속에서 목표로 잡고 중요하게 생각하고 있어요.

허당선생 이야! 이제 '문제해결자'의 자세가 잡혀가는 것 같습니다.

생각을 매듭짓는 노트 활용법

촛불이   그럼 매듭짓기에 대해서 좀더 자세히 설명해주세요. 매듭을 어떻게 지어야 문제해결을 위한 도구들을 잘 불러올 수 있을까요?

허당선생   우리가 쇼핑을 할 때 쇼핑할 물건들을 단순히 머릿속에서 나열만 한다면 기억하기 쉽지 않겠죠. 그런데 쇼핑 품목들을 청소 용품, 식품, 의류 등으로 분류해서 묶는다면 어떨까요? 묶음들을 떠올리면서 모든 사항들을 염두에 둘 수 있을 겁니다.

촛불이   그렇다고 실제로 그 내용들을 전부 기억하는 건 아니잖아요.

허당선생   세부적인 내용물이 궁금하면 언제든지 자신이 정리한 자료로 돌아가서 참고하면 됩니다. 어쨌든 주의할 점은 묶음 안의 세세한 내용이 아니라 묶음에 공통적으로 적용되는 핵심 내용 그 자체입니다. 즉, 묶음들 사이의 관계와 연결 구조가 중요하다는 거죠. 자, 이런 이미지를 떠올려보세요. 우리가 보자기에 물건을 싸는데 매듭을 묶지 않고 그냥 들고 간다면 물건들이 줄줄 새겠죠? 아무리 많은 보자기를 동원해서 물건을 담는다고 해도 들고 갈 수 없을 거예요.

촛불이   음, 이제 좀 이해가 되는 것 같아요. 그런데 어떻게 해야 매듭을 잘 지을 수 있을까요?

허당선생   제가 그 문제에 대해서 오랫동안 고민했는데, 우선 복잡한 방법을 쓰면 안 됩니다. 왜냐하면 꾸준히 실천할 수 없기 때문이죠. 노트에 알록달록 예쁘게 써서 정리를 하겠다거나 세상에서 가장 완벽한 노트를 만들겠다고 생각한다면 얼마 못 가 노트 정리를 포기하게 될 거예요. 지금 우리가 말하는 노트 정리는 학교 수업을 들으며 선생님이 정리한 내용을 그대로 베끼듯이 적는 노트 필기를 이야기하는 것이 아닙니다. 그리고 시험 대비로 적는 교과목 노트 정리야 이미 순서가 정해져 있으니 그걸 따르면 되는데, 자기가 스스로 문제해결에 필요한 내용을 공부하고 정리한 것들은 정해진 순서가 따로 없어요. 공부는 역동적으로 왔다 갔다하며 범위를 확장시키는 활동이라서 처음부터 복잡한 방법을 쓰면 오히려 뒤죽박죽돼서 정리하기가 싫어져요. 그래서 '묻고 답하기' 형식으로 자기가 알게 된 것들을 정리하는, 상대적으로 간략하고 단순한 방법을 사용합니다. 질문 칸에는 세부 과제나 문제들을 적고, 답변 칸에는 풀이 과정의 핵심 논리나 개념, 그리고 맨 마지막에 최종 결론을 간략하게 정리해서 적습니다. 덧붙여 중요한 건 정확한 참고문헌의 출처를 적는 것입니다. 다시 말하면 질문·풀이·결론·참고문헌 이 네 가지 과정들을 노트나 컴퓨터 파일에 하나로 정리하는 거예요.

촛불이   철인 7종 경기에 참가할 정도로 정신력이 강한 사람은 선생님 방법을 따르지 않아도 되죠?

허당선생   그럼요. 어떤 분들은 노트 한쪽 면에 구멍 세 개가 있는 삼공 노트를 쓰는데요, 이 노트는 쉽게 빼고 낄 수 있어서 순서를 바꾸거나 새로운 내용을 추가하기 편합니다. 그런데 주로 컴퓨터를 쓰는 사람은 삼공 노트에 끼웠다 뺐다 하는 것보다 컴퓨터에 정리하는 게 더 쉽기 때문에 이 방법을 추천하는 거예요. 저도 노트를 써봤는데 일단 삼공 노트가 아니면 이미 적은 내용을 다시 정리하거나 추가하기 힘들더라고요. 노트는 공부한 내용들을 잘 매듭지어서 나중에 쉽게 찾아보기 위해서 만드는 건데, 찾아보기 어려우면 무슨 소용이 있겠어요? 그리고 분류별로 노트를 여러 권 만들면 막상 노트가 필요할 때는 없는 경우가 많아요. 도서관에 왔는데 공부할 분야의 노트를 안 가져오면 갑자기 공부하기 싫어집니다.

촛불이　으아~ 맞아요! 저도 도서관에 갔는데 전에 정성껏 정리하던 오답 노트를 안 들고 와서 그날 하루 종일 친구들과 커피 마시며 수다만 떨다가 집에 온 적이 있어요. '아, 몰라! 될 대로 되라!'는 심정이랄까?

허당선생　정리는 정리에 초점을 둬야지 장인 정신을 발휘하면 안 됩니다.

촛불이　쉽게 말하면 공부에 활용하는 도구나 매듭짓고 정리하는 방법은 최대한 단순하게 하라는 거군요!

허당선생　맞아요. 공부 도구는 자기에게 잘 맞다고 느껴지는 범위 내에서 최대한 단순화하는 것이 좋습니다. 저는 펜도 한 종류만 써요. 물론 사람마다 필요한 펜의 개수가 한두 개일 수도 있고, 많게는 다섯 개가 넘을 수도 있겠지만 자신에게 도움이 된다고 생각하는 선까지 펜을 '늘려가는 것'보다 '줄여가는 것'이 좋아요.

촛불이　그러면 선생님은 손으로 쓰는 노트는 안 쓰시는 건가요?

허당선생　물론 손 노트도 필요하지만, 두고두고 보기 위해서가 아니라 컴퓨터 파일에 정리하기 위해서 임시로 사용합니다. 저는 스무 살 때부터 이미 컴퓨터를 활용하는 시대에 살고 있었기 때문에 컴퓨터에 정리하는 습관이 생겼어요. 이처럼 삼공 노트에 정리하는 사람에게도 그에 맞는 요령이 있을 겁니다. 각자 스타일에 맞는 정리 방법이 있어요. 저는 갑자기 아이디어가 떠오르면 그때 바로 휘갈겨 쓰며 기록해야 하는데, 예쁘고 꼼꼼하게 적다 보면 쓰는 '행위'에 집중해서 순간적으로 떠오른 아이디어가 사라지는 경우가 많아요. 저도 좀 고풍스러웠으면 좋겠는데 성격이 급하고 산만해서 안 되겠더라고요. 다만, 컴퓨터를 활용하는 방법은 꼭 필요할 때만 집중적으로 사용하고 그렇지 않을 때는 책과 필기구로만 공부하는 습관이 중요합니다. 전자파에 장시간 노출되면 산만해지기 쉬운데, 특히 인터넷은 우리 두뇌에 물리적인 영향을 미칩니다. 이 주제는 나중에 주의집중에 대해 얘기할 때 자세히 생각해봅시다. 어쨌든 노트와 필기구를 항상 가지고 다니면서 간단하게 메모한 것들을 다시 컴퓨터에 입력하는 것이 좋겠어요.

촛불이   도서관? 집? 어디에서 정리하는 것이 좋을까요?

허당선생   사람마다 특별히 작업이 잘 되는 장소와 시간대가 있습니다. 저는 이미 자료가 준비된 글이나 생각을 상당 부분 진전시킨 내용을 쓸 때는 카페가 좋더라고요. 새로운 내용을 배우거나 책을 빠르게 읽고 정리할 때는 도서관이 좋고, 골똘히 생각할 때는 집 근처 한적한 곳을 밤 산책하는 것이 가장 좋습니다. 자신에게 맞는 곳을 찾는 것도 공부하는 요령이라고 할 수 있어요. 예를 들어 저는 칸막이가 있는 독서실에서는 정말 못하겠더라고요. 제 정신력으로는 도저히 칸막이를 극복할 수 없어요.

촛불이   하하, 신기하네요. 저는 적당히 낮은 칸막이가 있을 때 더 잘 되던데, 사람마다 정말 다르군요. 아! 질문이 있어요. 하루에 한 가지만 공부하는 게 아니라서 그때마다 여러 가지 아이디어나 질문들이 떠오를 수 있는데 그럴 때는 어떻게 하나요?

허당선생   간단합니다. 노트에 모두 적으세요. 그리고 줄긋기로 간단하게 분류하면 됩니다. 예를 들면 A라는 문제에 대해 정리한 다음, B 분야에 대해서 공부한 내용을 적을 때는 가로로 선을 그어서 구분합니다. 그리고 'OO에 관한 것임'이라고 적는 거죠. 그리고 노트에 적었던 내용을 정기적으로 정리하는 습관을 갖도록 노력하세요. 바쁘더라도 최소한 일주일에 한 번은 정리해야 합니다. 그렇지 않으면 임시 노트의 특성상 시간이 흐르면 어떤 내용이 어디에 있는지 모르게 됩니다.

백문백답과 참고문헌

촛불이 컴퓨터 파일에는 어떻게 정리하나요? 파일은 주제별로 각각 따로 만드나요?

허당선생 저는 파일 하나에 '백문백답' 형식으로 모으는 걸 선호합니다.

촛불이 무슨 색을 좋아하는지, 좋아하는 이상형은 어떤지 물어보는 그 백문백답이요?

허당선생 네. 예를 들어 정치철학을 공부하면서 '왜 공리주의는 설득력 있는 규범적 기준이 될 수 없을까?'부터 '교회에 투표소를 설치하는 것이 왜 위헌이 아닌가?'까지 생각나는 대로 적을 수 있습니다. 우리가 처음부터 그 질문들의 구조를 짜놓고 구체적으로 정리할 필요는 없어요. 그냥 질문 하나하나마다 그 매듭이 탄탄하면 충분합니다. 물론 여러 가지 질문들이 구조적으로 연결되거나 세부적으로 파생되는 백문백답 문항들이 있을 수 있어요. 예를 들어 제 정리 파일에는 '자유관에서 평등관을 어떻게 도출할 것인가?'라는 질문이 '독일에서 여러 약국 사이의 거리를 제한하는 규제는 위헌으로 판결났는데, 이 판결은 옳은가?'라는 질문과 연결되어 있다고 간략하게 표시되어 있어요.

촛불이   윽! 그게 연결되어 있다고요?

허당선생   제 견해로는요. 예로 들었던 사례가 어떻게 연결되는지는 나중에 자세히 설명해줄게요.

촛불이   그러면 백문백답에서 '100'이라는 숫자는 어떤 의미가 있는 건가요?

허당선생   아무 의미도 없어요. 그냥 쉽게 부르기 위해서 정한 이름이에요. 그렇게 정리한 질문과 답은 공부를 계속 하다 보면 300문 300답이 될 수도 있고, 1000문 1000답도 될 수 있겠죠. 그런데 사실 질문 개수가 그렇게 많이 생기지는 않아요. 질문에 꼭 번호를 매기지 않아도 되고요. 서로 연관된 질문인 것 같다면 1-1, 1-2 이렇게 붙여도 됩니다.

촛불이   컴퓨터에 정리만 하면 끝인가요?

허당선생   당연히 아니죠. 정리해둔 파일을 가끔씩 출력해서 틈날 때마다 봐야 해요. 들고 다니면서 수시로 읽다 보면, 기발한 생각이 떠오르거나 새로운 질문이 탄생할 수 있습니다.

우리는 공부가 오픈북이 아닌 클로즈드북 퀴즈라는 강박관념에 사로잡혀 있어요. 쉽게 비유하자면 보자기 하나에 가지고 있는 물건들을 모두 싼 다음 그 물건들을 흘리지 않도록 쩔쩔매고, 미어터지는 보자기에 물건 한 개라도 더 집어넣으려고 끙끙거리는 거죠. 일반적으로 공부하는 사람들의 두뇌는 물건 하나를 집어넣는 작업에만 모든 의식이 집중됩니다. 반면에 백문백답 파일이 있는 사람은 보자기 여러 개를 들고 다니면서 시간과 장소에 구애받지 않고 폭넓은 생각을 할 수 있어요.

촛불이   그러면 출력을 여러 번 해야겠네요?

허당선생   아무래도 그렇겠죠? 그리고 출력한 질문들을 검토하다 보면, 다시 새로운 질문도 생기고 질문들의 위치를 조금씩 옮겨야겠다는 생각도 들 거예요. 그럴 때는 연관성이 높은 질문들을 20-1, 20-2, 20-2-2로 엮어서 하부 질문을 만들어 표시합니다. 일단 표시만 해두고 나중에 컴퓨터에서 다시 조정하면 됩니다. 질문들은 컴퓨터 파일에 모두 있기 때문에 출력물에 페이지 수나 목차를 따로 적지 않아도 필요할 때마다 찾기 기능을 이용해서 쉽게 찾을 수 있어요. 그리고 아직 보지 않은 책이나 참고문헌, 논문 제목들도 적어두면 나중에 편리하게 찾을 수 있습니다. 그리고 자료를 찾아봐야겠다고 생각한 주제가 있으면 질문 밑에 '찾아봐!'라고 표시하고 핵심단어만 적으세요. 예를 들어 "인구 성장률이 둔화되거나 인구수가 감소하는 것은 정말 국가의 쇠퇴를 초래하는가?"라는 질문 아래에 '인구 감소, 고령화, 노동소득 분배율, 연금, 일자리, 고용, 경제성장, 혁신' 등을 연결시켜서 찾아봐야 하는 핵심단어들로 적어둘 수 있죠. 나중에 이런 단어들을 다양하게 조합해서 논문이나 책을 찾고, 각주나 참고문헌을 따라가다 보면 고구마 캐듯이 더 많은 자료들을 캐낼 수 있어요.

촛불이   참고할 자료들을 핵심단어 하나로만 한 번에 찾는 게 아니군요.

허당선생   네. 필요한 문헌을 찾는 방법은 다양합니다. 직접 발로 뛰어서 찾는 것부터 시작해서 인맥을 활용해 찾을 수도 있죠. 그러나 어떤 경우든지 찾아야 할 범주의 문헌들이 무엇인지는 알고 있어야 하고, 포위망을 좁혀서 검색하는 방법이 필요합니다.

촛불이   예를 들어서 좀더 설명해주세요.

허당선생   음, 제가 정치철학을 공부하다 보니까 '미끄러운 경사면slippery slope'이라는 논변이 종종 등장했어요. 예를 들어 "임신을 했다면 개월 수와 상관없이 일률적으로 낙태를 금지하는 것이 법적으로 정당화되는가?"라는 문제가 있습니다. 이 문제에 대해 미국 연방대법원은 임신 기간인 약 10개월을 세 단계로 나누어서 처음 3개월은 법적 제한을 받지 않고 낙태할 수 있다는 판결을 내렸는데요, 이 판결에 대해 다음과 같은 비판적 반론이 있습니다. "3개월과 3개월 1일은 본질적인 차이가 없다. 그리고 3개월과 2개월 29일도 어떤 타당한 이유를 근거로 구분지을 수 없고, 그렇게 가다 보면 결국 제대로 구별할 수 있는 지점은 정자와 난자가 수정할 때뿐이다. 왜냐하면 수정 전에 정자와 난자 어느 한쪽만으로는 인간이 될 수 없지만, 수정 후에는 그 수정란이 무사히 계속 자라기만 하면 인간이 되기 때문이다. 따라서 수정란 이후 단계는 모두 인간이며, 수정 이후 단계를 인위적으로 구분하여 낙태를 허용하는 것은 사실상 살인이다"라는 겁니다. 이렇듯 경사진 면으로 조금씩 내려가다 보면 결국 닿고 싶지 않은 바닥까지 미끄러진다는 것이지요.

촛불이   쉽게 결론짓기 어려운 문제네요. 이런 문제들이 많나요?

허당선생   관련 문제들이 적었다면 그렇게 큰 관심을 기울이지 않았을 텐데 여러 학문 분야에서 비슷한 논의들이 등장하더라고요. "사회적으로 동성애를 금지하는 것이 정당한 조치인가?" 하는 문제도 있습니다. 영국 법률가 패트릭 데블린은 이 문제에 대해 "동성애를 허용한다면 전통적인 사회규범이 무너지고, 그렇게 하나씩 무너지기 시작하면 규범에 대한 존중심이 점차 약화되어 결국 사회가 해체될 것이다"라고 주장합니다.

촛불이　너무 극단적인 결론 아닌가요?

허당선생　아니요. 얼핏 극단적으로도 들리는 데블린의 주장은 잘 뜯어보면, 기존 질서를 위협하거나 이탈하는 행위를 금지하도록 주장할 때 사용하는 논리로 요즘에도 많이 인용됩니다.

촛불이　그런데 미끄러운 경사면은 데블린처럼 자유를 제한하자고 주장하는 쪽에서만 사용하는 논변인가요?

허당선생　꼭 그렇지는 않아요. '표현의 자유' 논쟁에서는 양쪽 주장 모두 미끄러운 경사면 논변을 활용합니다. 예를 들어 "음란물을 법적으로 금지하는 것이 정당한가?"라는 질문에 대해 한쪽에서는 "음란물을 법적으로 허용하면 사람들이 음란물을 거부감 없이 생각하고, 결국 사회질서가 문란해져서 사회가 퇴락하고 해체될 것이다"라는 미끄러운 경사면을 제시하는 반면에, 다른 쪽에서는 "정확한 근거나 기준 없이 음란하다는 이유만으로 금지한다면, 결국 판단 기관이 적합하지 않다고 생각하는 모든 표현들을 금지하는 전체주의 사회에 이를 것이다"라는 전혀 다른 방향의 미끄러운 경사면을 제시하지요.

촛불이　미끄러운 경사면이라는 같은 논변을 사용하면서도 완전히 반대 결론에 이르게 되네요.

허당선생　맞아요. 이렇게 같은 주제에 동일한 종류의 논변이 양극단적으로 제기된다는 것은 이 논변의 타당성을 정확하게 판단할 또 다른 기준이 필요하다는 겁니다.

촛불이　맞아요. 만약 미끄러운 경사면이 결정적인 논변이라면 한쪽 방

향으로만 결론이 나와야 하잖아요. 그렇지 않고 두 방향 모두 타
당한 논리로 결론이 도출되었다면 어느 한쪽을 부정하거나 비판
할 수 있는 판단 기준이 따로 있어야겠어요.

허당선생 평소에는 그냥 "미끄러운 경사면 논변은 여러 분야에 적용될 수
있는 문제 같다. 어떤 경우에 어떻게 사용되어야 타당한가?" 이
렇게만 적어두고 '표현의 자유, 낙태, 동성애'라고 구체적인 관
련 사례를 적어놓았지요.

촛불이 바로 찾아보지는 않고요?

허당선생 제가 좀 게으르잖아요.

촛불이 이미 어느 정도 눈치는 챘어요.

허당선생 하하하, 촛불이 눈은 속일 수 없군요. 그러다가 어느 날 논문 검
색 사이트에서 'slippery slope'를 검색했더니 관련 논문들이 죽
나오는 거예요. 그중에서 제목과 요약 부분을 보고 논변구조 자
체에만 집중하는 것처럼 보이는 논문들을 내려받아서 출력했죠.

촛불이 논문 검색 사이트 좀 알려주세요.

허당선생 아, 제가 검색한 사이트는 JSTOR(www.jstor.org)라는 곳인데,
요즘에는 구글학술검색(scholar.google.com)에서 검색해도 외
국 논문들 대부분이 다 나와요. 그런데 실제로 논문을 내 컴퓨터
에 직접 받으려면 해당 사이트와 협정을 맺은 교육기관, 즉 대학
내에 있는 컴퓨터로 접속해야 합니다. 그리고 국내 논문 검색은
학술연구정보서비스(RISS, www.riss.kr)나 한국학술정보(KISS,
kiss.kstudy.com), 과학기술 정보통합서비스(scholar.ndsl.kr/
index.do) 같은 여러 사이트에서 찾을 수 있어요.

촛불이 학교에 적을 두고 있지 않은 사람은 찾고 싶은 것들을 정리해두

었다가 따로 시간 내서 근처 대학교 전산실을 활용해야겠네요.

허당선생 네. 현재로는 그 방법밖에 없어요. 아니면 학교 시설을 이용할 수 있는 사람에게 부탁하든지요.

촛불이 동네 도서관에서 누구나 공부에 필요한 논문 자료들을 내려받을 수 있다면 정말 좋겠어요. 말로만 지식인, 지식사회라 얘기하지 말고 관련 기관들이 먼저 지식을 쌓아갈 수 있는 지적 토양을 만들어줘야죠.

허당선생 맞아요. 어쨌든 그렇게 뽑아놓은 논문 아홉 편 정도를 주말 하루 날 잡아서 한꺼번에 다 읽었어요.

촛불이 우와, 하루에 그렇게나 많이요?

허당선생 같은 주제를 다룬 논문들을 읽으면 비슷한 내용이 반복되기 때문에 한 편만 천천히 읽으면 그 다음부터는 상대적으로 쉽게 읽을 수 있어서 속도가 붙어요. 오히려 논문을 검색하고 그중에서 적절한 걸 골라내는 과정이 더 어렵죠. 띄엄띄엄 조금씩 나눠서 읽는 것보다 그렇게 집중적으로 한 번에 몰아서 읽을 때 아이디어가 쉽게 떠오르기도 하고요.

촛불이 아, 그것도 요령이네요. 모든 일을 정기적으로 꾸준히 한다고 해서 무조건 좋은 건 아니군요.

허당선생 그럼요. 또 밀린 일들은 조금씩 채워가며 따라잡는 것보다 하루에 몰아서 해치워버리는 편이 더 효율적이죠. 어쨌든 관련 자료들을 읽고 나서 미끄러운 경사면 논변을 그 적용 사례와 논리 형태에 따라 분류하다 보면 어느 경우에 타당한 논변인지, 어떤 경우에는 적합하지 않은지, 또는 사례에 추가적으로 경험적 조사가 필요한지 구체적으로 알게 됩니다. 맨 처음 얘기했던 낙태 금지 문제에서 3개월 1일과 3개월, 2개월 29일을 정확하게 구분할 수 없으니까 결국 수정란 이후는 모두 똑같다는 논변은 하루하루 성장하는 버드나무의 성장 과정을 구분할 명확한 기준이 없으니 '버드나무 씨앗도 버드나무'라는 말과 논리적으로 동일한 주장입니다. 그리고 사회가 해체될 것이라든가 전체주의 사회를 초래할 것이라는 논변은 경험적인 결론이고요. 이런 주장들은 역사적 관점에서 일반적인 전개 방향을 조사하거나, 사회적으로 큰 예외 없이 적용할 수 있는지 그 타당성을 판별하는 수밖에 없어요. 그런데 잘못된 규범을 정당화하면서 그 규범이 무너지면 제대로 된 나머지 규범까지 모두 무너진다는 결론은 설득력이 없다는 걸 쉽게 판단할 수 있죠. 즉, 하나가 무너지면 이런 위험이 찾아올 수도 있다는 일종의 경고지, 지금 일어나고 있는 변화 자체가 옳은지 그른지에 대한 판단은 아닌 거죠.

촛불이 그렇게 정리한 것들을 참고문헌과 함께 백문백답에 적으셨군요.

허당선생 네. 몇 줄로 간략하게 정리한 것과 제가 본 논문 중에 대표적으로 제일 괜찮은 논문 서지사항을 적었어요.

촛불이 만약에 백문백답 형식으로 매듭짓고 정리하지 않았다면 나중에 미끄러운 경사면에 대해 논쟁할 일이 생겼을 때 처음부터 다시 찾아봐야 하는군요.

허당선생 네. 그렇지요.

촛불이 이야기를 나누니 왠지 제가 거창한 공부를 하고 있는 것처럼 가슴이 벅차올라요. 생각해보면 매일매일 공부한다고 책상 앞에 앉아서 보자기 하나에 물건 하나 더 집어넣는 일에만 집중하고 있었던 것 같아요. 제가 정말로 관심 있는 문제엔 여러 개로 매듭지어진 보자기가 필요한 건데 말이죠. 그리고 그 보자기들을 발판 삼아 차근차근 새로운 보자기를 만들 수 있는 거고요.

허당선생 주위에 보면 엄청난 독서량을 자랑하지만 감상문 수준의 서평만 쓸 뿐 실제로 무언가를 해결하는 글을 쓰지는 못하는 사람들이 많아요. 이런 사람들의 특징은 크게 두 가지입니다. 첫째, 한 가지 문제를 정해서 그 단면을 잘라 깊게 물고 늘어진 적이 없다. 둘째, 매듭짓고 정리하는 습관이 없다.

촛불이 헉! 제가 아는 선배가 생각나요! 집에 책도 엄청 많고 모르는 게 없는 것 같은데, 막상 문제해결 중심의 공부를 하는 것처럼 보이지는 않거든요.

허당선생 매듭짓고 정리하는 습관을 들인다면 그 선배는 물론이고 누구든지 지금보다 개선될 수 있어요. 그리고 새로운 보자기도 만들 수 있죠. 미국의 경제학자 폴 크루그먼은 1979년에 비행기를 타려고 공항에 앉아 있다가 자신이 한참 동안 생각하던 무역이론 문제를 해결할 수 있는 신무역이론이 머릿속에 떠올랐답니다. 크루그먼은 "가끔씩 안개처럼 흐릿한 아이디어가 찾아왔다가 사라지곤 했고, 때로는 몇 년 동안 그 안개 속에서 헤어나지 못하기도 했는데 어느 순간 그 안개가 완전히 걷혔고, 그곳엔 거의 다 개발된 모델이 내 눈앞에 펼쳐져 있었다"라고 했습니다.[2]

촛불이 정말 마술 같아요.

허당선생 물론 공항에서 순간적으로 떠오른 모델은 논증 과정이나 세밀한 부분까지 상세하게 보이지는 않았을 거예요. 아마 핵심적으

---

2   Paul Krugman, "Incidents from my career", *Economist's View*, Monday, October 13, 2008

로 굵직한 부분들이 전부 보였단 뜻이겠죠. 이 부분은 '생각 굴리기'에서 다룰 거예요. 어쨌든 파일 하나에 질문과 답을 차곡차곡 정리하고 수시로 출력해서 보는 것이 가장 간단하고 효과적인 공부 방법 같습니다.

글쓰기로 생각을 정리하자

촛불이 　노트를 잘 정리하다 보면 글쓰기에도 큰 도움이 되겠어요.

허당선생 　그럼요. 처음에 적을 때는 기계적으로 뼈대만 간단하게 적지만, 출력해서 여러 번 읽으며 첨삭하고 적절한 비유나 사례, 아이디어를 추가하면서 점점 내용이 풍부한 문답을 만들게 된답니다. 컴퓨터 파일에 정리한다면 복사하기와 붙이기로 간편하게 수정하고 보완하는 작업도 가능하고요.

촛불이 　저는 뼈대만 적는 것도 무척 힘든 것 같아요. 일전에 가르쳐주셨던 모델을 중심으로 글 쓰는 방법을 적용해서 목차를 잡고 거기에 들어갈 논리나 증거는 종이에 썼어요. 근데 막상 정리한 내용을 가지고 본격적으로 문장을 쓰려고 하면 막막하던데요.

허당선생 　저도 그래요.

촛불이 　제가 겪는 일은 언제나 선생님도 겪으시는군요.

허당선생 　그래서 촛불이에게도 도움이 되는 두 가지 요령을 생각해냈죠.

촛불이 　우와, 뭐예요?

허당선생 　우선, 다듬어지지 않은 문장으로라도 거칠게 표현해보라는 거예요. 처음에는 말도 안 되는 비문들이 나오고 단어도 적절하지 않은 것들이 마구 뒤섞여 들어갈 겁니다.

촛불이 　맞아요. 저는 꼭 글로 표현하려고 하면 엉망이 되더라고요.

허당선생 　그것만으로도 충분해요. 그렇게 일단 써놓고 나서 나중에 고치면 되거든요. 나중에 쓴 글을 다시 보면 어떤 건 훌륭한 아이디어로 발전하기도 하고, 어떤 글은 머릿속에서 생각할 때는 뭔가 대단한 것 같았는데 막상 글로 쓰니 아무것도 아닌 걸 깨닫기도 하고요. 여기서 중요한 건 한 번에 하나씩, 단계를 나누어서 쉽게 하자는 겁니다. 처음부터 완벽하게 쓰려고 하면 무엇에 초점을 맞추어야 할지 혼란스러워요. 글쓰기뿐만 아니라 한 번에 진행할 수 없는 복잡한 일도 나눠서 하는 것이 좋습니다. 어떨 때는 평소에 잘만 하던 일들이 쉽게 진행되지 않을 때가 있거든요.

촛불이 　슬럼프군요.

허당선생 　공부뿐만 아니라 업무에서 겪는 슬럼프를 극복하는 데도 유용한 방법이에요. 어쨌든 글쓰기 단계를 나눠보면 문제의 중심 목차를 잡고 그 목차에 들어갈 논리와 증거를 쓰면서 글의 구조를 잡는 것이 첫 번째 단계입니다. 그리고 그 뼈대를 아주 거친 문장으로라도 써보는 2단계, 그 거친 문장을 좀더 정확한 표현으로 고쳐보는 3단계, 예전에 매듭지었던 자료들을 가지고 글에 살을 붙이는 4단계, 더욱 풍부한 비유와 설득력 있는 예시를 더하는 5단계, 마지막으로 퇴고하는 작업이 6단계라고 할 수 있어요.

촛불이 　단계적으로 나눠서 생각하니까 과정들이 간단해 보이고 마음도 편해져요. 그렇다고 일부러 여러 단계로 나누지 않아도 되죠?

허당선생 　네. 사고 진행이 잘 될 때에는 단계를 합쳐도 글이 막힘없이 써지기도 합니다. 그럴 때는 일부러 무리하게 단계를 나누지 않아도 되지만 제 경험상 한 단계만으로 문제해결을 위한 글을 한달음에 쓰는 건 쉽지 않아요. 그래서 최소한 3단계를 거쳐서 글을 완성한다고 생각하는 것이 좋습니다. 그리고 이 단계들은 상황에 따라 유동적으로 왔다갔다한다는 것도 기억하세요.

촛불이 다른 방법도 알려주세요!

허당선생 두 번째 요령은 이야기를 들려주고 싶은 사람을 떠올리거나 청중에게 강의하듯이 글을 쓰는 것입니다. 대화 내용을 기록하듯이 상대방 반응도 예상하며 글을 쓰면 글이 리드미컬하게 나가는 느낌이 듭니다. 물론 비문도 많겠지만 일단 글 쓰는 속도는 확실히 빨라지죠. 촛불이도 친구와 얘기하다 보면 말이 술술 재밌게 나올 때가 있지 않아요?

촛불이 리듬을 타면서 글을 쓴다니, 재미있는 표현이네요.

허당선생 심지어 어떨 때는 연필이 춤을 추거나 키보드를 두드리는 제 몸이 박자를 타는 것 같기도 해요.

촛불이 하하하! 정말 재미있을 것 같아요!

허당선생 이렇게 리듬을 타면서 재미있게 글을 쓰려면 자신에게 한 번에 너무 많은 과업을 부과하지 않는 것이 중요합니다. 이것저것 생각할 것들이 많아지면 중간에 방해를 받거든요.

촛불이 친구와 신나게 얘기하고 있는데 옆에서 어떤 아저씨가, "이봐, 학생! 지금 자네가 말하고 있는 문장은 문법적으로 틀린 문장이야." 하면서 끼어들면 대화의 즐거움이 와장창 깨질 것 같아요.

허당선생 나중에 '주의집중의 기술'을 이야기할 때도 다시 다루겠지만, 우리가 하나의 과업이라고 생각하는 것이 실제로는 여러 개의 복합적인 과업으로 이루어져 있어요. 그래서 여러 가지를 한꺼번에 생각하다 보면 이 작업, 저 작업 왔다갔다만 하는 셈이거든

	요. 좀더 익숙해지면 여러 단계가 통합될 수도 있지만 우선 지금 단계에서는 주된 과업이 무엇인지 명확하게 인식하고 쓰는 것이 중요합니다.
촛불이	막연하게 어렵다고만 생각했던 글쓰기에 이제는 자신감이 좀 생겨요.
허당선생	아유, 다행이네요. 무엇보다 '쓰기 위해' 글을 써서는 안 됩니다.
촛불이	어랏? 그게 무슨 뜻이죠?
허당선생	문제해결 과정에서 쓸 내용이 따로 있거나 내가 풀어놓고 싶은 얘기들이 마음속에 차오를 때 글을 쓰라는 겁니다. 글을 써야만 하니까 뭐라도 끼적여볼까라는 식으로 글을 써서는 안 됩니다. 오늘날 우리 사회의 글쓰기 교육에서 가장 잘못된 것은 문제를 던져주고 그 답을 쓰라고 강요하는 겁니다. 정말로 문제를 깊이 있고 진지하게 탐구하기 전에 일단 형식만 갖춘 글을 쓰는 과정에 급급하게 만드는 거죠. 이런 식에 익숙해지면 내용은 없고 형식적인 허울만 갖춘 글, 논거 차원을 무시한 글들을 쓰게 됩니다. 그러니까 나중에 '진짜' 글을 써야 할 때 참조할 수 있는 경험들이 전혀 없는 겁니다.
촛불이	맞아요. 백일장에 나가거나 독후감, 일기 등 이런저런 글들을 제법 많이 썼는데, 막상 정해진 주제 없이 자유롭게 쓰려고 하면 맨땅에 헤딩하는 느낌이라니까요. 아, 매듭짓기와 정리하기에서 글쓰기까지 한달음에 모두 들었더니 머리가 복잡해지네요.
허당선생	글쓰기에 대해서는 다음에 더 자세히 얘기하죠. 부담 갖지 말고 천천히 해보세요. 천릿길도 한 걸음부터! 알죠?

• • •

처음부터 완성된 글을 쓰려고 하지 마라.

쓰는 능력보다 생각하는 능력을 기르자.

목차를 만들면 전체가 보인다.

글의 뼈대를 만든 다음 살을 붙여라.

• • •

4

문제해결식
글쓰기

글쓰기는 공부의 연장선이다

허당선생 자, 이제 본격적으로 글쓰기에 대해서 얘기해볼까요? 앞에서 잠깐 얘기했지만 문제를 해결하는 공부에서는 글쓰기가 무척 중요하답니다. 한마디로 화룡점정이라고 할 수 있어요.

촛불이 그러니까 공부를 완성하려면 꼭 글을 써야 한다는 말씀이세요?

허당선생 네! 공부의 일부분인 반복훈련과 비교해서 이야기를 해보죠. 문제해결 능력을 기르고 생각의 단초를 잡기 위해 장비를 장착하는 반복훈련 과정은 특별히 글쓰기가 필요 없어요. 이미 나와 있는 방법을 익히는 훈련만 하면 되죠. 반복훈련에 필요한 교재나 자료들은 이미 체계화가 잘 되어 있는 경우가 많거든요. 예를 들어 어떤 사람이 은행 업무를 한다면 이미 나와 있는 설명서를 반복해서 암기하고 실제로 연습해보기만 하면 됩니다. 또 다른 예로 학교에서 배우는 수학 문제풀이를 위해서도 따로 글을 쓸 필요는 없지요. 시중에 나와 있는 교재로 반복훈련 하면 됩니다.

반면에 문제해결을 위해서는 글을 쓰는 것이 큰 효과를 발휘합니다. 주요 문제를 풀기 위해 전제가 되는 작은 문제들을 체계적으로 정리할 수 있고, 문제를 푸는 데 창조적인 도움을 받을 수도 있지요. 또 자신이 문제 푼 과정을 기록하고 남들에게 알리는 역할을 하기도 하고요.

촛불이 좋은 건 알겠는데, 대부분의 사람들이 반드시 글을 쓰지는 않잖아요. 책을 많이 읽고 이해하고 그걸 머릿속에 넣어두는 것으로 충분하지 않나요?

허당선생 저도 그렇게 생각했어요. 그래서 젊은 시절, 많은 책을 읽고 공부했지만 시간이 지나면서 많은 것들이 그냥 흩어져버렸던 것 같아요. 거기다가 공부 과정 자체가 산만해서 효과적이지 못했던 것 같습니다. 불행히도 우리 뇌가 그렇게 신뢰할 만한 게 못 되거든요. 글을 써야 한다고 생각하면 지금 접하고 있는 자료를 훨씬 더 집중해서 꿰뚫어보는 힘이 생깁니다. 지금도 이렇게 촛불이와 이야기하는 내용을 글로 남기고 있잖아요. 덕분에 저는 공부에 관한 책들과 그 책들을 보면서 썼던 메모를 하나로 꿰뚫으면서 다시 보고 있고요.

촛불이   자기가 스스로 해결한 문제도 까먹는단 말인가요?

허당선생   그렇다니까요. 제 머리가 점점 나빠져서 그런지 모르겠지만 예전에 제가 썼던 글들을 보면서 '아니, 내가 이렇게 훌륭한 생각을 했다니!' 놀랄 때가 많아요. 대체로 사람들은 연결되는 문제에 관심이 있기 때문에 예전에 풀었던 문제의 기록을 글로 남겨서 틈틈이 다시 읽어보는 것은 새로운 문제해결에도 분명히 큰 도움이 된답니다.

촛불이   그렇다면 공부의 연장선으로 글을 쓴다는 건 일기를 쓰는 것과는 다르겠네요?

허당선생   맞아요. 일기는 특별히 형식을 따로 배우지 않아도 누구나 잘 쓰죠. 그냥 오늘 일어났던 일 중에 지금 마음을 사로잡고 있는 일에 대한 감상을 적으면 되니까요.

촛불이   저도 일기는 꼬박꼬박 잘 써요. 그런데 오늘 선생님 얘기를 듣고 나면 일기 말고 다른 글도 잘 쓰게 될까요?

허당선생   안타깝게도 그렇지는 않아요. 글쓰기에는 저마다 다양한 방식이 있고, 그래서 참 쓰기 어렵지요. 저도 제 자신이 글을 잘 쓴다고는 한 번도 생각해본 적이 없어요. 그런데 글 잘 쓰는 사람만 공부하면서 글을 쓰고, 그렇지 않은 사람은 안 써도 되느냐? 그렇지는 않습니다. 글을 쓰는 것은 문제해결 공부의 완성이기 때문에 누구나 써야 하죠. 그나마 위안이 되는 건 공부하기 위해 쓰는 글은 반드시 멋지고 유려하게 쓸 필요가 없다는 겁니다. 그래서 글쓰기에 재능이 없는 사람도 힘들지 않게 글을 시작하고 끝맺을 수 있는 방식에 대해서 소개하려는 거예요.

촛불이 말하자면 요령 같은 거요?

허당선생 네. 그렇다고 할 수 있어요. 물론 요령에만 머물게 되면 글 자체의 품격이 별로 나아지지 않겠죠. 그렇지만 글을 아예 못 쓰거나, 엉터리로 쓰거나, 자기 사고를 촉진시키고 체계화하지 못하거나, 다른 사람에게 알리는 기능을 전혀 하지 못하게 쓰는 사태는 피할 수 있어요. 물론 사람들은 설득력 있는 글을 쓰고 싶어 하고 늘 그걸 염두에 두곤 하죠. 그래서 글을 쓸 때 언제나 부담을 느끼기 마련입니다. 제가 글 쓰는 직업을 가지고 있고 여러 권의 책을 출간했기 때문에 글을 잘 쓸 것이다. 심리적 부담감 없이 쓱쓱 쉽게 쓸 거라고 생각하는 사람도 있겠지만, 사실은 전혀 그렇지 않아요.

글을 쓴다는 건 매번 가슴을 짓누르는 도전이에요. 저도 그 과정이 너무 힘들어서 나름대로 고통을 줄이기 위해 일단 글의 형태를 잡는 요령을 만들어본 거예요. 일단 글이 형태를 갖추고 완결되면 그 다음 퇴고하는 작업은 처음 쓰는 일보다는 훨씬 덜 고통스러운 작업이거든요. 물론 시간을 들여 퇴고를 많이 할수록 더 좋은 글이 되죠. 그러니 글쓰기에 재능 있는 사람이 아니라면,

사람들을 감동시키고 설득하는 글을 처음부터 끝까지 멋진 문장으로 일필휘지 하겠다는 환상은 일찍 버리는 게 심리적 건강에 좋을 겁니다.

촛불이 제가 그런 환상이 있었던 것 같아요. 그래서 글을 쓰려고 하면 몇 가지 생각이 머릿속에서 맴도는데 말로 잘 나오지 않고 글로는 더 써지질 않는 거예요. 그래서 한글 창을 띄워놓고 깜박깜박거리는 커서만 한참 보다가, 첫 문장을 썼다 지웠다, 힘들게 쓴 문단 전체를 지웠다가, 아! 저걸 찾아볼까 하고 인터넷에 들어갔다가, 결국 좋아하는 연예인 동영상만 한참 들여다보고 끝날 때가 한두 번이 아니었어요.

허당선생 충분히 이해할 수 있어요. 저도 예전엔 자주 그랬답니다.

촛불이 일필휘지 하는 사람들은 정말 존재하지 않는 건가요?

허당선생 존재합니다.

촛불이 마치 엑스파일의 외계인 같군요.

허당선생 그런데 자세히 살펴보면 그 사람들이 글 쓰는 재능을 타고난 건 아니에요.

촛불이 엥? 뭐라고요? 한 번에 쓱쓱 써 내려가면 당연히 타고난 재능이지 않아요?

허당선생 글 쓰는 능력보다 '생각하는 능력'이 뛰어난 거예요. 본격적으로 쓰기 전에 이미 문제를 이리저리 풀어보고 머릿속에 대략적인 글을 많이 써놓은 거죠. 그리고 다양한 표현을 많이 접해서 이미 알고 있는 표현들이 머릿속에 많이 들어 있고요. 그래서 머릿속의 생각들을 문장으로 표현할 때 크게 막히지 않는 겁니다. 순간적으로 떠오르는 생각들을 한 번에 논리적으로 적어 내려가는 사람은 없을 거예요. 글을 쓰지 않을 때도 평소에 머릿속에서 끊임없이 고민하고 생각하는 과정을 반복하는 것이 비결이라면 비결이겠죠?

촛불이 무념무상으로 글을 쓰는 사람은 없군요. 나름 위로가 되네요.

허당선생 그래서 사람들이 글쓰기에 재주가 없다고 할 때, 실은 글쓰기 재주에 문제가 있는 것이 아니에요. 진짜 문제는 글로 쓸 내용에 대해 생각하지 않는 것 자체가 문제입니다. 쓸 내용도 없는데 펜부터 잡으면 당연히 막막하죠. 글을 쓰려면 그전부터 관심 있던 문제가 있어야 합니다. 문제를 해결하기 위해 다양한 책들을 많이 읽어야 하죠. 그것도 마구잡이가 아니라 짜임새 있게 읽어야 합니다. 이런 일련의 과정을 거치면서 정리한 내용을 쓰는 것이 진짜 글쓰기죠.

촛불이 문제풀이도 하지 않고 글을 쓰려고 하니까 짜깁기 말고는 아무것도 할 게 없는 거군요. 생각을 하지 않았다는 건 공부를 하지 않았다는 거네요.

허당선생 그렇죠. '공부'라는 전체 맥락 속에서 글을 쓰려고 해야 합니다. 그래야 테크닉과 형식에만 치중한 별 내용도 없는 글을 대량 생산하는 사태를 피할 수 있어요.

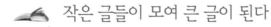 ## 작은 글들이 모여 큰 글이 된다

허당선생 글 쓰는 일이 생각처럼 그렇게 단순한 작업이 아닌데, 우리가 글쓰기를 그런 식으로 이미지화하고 있어서 그렇게 되지 않으면 심리적으로 더 고통 받는 것 같아요.

촛불이   그러면 어떻게 이미지를 잡아야 할까요?

허당선생   문제해결식 글쓰기의 이미지란 무엇이냐? 바로 작은 문제들과 그에 대한 해답들을 엮어서 큰 문제를 해결하는 과정을 보기 좋게 늘어놓은 모습을 떠올리면 됩니다. 그러면 여기서 가장 중요한 것은 무엇일까요?

촛불이   음, 역시 문제설정 아닐까요?

허당선생   맞아요. 문제를 설정하고, 그 설정된 문제를 쪼개고, 쪼개진 각각의 문제들의 해답을 찾은 다음 그 해답을 기초로 큰 문제의 설정을 풀어내는 것이죠. 그래서 조금 큰 주제를 다루는 글은 사실 여러 개의 내부 이야기를 가지고 있는 액자 구성이 되는데, 이런 점을 이해한다면 글을 쓸 때 처음부터 끝까지 일필휘지로 쓴다는 것이 왜 힘든지 알 수 있을 겁니다.

촛불이   그러니까 큰 문제의 틀 안에서 작은 문제들을 제시하고, 각각의 작은 문제를 해결하는 과정이 글의 부분을 이루게 되면, 자연스럽게 그 글들이 모여 전체 글이 되는 거군요.

허당선생   그렇죠. 그럼 지금부터 가장 쓰기 힘들다는 첫머리 쓰는 요령을 알아볼까요? 생각보다 아주 간단하답니다. 그냥 무식하게 문제를 단도직입적으로 쓰면 되는 겁니다! 그리고 그 문제를 해결하기 위해서 필요한 세부 문제도 같이 써놓는 거죠. 그리고 그 세부 문제를 하나하나 해결하는 과정을 각 단락으로, 또는 각 절로 나누어서 쓰면 되는 거예요.

촛불이   저는 첫 문장을 너무 멋있게 시작하려고 했던 것 같아요. 그래서 글을 쓰는 것 자체가 더 부담이 됐던 것 같고요. 이 글을 왜 쓰는지, 어떤 문제에 답하려는 건지부터 서두에 딱 쓰면 그런 고민에서 해방될 수 있겠네요.

허당선생 그렇죠. 글이 아주 멋있지는 않겠지만 일단 그렇게 써놓으면 나중에 멋있게 고칠 여지도 생기는 거예요. 예를 들어 단도직입적으로 써놓고, '읽는 사람이 이 문제에 흥미를 느끼게 하는 더 좋은 방법은 무엇일까?'라는 질문을 던져서 개선할 수 있는 거예요. 흥미를 느끼게 하는 방법으로는 구체적인 예를 들거나 충격적인 이야기를 하거나 모순을 아주 선명하게 제시하는 방법을 쓸 수 있겠죠.

글 잘 쓰기로 유명한 미국 법철학자 카스 R. 선스타인의 책 『왜 사회에는 이견이 필요한가』는 일단 책 제목부터 흥미로운 질문을 던지고 있죠. 책에서는 부정부패로 어려움을 겪은 기업 이사회, 수익률이 최악인 투자클럽, 어리석은 쿠바 침공 계획을 추진한 백악관 사례 등을 통해 이견에 의해 견제되지 않은 의견 동조가 낳는 위험성에 대해 이야기하고 있습니다. 그런데 과연 선스타인이 사례부터 먼저 떠올리고 이 부분을 썼을까요? 아마 그렇지는 않을 겁니다. 제가 선스타인은 아니지만, 아마도 목차에 '이견의 견제를 받지 않은 동조화에는 위험이 있다.' 정도로만 써두고, 이미 찾아놓은 사례나 새로운 사례를 찾아서 보충했을 거라고 추측됩니다. 그러니까 이렇게 자세하고 멋지게 살을 붙이는 작업은 글을 쓰는 과정에서는 좀 나중에 하게 되는 거죠.

모델들을 충분히 이용하라

촛불이   그렇게 시작한 다음에 문제해결 과정은 어떻게 써야 하나요?

허당선생   여러 가지 방법이 있지만 여기서는 법철학, 정치철학 같은 학문을 예로 들어서 설명해볼게요. 분야에 따라 방법이 다를 수는 있지만 충분히 응용 가능할 거라 생각합니다. 한 가지를 먼저 살펴보도록 하죠. 위와 같은 학문 분야에서 제일 무난한 방법은 경쟁 모델들을 같이 소개하는 겁니다.

촛불이   모델이라고요?

허당선생   네. 예를 들어 핸드폰을 휴대용 통신기기로 쓰는 문제설정에 대해 여러 핸드폰 모델들이 저마다 달리 해결하고 있잖아요. 이처럼 같은 문제를 다르게 해결하는 모델들이 존재하는 거죠. 이런 모델들을 차례로 소개한 뒤, 모델 A와 모델 B를 비교하고, 어떤 것이 더 우월하고 열등한지 판단하는 겁니다. 모델 B가 문제해결에 전제되는 합의된 명제에 위반하거나 모순되거나 증거에 반대될 경우에 모델 B는 부적합하다, 이렇게 판단을 내립니다. 반면에 모델 A는 증거에 부합하거나 새로운 것을 더 잘 설명하거나 합의된 명제에 부합한다는 점을 보여주는 거죠. 이 과정을 통해 모델 A가 더 적합하다는 결론을 내리는 겁니다. 물론 결론 부분에서 다시 한 번 요약을 해주어야겠죠.

예를 들어 "자유를 제한하는 규제를 실시했을 때, 그 때문에 생기는 공익이 사익보다 크면 그 규제는 허용해야 한다." 이런 말만 하는 것은 괜찮은 답이 될 수 없죠. 왜냐면 어떤 구체적인 경우에 공익이 더 크냐 사익이 더 크냐를 두고 팽팽하게 평행선을 달리는 주장을 할 수 있거든요. 그래도 자연과학은 좀더 멋진 기준이 있어요. 그 모델을 빼고 아주 일어날 법하지 않은 사건을 예측해서 실제로 맞아떨어지면 엄청난 찬사를 받습니다.

촛불이 일어날 법하지 않은 사건이요?

허당선생 네. 아인슈타인의 일반상대성이론은 중력 때문에 빛이 휘어진다고 하거든요? 그런데 만일 아인슈타인의 물리학 모델을 빼버리고 뉴턴 모델로만 생각한다면 그런 일이 일어나겠어요?

촛불이 일어날 수 없었겠죠. 아하! 이제 좀 이해가 되네요.

허당선생 1919년 5월 29일, 영국 천문학자 아서 에딩턴의 천문관측팀이 개기일식 때 빛이 휘어지는 현상을 실제로 확인했거든요.

촛불이 아인슈타인이 일약 스타가 되었겠네요.

허당선생 그럼요. 사람들이 이 유명한 과학사를 제대로 이해하기만 해도 많은 것이 달라질 겁니다. 신뢰할 수 있는 자연과학이라는 것이 세상 만물을 다 설명할 수 있는 절대적인 지식은 아니거든요.

촛불이 에이, 과학이 틀리면 그게 무슨 과학이에요?

허당선생 제가 틀리지 않는 절대 지식을 말해볼까요? "내일은 비가 오거나 오지 않을 것이다."

촛불이 헉! 무조건 맞는 소리네요. 근데 그거 하나마나한 소리잖아요.

허당선생 그렇죠. 결코 틀릴 방도가 없는 지식일수록 하나마나한 소리가 됩니다. 반박을 당할 수 있는 주장이면서도 실제로 실험을 해보면 반박 당하지 않는 것이 훌륭한 자연과학 이론이랍니다. 과학 지식의 이런 특성에 대해서는 『추측과 논박』을 꼭 읽어보세요. 그런데 사람들은 실제로는 틀릴 가능성이 거의 없는 이야기를 더 신뢰할 만한 지식으로 착각하는 경우가 꽤 있어요.

촛불이   우리 엄마도 사주팔자 엄청 믿어요. 점쟁이 말이 빗겨갔던 적이 한 번도 없어요. 이리저리 끼워 맞추는 걸 보면 정말 대단하다니까요.

허당선생   하하하, 그러면 한의학은 어떨까요? 한의학이 치료에 도움이 되는 경우도 많지만 반대로 그렇지 않은 경우도 많죠. 지금처럼 단순히 환자 체질에 따라 치료 효과가 조금씩 다르다고만 하면 곤란합니다. 다른 경우도 아니고 사람을 치료하는 방법에 대해 오류를 반박 당하지 않는 형태로만 주장하고, 실험집단과 대조집단을 제대로 설정해서 치료 효과를 엄격하게 검증하지 않는다면 '의학'으로서 학문적 지위를 인정받기는 힘들 거예요.

촛불이   그런데 이 모델이라는 게 문제풀이 방식과 비슷한 것 같은데요?

허당선생   맞아요. 문제풀이의 틀이죠. 법학에서는 실무상 다른 결론을 추천하는 학설이 각각의 모델이 될 수 있을 것이고, 정치철학에서는 이론적 구성을 달리하는 정치철학의 전통들이 모델로 얘기될 수 있겠죠. 예를 들어 파견근로자제도를 유지하는 것이 옳은가 그른가를 문제로 설정했을 때, 그 문제에 대해서 규범적으로 공리주의적인 해결 모델과 공정으로서의 정의 해결 모델이 있는데, 그 모델 둘을 소개하고 그중 한 모델이 더 낫다는 것을 밝힌 다음 그 모델을 적용해서 답을 내는 것이죠.

촛불이   그렇다면 모델은 이미 존재하는 것만을 말하는 건가요?

허당선생   아뇨. 그렇지는 않습니다. 이미 있는 모델들을 언급하면서 자기가 만든 모델을 새롭게 소개한다면 더욱 독창적인 글이 될 수 있겠죠. 공부의 핵심은 이전 모델들의 부족한 부분을 잘 파악하여 그 취약점을 극복한 문제해결 전략으로서의 모델을 탐구하고 개선하거나 개발하는 것이라고 할 수 있습니다. 실제로 이런 식으로 글을 쓰면서 공부할 수도 있어요. 아직 공부가 끝나지는 않았지만 자신의 문제설정을 명료히 하기 위해 대략적으로 써보는 겁니다. 그러면 어디를 어떻게 공부해야 할지 스스로 알게 되기도 하거든요.

촛불이 여러 모델들을 소개하고 서로 비교하여 그중 하나의 모델을 택하는 방식(A)과 자기만의 모델을 만들거나 만들어낸 논거를 밝히고 입증한 뒤에 적용하여 결론에 이르는 방식(B)이 기본적인 틀이 되는 거네요.

허당선생 네, 맞습니다.

촛불이 그런데 왜 모델 이야기를 계속하시죠? 제 생각에는 그냥 찬성 논거와 반대 논거를 열거하고 어느 한쪽을 선택해서 결론 내는 것과 다르지 않은 것 같은데요.

허당선생 얼핏 보면 다르지 않지요. 실제로 논술시험 볼 때 많은 학생들이 그렇게 적곤 합니다. 그런데 단순히 결론에 대해 찬성하는 논의냐 반대하는 논의냐만을 놓고 묶어버리면 논의의 차원을 달리해야 하는 것까지 섞어서 나열하게 되는 문제점이 생깁니다. 그런 위험을 피하기 위해 모델로 생각하는 습관을 가지라는 겁니다. 예를 들어 미국에는 신나치주의자들이 자신들의 정치적 신념을 밝히면서 행진하는 것을 허용할 것인가 말 것인가하는 문제가 있어요. 어떤 사람은 자신이 나치 이념을 지지하기 때문에 허용해야 된다고 할 테고, 또 다른 사람은 나치는 나쁘지만 정치적 표현의 자유를 지지하기 때문에 허용해야 된다고 할 텐데, 두 주장을 같이 묶어버리면 곤란하죠.

좀더 어려운 문제도 있어요. 예를 들어 간통을 법적으로 처벌해야 하는가라는 질문에, 간통은 사회질서에 악영향을 미친다는 처벌 찬성 논의와 간통을 처벌하는 것이 오히려 가정을 더 파탄 낸다는 처벌 반대 논의는 서로 다른 결론이지만 공리주의라는 같은 모델을 채택하고 있거든요. 그런데 이게 논의의 전부라는 식으로 가버리면 공리주의 이외의 모델에서 제시되는 논거는 평가할 수 없게 됩니다.

촛불이   그것과 다른 모델에서 포착할 수 있는 논거라면….

허당선생   음, 어떤 교사가 학교에 취직을 해요. 학교에서는 교사가 너무 자주 바뀌면 학생들이 혼란스러워 하고 학교 신뢰도도 떨어지기 때문에 진득하게 오래 가르칠 수 있는 교사를 원했죠. 교사도 물론 최소 2년 동안은 그 학교에서 학생들을 가르치며 지내려고 하고요. 그래서 최소 고용 기간이 2년인 고용계약을 맺었습니다. 그런데 그 교사가 6개월 뒤에 마음이 바뀌어서 일을 그만두려고 하면 어떻게 될까요?

촛불이   더 좋은 조건을 제시한 학교가 나타났군요.

허당선생   그럴 수도 있고 아니면 집에 피치 못할 일이 생겼을 수도 있지요. 아무튼 이 교사는 사표를 내고 한 달 뒤부터는 아예 학교에 나가질 않는 겁니다. 그러자 학교 측에서 "2년 동안 일하기로 해놓고 이제 와서 무슨 소리냐. 이건 용납할 수 없는 계약 파기고 배신이다!"라고 주장해요.

촛불이   그 말도 일리가 있긴 하네요.

허당선생   계약 파기인 건 분명하지만, 여기서 중요한 것은 학교가 그 교사를 고발해서 처벌할 수 있게 하는 법적 제도가 정당하냐는 겁니다. 이 질문의 기준이 되는 것은 사회 전체 교육질서에 유리하거나 불리한 영향을 주는지, 그뿐인 걸까요?

촛불이 그렇지는 않을 것 같아요. 설사 좀 나쁜 영향을 미친다고 해도, 그걸 처벌하겠다고 위협해서 억지로 일하게 하는 것은 정당한 방법이 아닌 것 같아요.

허당선생 네. 그 점이 바로 '권리'의 독특함입니다. 헌법적 차원에서 일단 권리로 주어진 것들은 개개의 경우에 사회적인 유불리를 따져서 함부로 박탈할 수 있는 것이 아니지요. 신체의 자유권 역시 그런 권리입니다. 법으로 그 교사가 학교에서 계속 일하도록 강제해야 하는지, 그 권리 자체에 대한 분석을 빼놓고 이야기할 수는 없는 거예요. 마찬가지로 간통죄 문제는 신체의 자유권을 박탈할 수 있는가를 먼저 논의하지 않고서는 이야기할 수 없는 것이지요.

촛불이 '권리'에 대한 분석을 하지 않고 곧바로 '권리의 영향'을 분석할 수는 없다는 말이네요.

허당선생 그런데 공리주의 모델 안에서만 보면 어떨까요? 좋은 영향을 미치면 보장해주고 나쁜 영향을 미치면 박탈하는 이익에 단순히 권리라는 이름만 붙인 것에 불과합니다. 즉, 공리주의에서 권리 분석은 군더더기 같은 것이죠.

촛불이 빨간색 셀로판지를 붙인 안경을 쓰면 빨간색은 전혀 구별할 수 없는 것과 마찬가지군요.

허당선생 맞아요. 그래서 '주장─반박─재반박' 형식만 갖추는 건 위험하다는 겁니다.

촛불이 결국 글쓰기를 제대로 하려면 공부도 제대로 해야 하는군요. 그래도 우선 모로 가도 서울만 가면 되는 거 아닌가요?

허당선생 논거가 여러 개라면, 그 논거들은 일관되고 서로 맞물려 있어야 합니다. 이 사안에서는 저 모델이 우리 편이 된다고 해도 다른 사안에서는 분명히 결론을 달리할 수밖에 없는 논거들까지 똑같이 취급할 수는 없잖아요. 예를 들어 종교적 신념에 의해 신묘한 영감을 받아서 생각해보니 지구 나이가 45억 년이라는 주장과 과학적인 연대 측정법에 의해 유추해보니 지구 나이가 45억 년이라는 두 주장은 그 결론이 동일하다고 해서 같은 편이라고 할 수는 없는 거죠.

촛불이 음, 듣고 보니 그러네요.

허당선생 공부의 기본은 모델을 채택하고 구성하는 것입니다.

📖 잘못된 전제를 가진 모델을 조심하라

허당선생 아, 한 가지 주의할 것이 있어요. 문제 안에 규범적인 문제와 경험적인 문제가 섞여 있을 때, 그걸 분간하지 못해서 간혹 문제가 되곤 하거든요.

촛불이 어떤 게 섞인 경우죠?

허당선생 예를 들어 자동차를 많이 팔아서 전체 수출량이 증가하면, 그 돈으로 농산물을 수입해서 사 먹으면 되니까 농산물 시장을 개방하자는 주장이 있어요.

촛불이 자동차를 많이 팔고 농산물을 수입하면 전체 GDP국내총생산가 늘어나는 건 경험적으로 검증해야 할 문제가 맞잖아요.

허당선생 물론 맞지요. 하지만 그 이면에는 'GDP가 늘어나는 것이 국가

정책의 최고 목표여야 한다'는 규범적 명제가 숨어 있어요.

촛불이 GDP가 늘어나면 대체로 좋아지니까 그렇겠죠.

허당선생 바로 그 부분에 대해 커다란 규범적 질문을 던질 수 있습니다. 예를 들어 자동차 기업의 수익이 증가하여 GDP는 늘어났지만, 오히려 농민들은 더 가난해지고 전 세계 농산물 작황이 좋지 않을 때마다 식비가 크게 늘어 가난한 사람들이 더 큰 고통을 겪게 된다면, '대체로 좋아진다'라는 말에 의문이 생기지 않을까요? 그런데 경제학자들은 흔히 이 '대체로 좋아진다'를 제대로 검토하지 않고 공리로 삼아 거기서 결론을 도출합니다. 그러면서도 자신이 매우 중요한 문제를 검토하지 않고 지나갔다는 생각을 잘 하지 않아요.

촛불이 문제를 분리해서 살펴보지 않아 그런 거네요.

허당선생 맞아요. 왜냐하면 그 문제의 다른 면을 볼 수 있는 통합적인 공부가 되어 있지 않기 때문입니다. 다른 예로 기업의 탄소배출권 거래제도에 대해서 환경오염시키는 권리를 돈으로 거래한다고 반대하는 윤리학자도 있거든요. 저는 그런 입장도 문제를 충분히 나누어서 생각하지 않고 일면만 다루어서 통합적인 결론을 내지 못하는 예라고 생각합니다.

촛불이 탄소배출권 거래제도는 나쁜 거 아닌가요? 마치 내 돈 내고 내 마음대로 오염물질을 배출하겠다는 거 같잖아요?

허당선생 오염물질 배출량에 비례해서 부과되는 환경세는 어떤가요? 그것도 나쁜 걸까요?

촛불이 아뇨. 그건 당연히 좋은 거죠.

허당선생 하지만 오염물질을 많이 배출하는 사람이 돈을 많이 부담한다는 측면에서는 동일합니다. 그래서 탄소배출권 거래제도는 규범적 차원에서는 탄소배출량에 비례해 세금을 매기는 것과 유사합니다. 우리가 버스를 타도 탄소가 배출되는데, 그렇다고 버스 타는 것을 금지할 수는 없겠죠. 그 대신 버스 타는 사람에게 자가용 타는 사람보다 세금을 적게 부과한다면 더 합리적이지 않을까요? 환경세와 탄소배출권 거래제도 모두 환경오염물질 배출 총량을 제한하려는 목적을 가진 제도입니다. 제도의 경험적 효과는 보지 않고 제도가 가진 특성 중에 '거래'라는 측면만 떼어내서 생각하면 부적절한 논리에 이를 수도 있는 거죠.

촛불이   결국 글의 내용은 그 문제를 다루는 공부를 충분히 했느냐 하지 않았느냐에 달려 있겠네요. 모델의 잘못된 전제가 문제된다면 그것도 분명히 짚고 넘어가야겠고요.

허당선생   맞습니다. 아까도 말했듯이 증거와의 모순, 합의된 명제와의 위반, 부정합성, 설명의 제한성 같은 것들을 지적할 때 그냥 쭉 나열하는 것보다는 상대방의 논리구조를 명확하게 드러낸 다음, 논리구조 하나하나를 격파하거나 취약한 곳을 집중 공격하는 방법이 효과적입니다. 더 좋은 방법은 상대의 논리를 점점 구체화시키면서 토끼몰이 하듯이 상대가 취할 수 있는 여지를 점점 좁혀나가고, 결국 그 논리를 따르게 되면 도저히 받아들일 수 없는 모순된 결론에 도달한다는 점을 보여주는 방식도 있습니다.

촛불이   대충 감은 오는데, 아직 좀 모호한 거 같아요. 더 구체적으로 알려주세요.

문제해결식 글쓰기의 명쾌한 답안

허당선생 제가 번역한 책 중에 미국 경제학자가 쓴『사치열병』이란 책이 있어요. 이 책은 참 단순하면서도 재미있는데, 문제해결식 글쓰기의 모범답안이라고도 볼 수 있어요. 아주 명쾌하게 문제를 설정한 다음, 그걸 아예 문제라고 보지 않는 모델을 비판하면서 기존의 해결책들이 왜 실패했는지 밝히고 대안을 제시하거든요.

촛불이 그 책에서 설정한 문제가 뭐였는데요?

허당선생 '소비 수준은 점점 더 높아지는데 왜 사람들은 더 행복해지지 않고 오히려 불행해질까? 더 행복해지려면 어떤 조치를 취해야 할까?'였지요.

촛불이 어? 소비 수준이 높아지면 더 행복해지는 거 아닌가요?

허당선생 상식적으로 그렇다고들 생각하지요. 이 상식을 지지하는 게 주류 경제학의 입장이고요. 그런데 실제로는 소비 수준이 일정한 문턱을 넘어서면 그 이상은 행복에 그다지 큰 영향을 미치지 않는다고 해요. 이것을 미국 경제학자 이스털린이 처음 포착했다고 해서 '이스털린의 역설'이라고도 합니다.

촛불이 이상하네요. 누구나 원하는 것을 하면 만족을 얻게 되고, 그런 만족이 쌓일수록 더 행복할 것 같은데.

허당선생 바로 이럴 때 문제설정의 필요성이 대두되는 거죠.

촛불이 혹시 모든 게 돈보다 마음에 달려 있어서 아닐까요?

허당선생 그렇게 설명할 수도 있어요. 그런데 또 국가 전체의 소비 수준이 아니라 개개인을 놓고 보면 분명히 돈 많은 사람이 더 행복하다는 통계적 증거가 있거든요.

촛불이   그럼 모든 것이 마음에 달렸다는 말로도 설명이 안 되겠네요. 다른 설명이 더 필요하겠어요.

허당선생   그래서 저자는 소비를 두 범주로 나눴어요. 과시적 소비는 맥락에 심하게 의존하고 또 금방 적응해서 무덤덤해지는 활동이죠. 예를 들어 매우 큰 집에 사는 것이 그럴 거예요. 집 크기가 일정 수준을 넘어서면 남들보다 더 큰 집이냐만 중요하지 절대적 크기에는 금방 익숙해지거든요. 반면에 비과시적 소비도 있어요. 예를 들어 남들이 나보다 친구를 얼마나 더 자주 만나든 상관없이 내가 친구를 만나면 만날수록 행복하잖아요. 친구는 물건처럼 쉽게 질리는 것도 아니고요.

촛불이   그러면 과시적 소비는 적게 하고 비과시적 소비를 많이 하면 더 행복해지겠네요. 그런데 왜 그렇게 하지 않죠?

허당선생   바로 그것이 두 번째 문제설정입니다. '왜 그렇게 하지 않을까?' 저자는 우리가 지위 경쟁을 할 수밖에 없는 덫에 걸려 있기 때문이라고 말하고 있어요. 예를 들어 공연을 보러 갔을 때 한두 명이 서서 보기 시작하면 안 보여서 다들 서서 보게 되고 그럴 때 혼자 앉아 있으면 손해를 보잖아요. 이런 원리를 수컷 공작새 꼬리부터 시작해서 하키선수 헬멧에 이르기까지 다양한 예를 들어 설명하고 있습니다.

촛불이   여러 가지 현상을 하나로 꿰뚫어서 설명하고, 그 설명을 통해 두 번째 문제에 답을 제시한다! 맞죠?

허당선생   맞아요. 세 번째 문제는 어떤 정책을 실시해야 이런 덫에 걸린 상황에서 벗어날 수 있을까에 대한 것입니다. 해답으로 제시된 정책이야 여러 가지 있겠죠. 사치금지법, 사치세 부과, 검소하게 살기 운동 등 이런 여러 대안들을 살펴보고 그 한계를 지적하는 비판 작업을 합니다. 마지막으로 저자가 채택한 대안인 '누진소비세'라는 해답을 제시하고, 이것이 왜 좋은지 지금까지 설명한 과시적 소비의 특성에 비추어 아주 논리적으로 설명하죠. 물론 누진소비세 제안에 대한 비판도 다루고 그것을 다시 반박합니다. 그리고 '국민의 행복을 위한다는 이름으로 국가가 누진소비세를 부과하며 국민들의 소비 결정에 개입해도 좋은가'라는 규범적 반론을 따로 다루는 것도 잊지 않고 있어요. 요지는 '과시적 소비가 끼치는 해악은 형태는 달라도 그 구조는 환경오염과 같다. 환경오염을 규제하는 것만큼 정당하다'는 것이죠.

촛불이 정말 문제해결식 글쓰기의 모범답안이네요.

허당선생 네. 무척 간단한 스타일이지만 깔끔하고 읽기에 좋습니다. 이런 글을 읽으면 저자의 고민들이 어떤 단초를 통해 어떻게 확장되고 연결되었나를 추측할 수 있어서 도움이 돼요.

촛불이 선생님은 어떤 것들이 추측되시는데요?

허당선생 진화생물학과 진화심리학을 공부하다 보면 개체에겐 이롭고 똑똑한 행동들이 전체 종 집단으로 봤을 때는 멍청한 짓들을 발견하게 되거든요. 이런 사례들은 아주 많아요. 뿔을 무지막지하게 키우는 수컷 사슴이나 몸집을 마구 불리는 수컷 바다코끼리들은 짝짓기 경쟁에서 다른 수컷을 물리치기엔 좋지만 먹고살고 도망치기에는 불리하거든요. 저는 여기에서 바로 개체들이 원하는 대로 소비한다고 해서 모두 만족하는 건 아니라는 답과 연결되는 무엇이 있다는 걸 알게 되었을 거라고 생각합니다. 그리고 경제학자라면 당연히 사회학자 소스타인 베블런의 과시적 소비 이야기를 알았겠죠. 아마 과시적 소비와 비과시적 소비 두 가지 범주가 행복에 다르게 작용한다는 착상을 여러 경험적 연구를 보면서 체계화시켰을 거예요. 또 과시적 소비와 환경오염의 구조적 유사성을 발견하게 되면, 그 뒤로는 당연히 누진소비세로 대안이 연결되었겠죠. 여기에는 나중에 얘기할 '생각 굴리기' 요소들이 많이 들어 있답니다.

촛불이 아주 그럴듯한 추측인데요.

허당선생 물론 저자의 실제 사고과정이야 알 수 없죠. 그냥 제 경험에 비추어 혼자 해보는 생각입니다. 하하하!

촛불이 아직 제대로 듣지는 않았지만 생각 굴리기가 대충 어떤 건지 감이 잡히는 것 같아요.

허당선생 사고의 단초가 있고 그 단초를 여러 가지 방식으로 결합하고 확장하여 밀고 나가는 정도라고만 우선 이해해주세요.

나도 책을 쓸 수 있다

촛불이 저도 이렇게 글을 쓰다 보면 언젠가 책을 낼 수 있을까요? 제 꿈이 제 이름으로 된 책 한 권 내는 거거든요. 그런데 책을 쓴다는 건 생각만 해도 참 막막한 것 같아요.

허당선생 당연한 거예요. 저도 엄청 막막해요. 글 좀 쓴다는 사람들도 대부분은 그럴 거라고 생각해요. 그러니 처음부터 책을 써야겠다는 생각을 하지 말고 우선 작은 문제를 해결하는 글 한 편을 써보겠다고 생각하세요. 그런 글을 여러 편 쓰고 그것들을 잘 연결시키면 큰 문제를 해결하는 한 권의 책이 될 수도 있으니까요.

촛불이	우와, 그렇게 말씀하시니까 희망이 생겨요. 평소에 조금씩 문제를 해결하는 글을 쓰고 나중에 그걸 모으면 언젠가 책이 될 수도 있겠어요.
허당선생	바로 그겁니다.
촛불이	그런데 선생님, 아직까진 글쓰기의 뼈대만 얘기한 것 같아요. 저한테는 글에 이런저런 살을 붙이는 얘기가 더 필요한데요.
허당선생	'살 붙이기'라면 논리를 좀더 설득력 있게 해줄 사례나 증거, 유추, 대조 등을 적재적소에 배치하는 작업이라고 할 수 있겠네요. 만약 이런 사례나 증거를 다른 사람의 글에서 가져왔다면 반드시 따로 그 출처를 표시해야 하고요.
촛불이	어유, 그 작업도 장난 아니겠는데요?
허당선생	혼자 머릿속을 정리하는 글이라면 그렇게 정성껏 하지 않아도 됩니다. 간단히 핵심적인 문헌만 표시해두는 것도 좋고요. 물론 어디에 공개적으로 발표할 글이라면 좀더 정성을 들여야겠지요.
촛불이	우선 오늘 선생님과 나눈 이야기들을 정리해서 써볼래요!
허당선생	역시! 하나를 가르쳐주면 열을 아는 촛불이!

:: 함께 읽으면 좋은 책

왜 사회에는 이견이 필요한가 카스 R 선스타인 저 | 박지우·송호창 공역 | 후마니타스

추측과 논박 칼 포퍼 저 | 이한구 역 | 민음사

사치열병 로버트 H. 프랭크 저 | 이한 역 | 미지북스

2

나를

바꾸는

공부기술

• • •

자신에게 맞는 책 읽기 속도를 찾아라.

머릿속에서 끊임없이 내용을 구조화하라.

책 전체를 순서대로 읽지는 않아도 한 챕터는 끝까지 읽어라.

포기하지 말고 사다리 타듯이 책을 읽어라.

• • •

5

책 읽는 법

책 읽기에도 방법이 있다

허당선생 책도 요령 있게 읽는다면 좋지 않을까요?

촛불이 책 읽는 법이 따로 있나요? 그냥 읽으면 되죠.

허당선생 요령 찾지 않는 걸 보니 촛불이는 책 읽는 걸 좋아하나 봐요!

촛불이 그럼요. 그런데 골치 아픈 책은 싫고요, 쉽게 술술 읽히는 책들이 좋아요.

허당선생 그렇게 술술 읽히는 책이 있다는 것 자체가 대단한 거예요. 그런데 대부분의 사람들이 공통적으로 쉽게 생각하는 책이 있는가 하면, 어떤 경우에는 같은 책인데도 사람마다 그 난이도를 다르게 느끼죠.

촛불이 맞아요. 어떤 책은 저도 친구도 모두 쉽게 읽는 반면, 저는 재밌게 읽었는데 친구는 어렵다고 포기한 책도 있어요.

허당선생 사람들이 쉽게 느끼는 책은 어떤 책일까요? 아마 우리 일상 경험과 비슷해서 특별한 주의집중을 요하지 않는 이야기 아닐까요?

촛불이 자기 블로그에 오늘 어떤 일이 있었는지 쓴 글 같은 거요?

허당선생 그렇죠. 보통 그런 이야기들은 시간 순서대로 짜여 있고, 마치 대화하면서 친구의 말을 듣는 것과 크게 다를 바 없죠.

촛불이 그래서 현시대를 배경으로 한 소설들이 쉽게 읽히는 거군요!

허당선생 소설은 우리가 일상생활에서 경험하는 감정 흐름과 대체로 비슷하게 전개돼서 다른 글들보다 더 쉽고 재밌는 것 같아요.

촛불이 선생님, 그런데 소설도 어려울 때가 있어요. 움베르트 에코의 『장미의 이름』이 베스트셀러라고 해서 읽어봤는데 생각보다 술술 읽히지 않더라고요. 시간 순서도 뒤죽박죽이고, 일상생활에서 겪기 힘든 일이라 머릿속에서 상상하는 것도 쉽지 않았어요.

허당선생 맞아요. 실생활과 동떨어진 글일수록 어렵게 느껴지죠. 그렇다면 문제해결 과정의 글은 어떨까요?

촛불이 어떤 문제를 설정하고, 세부 문제로 나누고, 필요한 도구를 구비하고, 그 도구들을 모아서 이리저리 생각하고, 그렇게 나온 결과들을 정리하고…. 이런 과정은 의식적으로 해야 할 수 있는 일인 것 같아요.

허당선생 반면에 집 근처 도서관에 갔다오는 일은요?

촛불이 그냥 자연스럽게 주위 풍경도 보고 산책하듯이 가벼운 마음으로 다녀오죠.

허당선생 도서관에 다녀오는 그 과업이 우리의 육체적·정신적 능력 수준에 맞춰져 있기 때문에 어렵게 느껴지지 않는 겁니다. 실제로는 '도서관에 다녀와야 한다'는 목표 의식, 올바른 경로를 탐색하는 능력, 그 경로로 제대로 가고 있는지 점검하는 작업, 집에 들어가려면 열쇠로 문을 열어야 한다는 새로운 과업의 인식, 이런 것들로 나눠볼 수 있지만 그렇다고 우리가 특별히 훈련해서 익혀야 하는 과정들이 아니라서 쉽게 느껴지는 거예요.

술술 읽기와 빨리 읽기는 달라

촛불이 문제해결을 위한 글도 술술 읽을 수 있는 방법이 있나요?

허당선생 그럼요. 평소 그 책에 나온 문제에 관한 장비장착도 열심히 하고, 비슷한 문제를 고민하고 해결한 다른 책들도 많이 봤다면 더 술술 읽힐 거예요.

촛불이 뭐예요! 결국 아는 만큼 더 잘 읽힌다는 거잖아요.

허당선생 아이고, 또 식상한 격언으로 돌아와버렸군요. 그렇지만 이 과정
들은 꽤 중요하답니다. 속독법이라고 하면서 마치 어려운 글도
빠르게 읽고 쉽게 이해할 수 있는 비법이 있는 것처럼 얘기하는
사람들이 있는데, 사실 그런 방법은 없어요. 안 그래도 잘 모르
는 내용을 다룬 책인데 빠르게 읽으면 더 이해하기 힘들죠.

촛불이 아, 생각해보니까 당연한 거네요.

허당선생 촛불이는 혹시 판결문 본 적 있어요?

촛불이 아! 인터넷에서 얼핏 본 적 있어요. 그런데 용어도 어렵고 문장
도 길어서 무슨 소리 하는지 도저히 모르겠던데요?

허당선생 하하, 그래서 법원에서도 사건 당사자들을 비롯한 일반인들이
쉽게 이해할 수 있도록 판결문 쓰는 방식을 개선하고 있어요. 그
런데 그런 판결문도 법률가들은 자신이 잘 아는 분야의 사건일
경우 순식간에 읽어 내는 능력이 있어요.

촛불이 마술이라도 부리는 건가요?

허당선생 하하하, 아뇨. 복잡하고 어렵게 보이는 판결문도 사실은 컴퓨터
프로그램처럼 여러 가지 규칙에 따라 쓰여 있거든요. 그래서 그
규칙의 구조만 알면 자신이 찾고자 하는 정보가 어디에 있는지
빠르게 검색하고 내용을 쉽게 파악할 수 있어요. 판결문에서는
두 사람이 어떤 계약을 했다는 사실관계 자체가 쟁점이 될 수도
있고, 두 사람 사이의 계약이 무효냐 유효냐 하는 법리가 중요할
수도 있죠. 그런데 각각의 유형마다 쟁점을 평가하는 방식이 정
형화되어 있어서 어디에 어떤 내용이 놓일지, 어떤 법리가 등장

할지 어느 정도 예상하고 보기 때문에 전반적인 내용을 빠르게 파악할 수 있는 거예요.

촛불이 아하! 제가 봤을 때는 컴퓨터 프로그램 언어들이 무슨 암호들처럼 보이던데, 프로그래머인 우리 삼촌은 "아니, 저걸 저렇게 짜다니!" 하면서 감탄하더라고요. 신기했어요.

허당선생 하하하! 촛불이 눈에는 그렇게 보일 수도 있겠네요. 수학자들은 고도로 복잡한 수식의 의미를 순식간에 파악하기도 한답니다. 그런데 그게 타고난 능력이 아니라 결국 규칙을 파악하는 반복 훈련의 결과인 거죠. 컴퓨터 언어로 작성된 코드나 복잡한 수학 증명을 하나의 글이라고 본다면, 결국 그 글에서 전제하고 있는 기호와 규칙에 대한 탄탄한 이해가 그 내용을 파악하는 핵심 열쇠가 되는 거죠.

촛불이 많이 반복해서 숙달된 규칙으로 이루어진 글은 쉽게 받아들이고 이해한다는 거네요. 제가 길을 헤매지 않고 도서관에서 집으로 돌아오는 것처럼 말이죠. 그러면 결국 책 읽는 법을 따로 얘기할 필요는 없겠어요. 공부처럼 책 읽기도 반복해서 훈련하면 되니까요.

허당선생 아, 꼭 그렇지는 않아요. 언제나 잘 알고 있는 내용만 다룬 글을 읽는 건 아니잖아요.

촛불이 어, 그런데 책을 잘 읽으려면 공부를 해야 되잖아요. 공부를 하려면 책을 읽어야 하고요. 이거 완전 되돌이표인데요? 잘 알아야 잘 읽는데, 잘 모르니까 잘 못 읽는다. 그래서 잘 알지 못한다. 무슨 말장난 같아요.

허당선생 그래서 그 악순환을 끊고 다음 단계로 나아가려는 의식적인 노력이 필요해요. 원래 제가 중점적으로 얘기하려고 했던 책 읽기는 이렇게 단계를 높여가는 데 필요한 어려운 책들을 읽는 방법입니다.

촛불이   그럼 쉬운 책 읽는 방법은 그냥 넘어가는 건가요?

허당선생   자신에게 쉬운 책은 제가 특별히 더 할 말이 없지요. 다만, 지금 하는 이야기는 쉽게 느껴지는 책이라도 내용을 풍부하게 이해하는 책 읽기에 도움이 될 거예요. 어떤 책을 읽든지 공통적으로 주의해야 할 것이 있어요. 일단 책 읽는 속도는 자신이 책을 어렵게 느끼는 정도에 따라 다르게 조절해야 한다는 겁니다.

촛불이   당연한 거 아닌가요?

허당선생   예전에는 그 당연한 걸 몰랐어요. 제가 스무 살 즈음에는 똑똑한 사람을 판단하는 척도가 '얼마나 많은 책을 빨리 읽을 수 있는가'였거든요. 그래서 천천히 읽어야 하는 책들도 해치우듯이 마구잡이로 읽고서 다 읽었다고 착각했어요.

촛불이   크크크. 잘난 척하다가 허당의 길로!

허당선생   그러게요. 빨리 읽는다고 알아주는 사람도 없는데 말이죠. 속독에 관한 책들을 보면 "1분에 몇 쪽을 읽어야 한다"며 책 내용이 아닌 읽는 속도에 집중하는 무책임한 말을 합니다. 책의 난이도는 사람마다 다르게 느끼는 건데 책 읽는 속도를 일률적으로 정한다는 건 말도 안 되는 거죠.

촛불이   정말 그러네요. 제 친구들 중에서도 책 빨리 읽는다고 자랑하는 친구들이 있어요.

허당선생   어린 시절의 저를 보는 것 같네요. 허당입니다, 허당! 그런데 내용을 충분히 이해하면서도 빨리 읽는 요령이 있어요.

촛불이 정말로요?

허당선생 그럼요. 이제 그 과정들을 살펴봅시다. 우선, 중요하지 않은 정보는 빠르게 훑어 내려가며 읽고, 핵심어나 문제해결의 열쇠가 되는 규칙, 즉 중심 주장과 주요 논증에 초점을 맞춰서 읽는 거예요.

촛불이 어? 그러면 빠르게 넘어간 부분은 제대로 안 읽은 거잖아요.

허당선생 읽으면서 빠르게 넘길 수 있는 부분은 무의식적으로 이미 알고 있던 지식으로도 채울 수 있다고 판단하는 부분일 거예요. 예를 들어 수인(囚人)의 딜레마에 대해 자세히 다룬 책이나 설명을 보고 이미 머릿속에 그 개념이 잡힌 사람은 다음에 다른 책에서 수인의 딜레마 개념이 나오면 자세한 설명은 보지 않고 그냥 넘어가도 되거든요.

촛불이 아, 만화를 보면서 마치 그 사람이 말하고 움직인다고 느끼면서 읽는 것과 비슷하네요.

허당선생 우리 뇌는 의미 있는 패턴을 인식하려고 하기 때문에 중심 의미를 포착하면 나머지는 이미 우리가 알고 있는 내용들을 불러와서 채우는 과정이 이루어집니다. 그래서 책의 전체적인 구조에 집중해서 어디에 핵심이 있는지 살펴보면 더 빨리 효율적으로 읽을 수 있지요. 특히, 자신에게 새로운 정보가 담긴 책을 읽을 때 유용한 방법이랍니다.

촛불이 저자가 하는 말을 시시콜콜 다 집중해서 읽을 필요는 없다는 거군요. 그런데 정보만 담은 책인지 아닌지 어떻게 구별하나요?

허당선생 얼마나 지적 흥분이 일어나는지를 보면 알 수 있습니다. 지적 흥분이 전혀 일어나지 않는데도 유용한 책이라고 생각된다면 그 책은 자신의 수준보다 높은 단계의 논증이 등장하지 않는 책인 거죠.

촛불이 저는 지적 흥분 같은 거 잘 몰라요.

허당선생 쉽게 설명하자면 '밥을 먹으면서도 그 책을 볼 수 있느냐'입니다.

촛불이 헉! 밥을 먹으면서 책을 본다고요?

허당선생 그런 사람 본 적 없어요?

촛불이 음, 비슷한 경우로 아빠는 식사하시면서 신문을 보세요. 그러면 엄마는 항상 "아이고, 그 망할 놈의 신문 좀 내려놓고 밥 먹어요!"라며 화를 내시고요.

허당선생 신문 기사는 그날그날 새로운 정보가 담겨 있을 뿐 기존의 지식들을 복잡하게 활용할 필요가 없는 대표적인 글이죠.

촛불이 아, 저도 대여점에서 빌린 만화책을 보며 라면 먹다가 라면 국물이 튀어서 난감했던 적이 있어요.

허당선생 만화들 대부분은 복잡한 논증 과정이 없지요. 그런데 라면을 먹으면서 『소년탐정 김전일』 같은 추리 만화를 보면 라면 맛이 떨어집니다.

촛불이 만화에 추리라는 규칙 활용 과정이 있어서 그렇군요?

허당선생 그렇죠. 무언가를 먹으면서 쉽게 볼 수 있는 책은 자료를 얻거나 새로운 정보를 수집하는 데 도움이 되는 책들입니다. 부담 없이 술술 읽다가 문제해결 과정에 유용하다고 생각되는 중요한 자료들만 따로 표시하세요. 저는 주로 괄호와 별표로 표시해요. 표시한 내용들을 간략하게 요약해서 해당 쪽수와 함께 노트에 적습니다. 물론 백문백답 파일에도 시간 날 때마다 정리하고요.

천천히 읽어서 더 어렵다고?

촛불이 그런데 읽을 시간이 충분하다면 저자의 글쓰기 스타일까지 음미하면서 천천히 읽어도 되지 않을까요?

허당선생 아, 물론이지요. 정보 중심의 책도 저자의 글쓰기 수준에 따라 얼마든지 탁월한 스타일을 가진 작품이 될 수 있습니다. 다만 자료를 정리할 때는 처음부터 끝까지 모든 내용에 집중해서 주의를 기울일 필요는 없다는 겁니다.

촛불이 또 다른 요령이나 비법은 없나요?

허당선생 오히려 느리게 읽어서 더 이해되지 않는 경우가 있어요.

촛불이 천천히 읽어서 이해하기가 더 어렵다고요?

허당선생 이상하죠? 근데 충분히 그럴 수 있어요. 번역 투의 문장이지만 어쨌든 다음 문장을 쓱 읽어보세요.

같은 해에 발표된 다른 연구에서 연구자들은 두 그룹의 사람들에게 일련의 문서를 검색하게 한 후 몇 가지 질문에 답하도록 했다.

촛불이 읽었어요. 별로 어렵지 않은 문장인데요?

허당선생 이 문장을 읽었을 때 누가 언제 어디서 무엇을 왜 했는지 쉽게 파악이 되나요?

촛불이 정확하고 자세히는 아니더라도 무슨 내용인지 다른 친구에게 설명할 수는 있을 거 같아요.

허당선생 그런데 같은 문장을 아주 천천히 한 글자씩 읽어보세요. '같.은.해.에. 발.표.된' 이런 식으로요.

촛불이   어랏? 한 글자씩 천천히 읽었더니 무슨 소린지 모르겠어요.

허당선생   그렇죠? 그게 책 읽기의 오묘함입니다. 우리 뇌는 의미 있는 것을 우선적으로 이해하고 받아들입니다. 그런데 너무 느리게 읽어서 의미 파악을 방해하면 오히려 이해하기 힘들어져요. 책을 읽을 때 마치 낭독하는 것처럼 머릿속에서 또렷하게 소리 내어 읽는 버릇이 있는 사람들이 대부분 그렇습니다. 물론 묵독할 때도 머릿속으로 음이 연상되기는 하지만, 속으로 한 음절 한 음절 분명하게 발음하는 것과는 다릅니다. 문장은 소리 나는 대로 나타나는 의미 없는 연결이 아니라 의미를 전달하는 구조로 되어 있어요. 그래서 숙련된 독서가란 의미 중심으로 글을 읽으면서 그 속에 숨은 의미와 요지까지 파악하는 사람을 말합니다. 물론 정말 어려운 내용을 접하면 머릿속으로 천천히 소리 내어 다시 읽기도 하고, 그 과정이 내용 이해에 도움이 되기도 하지만 진짜 묵독의 기본은 의미 중심으로 읽는 것이지요.

촛불이   아, 무슨 말씀인지 알 것 같아요. 그런 의미로 보자면, 저는 한글은 묵독으로 읽고, 외국어로 된 글을 읽을 때는 저도 모르게 머릿속으로 낭독하듯이 소리 내며 읽었던 것 같아요.

허당선생   네, 외국어라서 의미 단위를 파악하는 구조가 익숙하지 않기 때문에 처음 책을 읽던 어릴 적 버릇으로 돌아가게 되는 겁니다. 이 단계를 극복해야 외국어로 된 책도 막힘 없이 빨리 읽을 수 있어요. 발음 하나하나에 집착하거나 단어 뜻 자체에만 집중하지 말고, 문법적으로 하나의 구성요소를 이루고 있는 단어들은 한꺼번에 묶어서 파악해야 합니다. 머릿속에서는 지금 파악하는 의미들을 끊임없이 구조화하는 능동적인 과정을 거쳐야 하고요.

무작정 천천히 읽기만 하면 한 문장 안에서 길을 잃고 헤매게 됩니다. 실제로 문장이 조금만 길어지거나 복문을 사용한 문장이 있으면 책이 어렵다고 불평하는 사람들은 구조적으로 내용을 파악하는 '진짜' 묵독을 하지 않는 사람입니다. 문장구조만 복잡하지 정작 내용은 쉬울 수도 있거든요. 근데 사람들은 문장이 길어지면 내용도 어려워진다고 생각해요. 복문 구조가 많고 글의 호흡이 길어지면 경제적이지 않은 글이라고 하죠. 하지만 『이사야 벌린의 자유론』에 실린 「존 스튜어트 밀과 인생의 목적」이라는 논문을 읽어보세요. 복문을 많이 사용한 글이지만 그 때문에 오히려 글이 더 풍부하고 아름다워졌어요. 시중에 글쓰기에 관한 책들이 많이 나와 있지만 저자들이 첨삭한 글을 보니 개성 없는 죽은 글이 되었더군요. 하나같이 똑같고 밋밋한 글이 되었단 말입니다. 모든 글을 그렇게 읽으면 존 스튜어트 밀이나 염상섭, 도스토예프스키 같은 대문호의 작품이 얼마나 아름다운지 제대로 느낄 수 있을까요?

촛불이 크, 문장이 길어지기만 하면 무조건 짧게 끊어 쓰라고 하는 선생님을 만난 적 있어요. 으아! 그런데 저도 긴 문장을 읽으면 헤맬 때가 많은데 긴 문장은 어떻게 읽어야 할까요?

허당선생 처음에는 문장을 전체적으로 보면서 '어디까지 묶으면서 읽어야겠다' 아니면 '문장 전체를 한 번에 읽어야겠다'는 생각을 하면서 읽어보세요. 문장 의미를 그림으로 그려서 머릿속에 떠올리는 겁니다. 자, 이 문장을 머릿속으로 읽어보세요.

Jane is supposed to be here right now because she is the one who is going to play the next game.

어때요? 머릿속으로 소리 내서 읽고 있지요? 이제 똑같은 문장을 because와 who를 중심으로 세 묶음으로 나눠서 의미를 파악하며 다시 읽어보세요.

촛불이   "Jane is supposed to be here right now <u>because</u> she is the one <u>who</u> is going to play the next game." 아, 정말 몇 번 더 읽어서 이해할 수 있는 문장이 한 번에 이해되는 것 같아요.

허당선생   사람들은 정보의 홍수에서 남보다 빠르게 많은 정보를 얻으려는 강박관념이 생겼어요. 책도 빨리 읽는 것이 좋다면서 '기적의 속독법' '웹 4.0시대의 속독법' 같은 그럴듯한 제목으로 책도 나오지만 다 쓸데없는 이야기예요. 눈알 굴리는 연습, 대각선으로 읽기 등 그런 형식적인 기법은 따라해봤자 남는 것도 없어요. 요즘은 인터넷이나 스마트 기기로 스크롤을 내려가며 빠르게 읽는 것이 습관화되어 대충 읽기에는 다들 도가 텄죠. 도사 수준이에요. 속독법은 따로 배우지 않아도 될 정도입니다.

촛불이   그럼 '진짜' 책 읽기에 관한 좋은 책은 없나요?

허당선생   당연히 있죠. 『책 읽는 뇌』는 독서라는 활동을 설명하기 위해 독서의 역사와 뇌 과학을 훌륭하게 결합시킨 책입니다. 이 책은 단순히 '읽을 줄 안다'고 뭉뚱그린 책 읽기 수준을 초보 독서가, 해독하는 독서가, 유창한 해독가, 전략적 독서가, 이렇게 네 단계로 나누어서 설명하거든요. 추상적인 설명이 아닌 읽는 행위 자체에 주목하여 과학적으로 접근한 진짜 독서에 관한 책입니다.

촛불이   유창한 해독가와 전략적 독서가의 차이는 뭔가요?

허당선생   '유창한 해독가'는 단순히 책 내용만 파악하는 것이 아니라 은유, 비유, 반어법 같은 문장 기법 지식까지 동원해서 글 안에 숨은 의미를 발견하여 이해합니다. 이런 사람들은 문장 자체에서 강렬한 감정과 감탄을 느끼게 되죠. '전략적 독서가'는 기존 지식을 적극적으로 활용하여 책 내용 중에 가장 중요한 것이 무엇인지 판단하고 정보를 종합해 추론을 이끌어냅니다. 거기다가 책 내용에 대해 문제 제기를 하면서 잘못 이해한 것은 스스로 알아서 교정할 수 있는 수준까지 이른 사람이죠.

촛불이   그중에서 전략적 독서가가 되려면 결국 풍부한 반복과 문제 중심의 책 읽기가 핵심이겠네요.

허당선생   네. 그러니까 전략적 독서는 단순히 문장을 해독만 하는 게 아니라 이미 공부의 한가운데 들어와 있는 겁니다. 어쨌든 이 책을 반복해 읽으면서 자신의 독서 습관을 점검하는 시간을 자주 가진다면 도움이 많이 될 거예요.

촛불이   으, 무슨 말씀인지는 알겠는데, 제가 제대로 체득하려면 그 책을 직접 읽으면서 스스로 점검해봐야겠어요.

허당선생   네, 좋은 자세입니다. 자, 그러면 이제 논증을 따라가는 책 읽기, 그러니까 새로운 규칙이나 규칙 활용법이 필요한 책 읽기 방법을 이야기해볼까요? 지금 머물러 있는 공부 단계에서 다음 단계로 나아가기 위해서는 이런 글을 읽어야 할 때가 많아요.

촛불이   책을 읽을 때 항상 같은 방법을 사용하는 거 아닌가요?

허당선생   꼭 그렇지만은 않아요. 단계란 항상 좁은 분야에서 수직적으로만 올라가는 것이 아니라 넓은 분야에서 더 많은 것을 알게 되면서 수평적으로도 높아질 수도 있거든요.

촛불이   아, 어쨌든 지금 말씀해주시는 방법은 단계를 높이기 위해서 돌파해야 하는 대표적인 책 읽기 방법이군요.

허당선생 네. 이런 책들은 대부분 읽기 힘들죠.

촛불이 그래도 선생님은 그냥 술술 읽으시잖아요.

허당선생 천만에요. 일전에 어렵고 쉬움의 차이는 주관적인 것이라고 했었죠? 저도 밥 먹으면서 어려운 책은 못 읽어요. 예전에 중국집에서 멋있게 보이려고 경제통계학 책 읽으면서 짜장면 먹다가 제대로 체한 적이 있어요.

촛불이 아유, 하는 행동이 어찌 그리 하나같이 허당이세요! 도대체 중국집에서 누구한테 잘 보이시려고요.

허당선생 깊이 반성하고 있습니다. 그날, 체하고 너무 고생해서 그 뒤로 짜장면은 안 먹어요. 물론 밥 먹으면서 어려운 책 읽는 것도 그만두었고요.

촛불이 트라우마가 생겼군요.

책을 꼭 순서대로 읽을 필요는 없다

허당선생 자, 질문 하나 해보죠. 책은 꼭 처음부터 끝까지 순서대로 읽어야 할까요?

촛불이 음, 왠지 선생님 눈치로는 아닐 것 같아요.

허당선생 아! 역시 촛불이, 눈치 백단이네요. 책을 무조건 처음부터 순서대로 읽으라는 법은 없습니다. 독자가 처음부터 끝까지 순서대로 읽는 책은 서사 장르뿐입니다. 이야기의 시간적 흐름이 있는 소설이나 희곡은 그렇게 읽어야 해요. 그러나 인문·사회과학 책 대부분은 저자 역시 순서대로 쓰지 않습니다. 그렇다면 독자도 꼭 순서대로 읽을 필요가 없죠. 물론 논증 과정이 순서대로 구성되어 있는 경우가 많아서 책을 더 철저히 활용하기 위해서는 그 사고 과정을 순서대로 밟아봐야 하죠. 하지만 이렇게 정해진 순서대로 읽는 건 매듭짓기를 제대로 하기 위해 전체적으로 빨리 읽을 때입니다. 처음 읽을 때부터 그렇게 순서대로 읽을 필요는 없어요.

촛불이   내가 읽고 싶은 부분부터 읽어도 된다고 하시니까 부담을 좀 덜었어요. 선생님은 보통 책을 어떤 순서로 읽으세요?

허당선생   특별히 정해진 순서는 없는데, 보통 저자 서문이나 역자 후기를 제일 먼저 읽은 다음, 본문 중 가장 흥미로워 보이는 부분부터 읽어요. 두꺼운 책들은 장과 절에 따라 다루고 있는 소주제가 다르기 때문에 앞부분을 읽지 않으면 무슨 소리인지 전혀 모르게 쓰여 있지는 않아요. 물론 논증할 때 앞부분에서 이미 설명한 내용은 전제로 두고 생략하지만 그런 것들은 따로 표시했다가 나중에 앞으로 돌아가서 보충하면 됩니다.

촛불이   예를 들자면요?

허당선생   『기본권 이론』이라는 헌법학 책을 읽을 때 제가 제일 관심이 가는 부분은 로널드 드워킨의 원칙 모델을 활용해서 사회권을 논증하는 부분이었거든요?

촛불이   사회권은 노동할 권리나 인간다운 생활을 보장받을 권리 아닌가요?

허당선생   아, 상식이 풍부하군요. 그 사회권이라는 것에 대해서 보통 "국가의 장기적 목표나 방향을 설정한 것일 뿐이다. 아주 최소한의 핵심적인 부분을 제외한 사항은 입법자가 법을 제정할 때 고려해줄 수도 있고 그렇지 않을 수도 있다"는 식으로 얘기하죠.

촛불이	굶어 죽지 않을 정도의 생활만 보장받으면 인간에게 그 이상의 권리는 필수적이지 않다는 뜻인가요?
허당선생	그런 셈이죠. 현재 우리나라 헌법 실무에서도 사회권이 그런 식으로 이해되는 측면이 많아요. 실무자로서, 국민의 한 사람으로서 답답함을 많이 느끼는 부분입니다. 법전에는 마땅히 보장받아야 하는 권리라고 분명히 적혀 있는데 막상 그 법을 해석할 때는 사회적 방향에 불과하다고 하니 얼마나 공허합니까? 그런데 로베르트 알렉시라는 독일 법학자가 제가 고민하고 있던 부분에 대해 책을 썼다고 하니 당연히 그 부분부터 봤죠. 사실 로베르트 알렉시는 기본권을 논증하는 일반론의 일부로 사회권을 다루기 때문에 앞부분을 제대로 읽어야 뒷부분도 이해할 수 있습니다.
촛불이	그런데도 선생님은 청개구리처럼 뒷부분부터 보셨군요?
허당선생	네. 제게는 뒷부분이 가장 궁금하고 흥미로웠으니까요. 나중에는 앞부분도 궁금해서 나머지 부분도 마저 다 읽었죠. 물론 이런 방법이 통하지 않을 때도 있어요. 다만 저는 알렉시가 논의의 기초로 삼았던 로널드 드워킨의 원칙 모델에 대해서는 이미 잘 알고 있었어요. 전부터 드워킨의 저서들은 모조리 반복해서 읽었거든요.
촛불이	팬이시군요.
허당선생	네. 로널드 드워킨 옹이 한국에 오셨을 때는 멀리서라도 알현하려고 굳이 강연회에 찾아가기도 했지요.
촛불이	어쨌든 일단 흥미 있는 부분부터 보고, 쉽게 이해되지 않으면 앞부분을 보거나 수준에 맞는 다른 책을 먼저 읽고 나중에 단계적으로 읽으라는 말씀이군요?

허당선생 그렇죠. 원칙이라기보다 하나의 요령이 될 수 있습니다. 저는 더 많은 사람들이 각자 흥미롭게 느끼는 분야의 책들을 많이 읽게 만드는 데 관심이 있어요. 책으로 공부하려면 일단 읽어야 하지 않겠어요? 만약 처음부터 끝까지 순서대로 읽어야 한다는 암묵적이지만 강압적인 규칙이 있어서 새로운 단계의 공부를 도와줄 수 있는 책을 읽는데 심리적인 부담을 느낀다면, 그 보이지 않는 장애물부터 제거할 필요가 있습니다. 다만 여기서 주의할 것이 있어요.

촛불이 마구잡이로 읽어서는 안 된다는 거죠?

허당선생 맞아요. 흥미로 시작한 책을 읽을 때 한 장chapter은 처음부터 끝까지 읽어야 합니다. 모든 책에서 한 장은 독립적인 논지 전개 순서로 완결되기 때문입니다. 3장 읽고 앞으로 가서 1장 읽고 다시 4장을 읽는 건 괜찮지만, 1장 중간을 읽다가 2장 중간 읽고 3장 맨 끝을 읽는 것은 잘못된 방식입니다. 경우에 따라서는 한 절section을 완결된 논의로 봐도 무방해요.

촛불이 하루 만에 끝까지 다 읽을 필요는 없죠?

허당선생 그럼요. 읽었던 부분에 짜임새 있게 잘 표시해두면 됩니다. 표시하는 방법은 조금 있다 자세히 얘기하기로 하고, 책 읽기의 단계적 상승 방법인 '사다리 타듯이 책 읽기'에 대해 이야기해보죠.

촛불이 계단식 반복훈련의 독서판이네요?

허당선생 네. 어떤 책부터 읽어야 할지 모르겠다는 분들이 있는데, 대부분의 분야에는 대중 교양서, 개론서 그리고 원론서가 있습니다. 일단 처음에는 대중 교양서부터 시작하는 것이 좋아요. 대중 교양서들은 같은 주제를 다루더라도 주요 특징과 강조점이 다르고 새로운 통찰을 제시하는 면이 있기 때문에 어떤 단계에 있든지 꾸준히 읽으면 도움이 됩니다. 이와 달리 개론서나 원론서에는 읽어야 하는 분야의 책들이 주석이나 참고문헌으로 많이 나와 있기 때문에 그 분야를 공부해본 사람의 도움을 받아 다음에 읽을 책들을 정합니다. 마치 사다리를 타듯이 이 책에서 저 책으로 이동하며 읽는 거죠.

그런데 어느 분야든 특정 단계에서 큰 간극에 부딪히는 경우가 있어요. 예를 들어 말로만 쉽게 설명된 경제학 대중 교양서와 각종 그래프, 미적분 수식을 사용한 경제학 원론서 사이는 그 간극이 상당히 크거든요? 어려워서 여러 번 읽더라도 쉽게 포기하지 않고 독파하면 그다음 사다리도 계속 연결해서 탈 수 있는 능력이 생기게 됩니다. 이때 강의를 듣거나 스터디를 해서 외부 도움을 적절히 활용하면 더욱 좋겠죠. 어쨌든 올라가기 어렵다고 느껴지는 한계에 다다랐을 때, 포기하지 않고 올라갈 방법을 궁리하고, 반복훈련 해서 다음 단계로 나아가려고 노력하는 것이 중요합니다.

촛불이 일단 그 분야의 공인된 교과과정들을 참조하고, 참고문헌이나 각주를 보고 고구마 줄기 따라가듯이 관련 서적들을 광범위하게 읽어 나가라는 말씀이죠?

허당선생 잘 이해하셨어요! 이제 책에 짜임새 있게 표시하는 방법을 생각해봅시다.

📖 연필 들고 책 읽기

촛불이   책에 꼭 표시하면서 읽어야 하나요? 깨끗하게 읽고 싶은데.

허당선생   저도 소설 같은 서사적인 글은 깨끗하게 읽습니다. 서머싯 모음의 『인간의 굴레』는 손때만 묻었지 줄 치고 메모한 흔적은 없어요.

촛불이   어떤 내용인가요?

허당선생   주인공 필립이 성장하면서 겪는 좌절, 갈등과 사랑을 그린 소설인데요, 자세히 말씀드리면 직접 읽을 때 재미없을까봐 생략하겠어요!

촛불이   피! 라면 먹을 때도 볼 만큼 재미있어요?

허당선생   필립이 사랑하는 여자인 밀드레드의 캐릭터가 정말 사실감이 넘쳐요. 둘 사이에 벌어지는 일이 슬프면서도 코믹하거든요. 나이를 먹으면서 그 소설을 다시 읽으니까 또 다르게 느껴져요. 처음에는 작위적이라고 느꼈던 해피엔딩이 지금은 가슴 따뜻하게 느껴지거든요. 다음에 다시 읽으면 또 바뀔 수도 있겠죠. 어쨌든 소설 같은 문학 작품들은 매번 다른 감상을 느끼기 위해서라도 따로 표시하지 않는 것이 더 좋다고 생각해요.

촛불이   책을 읽고 느낀 감상들은 독서 노트를 쓰거나 블로그에 남기면 되겠어요. 그런데 그건 다른 책들도 마찬가지 아닌가요?

허당선생   아, 문제해결이 중심 내용인 책들은 표시를 해도 나중에 읽는 데 큰 방해가 되지 않습니다. 감상이 주된 목적이 아니기 때문이죠. 어쨌든 공부를 제대로 하려면 책을 깔끔하고 정갈하게 유지해야 한다는 고정관념은 버리는 것이 좋습니다. 뭐든지 손때가 묻고 자신의 흔적이 남아 있는 것이 더 멋있게 보이는 법이죠. 음, 이 책은 제가 열두 번 읽은 책인데 한번 보실래요?

촛불이 전에 말씀하셨던 존 롤스의 『정의론』이네요? (책장을 넘겨보며) 으악! 손때가 장난이 아니네요. 우와! 여기저기 표시된 것도 많고 영어로도 뭐라고 쓰여 있어요.

허당선생 쑥스럽네요. 이 책은 제가 원서와 비교하면서 읽은 것만도 두 번이예요. 읽으면서 용어를 읽힐 필요가 있거나 멋있다고 생각되는 구절은 베껴 쓰기도 했고요. 그런데 이 책은 저에게 정말 특별한 책이기 때문에 표시하기의 일반적인 경우는 아닙니다. 어쨌든 표시된 책이 그렇게 나쁜 것만은 아니죠?

촛불이 왠지 포스가 느껴져요. 저도 그렇게 애착을 가지고 여러 번 보는 책이 있으면 좋겠어요. 어떤 원칙에 따라 표시한 건가요?

허당선생 일단 앞으로 설명하는 것들은 『정의론』처럼 치밀한 논증을 중심으로 하는 책을 기준으로 이야기하는 건데, 책의 성격에 따라 약간 변용하고 완화시켜 이해하면 됩니다. 우선 핵심 문장은 줄을 칩니다.

촛불이 줄을 막 그어요?

허당선생 아니요. 막 긋기보다 좀 신중히 표시해야 합니다. 책 전체에 밑줄이 한가득이면 보기 싫잖아요. 책을 읽고 특정 부분 또는 논증의 핵심을 이루는 문장에 밑줄을 긋습니다. 문장의 살은 다 발라내고 중심 뼈대만 줄을 치는 거죠. 중요해서 통째로 인용해야 할 부분은 일일이 밑줄 치지 않고 별표로 묶어서 표시합니다. 밑줄 칠 핵심 문장은 한 문단에 두 줄이 넘지 않도록 하세요.

촛불이 멋있는 문장은요? 저는 그런 것만 골라서 줄 치는데요.

허당선생	멋있게 느껴지거나 흥미로운 부분만 줄을 치면 구조적인 짜임새를 읽어내는 표시하기가 될 수 없어요. 그렇다고 멋있는 문장을 그냥 지나칠 순 없죠. 기억하거나 강조하고 싶은 문장에는 자기만의 표시를 합니다. '우와! 대단!' 'awesome!' '역시!' 같은 문구를 작게 쓰거나 해당 문장에 동그라미 쳐도 되고, 자신이 개발한 단순 기호로 표시해도 되고요.
촛불이	어떤 필기구로 밑줄 긋는 것이 좋을까요?
허당선생	음, 볼펜이든 연필이든 눈에 뚜렷하게 띄지 않는 필기구를 권장합니다. 표시하지 않은 부분이 읽기 싫을 정도로 밑줄 그은 부분이 도드라져 보이면 곤란하거든요. 그래서 아주 핵심적인 부분이 아니라면 밑줄은 최대한 아끼는 게 좋습니다.
촛불이	그래도 핵심 개념이나 어려운 부분을 길게 풀어서 설명하는 중요 문장도 있을 텐데 그럴 때는 어떻게 해야 하죠?
허당선생	핵심 문장의 논증 구조를 풀어서 설명한 것은 줄 친 문장 옆에 등호(=)를 붙이고 괄호(「 」) 표시를 합니다. 즉, 이런 형태가 됩니다. _____ = 「 」
촛불이	아, 괄호 표시가 밑줄을 아껴주는군요! 중요한 논증이나 비유, 우화, 이론 등을 적용한 세부적인 사례는요?
허당선생	중요한 예는 'example, 예, ex' 등으로 표시합니다. 표시할 사례가 많으면 'ex1), ex2)'같이 번호를 매겨 표시하고요. 또 다른 방법은 '예를 들어'라는 문구 자체를 타원으로 묶는 것입니다. 그럼 그 다음에는 해당 내용이 나올 거라는 걸 미리 알 수 있죠.
촛불이	책에 표시해서 글의 논증 구조를 한눈에 파악할 수 있게 만드는 거군요.

허당선생 네. 첫째, 둘째 등 여러 논증을 구분짓는 서수 표현은 타원으로 묶습니다. 그 앞에 '①, ②, ③'으로 표시하는 방법도 있고요. 저는 번호 붙이는 걸 더 좋아합니다. 그리고 대비나 유추가 필요할 때는 핵심어를 테두리 치고, 'A, B'라고 표시합니다. 대조는 'A vs B'라고 문장 아래 여백에 쓰기도 하고, 유사성을 강조하는 경우에는 'A = B' 또는 'A ≒ B'라고 표시하기도 합니다. A와 B가 다르다는 것을 강조하는 경우라면 'A ≠ B'라고 표시하고요. 예를 들어 로널드 드워킨은 『법과 권리』에서 권리에 대한 논증을 정책과 원칙에 기반을 둔 두 가지 논증으로 대조해서 얘기하는데, 이 구조를 A와 B로 표시해서 A의 특징, B의 특징, A에 대한 반박, B에 대한 재반박 이런 식으로 책 여백에 해당 내용의 요지를 간략한 기호로 표시하는 겁니다. 만약 좀더 여유가 있다면 논증을 표로 간략하게 요약할 수도 있습니다. 그러면 나중에 볼 때 내용 파악하기가 훨씬 수월합니다.

촛불이 중요한 내용이 한눈에 파악되겠어요.

허당선생 노트에 정리할 수도 있지만, 저는 책에다 직접 쓰는 걸 더 좋아합니다. 책을 보면서 노트 정리를 하면 책 읽기보다 오히려 적는 데 집중하게 되거든요. 그러면 쉽게 지치고 피곤해집니다.

촛불이 맞아요. 저도 열심히 하겠다고 노트에 막 정리하면서 읽었는데 몇 장 읽지도 못하고 노트 정리하는 일에 진이 다 빠져서 금방 나가떨어진 적이 있어요.

허당선생 하하하! 정력이 철철 넘치는 사람이라면 처음부터 노트에 정리하면서 책을 봐도 큰 문제는 없어요.

촛불이 게으름 최고봉인 선생님은 불가능한 일이죠.

assimilate.

효율성이 된다. 적절히 일반화시키면 할당적 입장은 결국 고전적 공리주의
의 견해가 된다. 왜냐하면 앞에서도 보았듯이, 이런 학설은 정의를 공평한
관망자의 이타심에 흡수시키고, 나아가서 다시 이것을 만족의 최대 잔여량
을 증진하기 위한 제도의 가장 효율적인 기획과 동일시하기 때문이다. 여
기에서 주목할 점은 공리주의란 기본 구조를 순수 절차적 정의의 체제로
해석하지 않는다는 점이다. 왜냐하면 공리주의자는 원칙상으로 볼 때 모든
분배 상태를, 즉 그러한 분배 상태가 만족의 최대 순수 잔여량을 산출하는
지를 판단할 독립적인 기준을 갖고 있기 때문이다. 공리주의의 이론에서
볼 때 제도란 이러한 결과를 달성하기에는 다소간 불완전한 체제이다. 그
래서 현존하는 욕구와 선호, 그리고 이러한 것들로부터 예상되는 미래에의
자연적인 연속선을 가정할 때, 정치가의 목적은 이미 규정된 목표에 최선
으로 접근시켜 줄 사회 체제를 세우는 일이다. 이런 체제는 일상생활의 불
가피한 제한과 장애를 받게 되므로 기본 구조는 불완전한 절차적 정의의
한 경우라 할 수 있다.

당분간 나는 제2원칙의 두 부분은 축차적으로 배열되어 있다고 가정하
고자 한다. 그래서 우리는 축차적 서열 속에 또 하나의 축차적 서열을 갖게
된다. 특정한 정의관이 갖는 장점은 그것이 확정된 형식을 가지며, 예를 들
어 어떤 여건 속에서 축차적 서열이 선택될 것인가 하는 것과 같은 탐구할
어떤 문제를 제시한다는 점에 있다. 우리의 탐구에는 특정한 방향이 주어
져 있으며, 더 이상 일반성에 머무르지 않는다. 물론 분배의 몫에 대한 이
러한 관점은 분명히 대단한 단순화이다. 그것은 순수 절차적 정의의 관념
을 이용하는 기본 구조의 특성을 분명한 방식으로 기술하려는 것이다. 그
러나 우리는 그래도 합당한 정의관을 제시하기 위해 결합될 수 있는 단순
한 개념들을 발견하도록 노력해야 한다. 기본 구조, 무지의 베일, 축차적
서열, 최소 수혜자 지위 그리고 순수 절차적 정의 등의 개념들은 모두가 그
예이다. 이러한 개념들은 그 각각으로는 어떤 작용을 할 것으로 기대되지
는 않으나 적절히 결합되면 충분히 훌륭한 기능을 할 수 있게 된다. 모든

허당선생   부인할 수 없군요. 만일 논증이 복잡해진다면 책 여백에 논증구조도를 그리거나 문단마다 논증의 핵심 연결 고리를 간략하게 메모합니다.

촛불이   아까 책을 여러 번 읽고 나면 핵심어를 중심으로 정리한다고 하셨으니까 핵심어도 따로 표시해야겠네요?

허당선생   그렇죠! 핵심어는 길쭉한 타원으로 테두리를 칩니다. 그리고 인용문을 강조할 때는 인용 부호(" ")에 각각 동그라미를 칩니다.

촛불이   외국어로 된 책도 같은 방법으로 표시하나요?

허당선생   네. 앞에서 말한 내용을 그대로 적용하면 됩니다. 이를 테면 '예를 들어'는 'for example' 부분에 테두리 치는 것으로 바꿔서 적용하면 되겠죠? 그런데 저처럼 외국어 실력이 부족한 사람은 좀 더 신경 쓸 부분이 있습니다.

촛불이   외국어에 정말 소질 있는 사람이 아니라면 읽는 속도가 느려지거나 이해하는 데 어려움이 있을 수밖에 없는 것 같아요.

허당선생   외국어로 된 책은 읽은 날 그때 바로 정리하든가, 여백에 문단의 핵심 논증 내용을 한글로 적어두면 큰 도움이 됩니다. 만약에 금방 해석하거나 쉽게 이해되는 부분이라면 따로 정리할 필요는 없습니다. 그런데 이해하는 데 시간이 좀 걸리는 문장은 다음에 읽을 때 또 시간을 잡아먹지 않도록 한글로 논증 구조를 의역해서 적어두면 좋습니다. 저는 이해력이 떨어지는 편이라 그렇게 해야 도움이 되더라고요. 아무래도 외국어는 한눈에 확 들어오지 않잖아요.

촛불이   아, 그런데 외국어로 된 책을 읽으면 모르는 단어가 꼭 있잖아요. 일일이 나올 때마다 사전을 찾아가면서 읽어야 하나요?

허당선생	모르는 단어는 글의 내용을 이해하는 데 핵심이 되는 단어와 그렇지 않은 단어, 두 종류로 나눌 수 있어요. 반복적으로 나오거나 핵심이 되는 단어라면 그때 바로 사전을 찾아봐야겠죠. 그래도 요즘은 핸드폰에 사전 기능이 있어서 참 좋아요.
촛불이	그럼 그렇지 않은 단어는 그냥 넘어가나요? 핵심어가 아닌 형용사나 부사, 숙어 같은 건요?
허당선생	같은 종류의 문제를 다루는 글들은 비슷한 단어나 표현들이 자주 나올 가능성이 높기 때문에 그냥 넘어가는 것보다 익힐 수 있는 것은 모두 익히는 것이 좋겠죠.
촛불이	글을 읽으면서 동시에 외국어 실력도 늘고요.
허당선생	그래서 저는 읽다가 모르는 단어가 나와도 바로 찾지 않아요. 화살표로 흐리게 책 여백에 표시해두었다가 나중에 인터넷이나 전자사전으로 뜻과 발음기호를 한 번에 몰아서 찾아 적는 것이 훨씬 빠르거든요.
촛불이	우와, 괜찮은 방법이네요. 다른 공부법들을 보면 "외국어를 공부할 때는 사전을 일일이 찾아가며 꼼꼼하게 봐야 한다." "아니다, 문맥만 파악한다면 찾아보지 않고 넘어가도 된다." 등등 의견이 분분한데 양쪽 모두를 만족시키는 솔로몬 해결책이네요.
허당선생	아이고, 그 정도까지는 아닙니다. 중요하지 않다고 생각했던 단어들도 실제로는 중요할 수 있고, 그렇게 표시를 해두면 나중에 두 번, 세 번 읽을 때 이해가 훨씬 잘 되거든요. 그리고 문장을 반복해서 읽으면 따로 빽빽이를 쓰면서 외우지 않아도 단어가 자연스럽게 외워지고요.
촛불이	역시 여러 번 보는 것이 중요하군요.

허당선생 네. 책에 표시하는 이유는 읽은 내용을 제대로 정리하고 효율적으로 여러 번 읽기 위해서입니다. 이렇게 표시한 책은 생각날 때마다 읽고 싶은 부분을 읽고 매듭짓기와 정리하기에서 설명한 방법으로 노트에 정리합니다.

촛불이 책에 정리했던 부분을 그대로 노트에 옮겨 적나요?

허당선생 노트에 베끼듯이 정리하는 것이 아니라 자기가 정말로 중요한 부분이라고 생각하는 것은 자세히 정리하고 그렇지 않은 내용은 간단하게 적습니다. 부담 없이 몇 페이지에 어떤 내용이 있는지, 어떤 흐름으로 논리가 진행되는지 등으로 정리하고 매듭지으면 됩니다. 그리고 어떤 언어로 쓰였든 모든 책은 주석과 참고문헌을 주의 깊게 보아야 합니다. 책 내용을 매듭지으면서 추가적인 과제를 살펴보기 위해서 필요하거든요.

촛불이 주석도요? 주석은 그냥 막 넘어갔는데.

허당선생 주석과 참고문헌을 보면 다음에 무엇을 읽어야 할지 쉽게 알 수 있어요. 특히 본문에서 저자가 상세하게 얘기하지 않거나 인용만 하고 넘어간 문제들을 제대로 알려면 주석과 참고문헌에 적힌 논문과 책들을 읽는 것이 도움이 됩니다. 주석에 언급된 책들을 읽었을 때 더 발전적으로 문제가 해결될 때도 있거든요.

촛불이 그런데 그렇게 읽으면 책 한 권을 읽는 데도 시간이 많이 걸리겠어요.

허당선생 자기 수준보다 어려운 책을 한달음에 읽는 건 불가능해요. 군데군데 읽다 보면 앞에서 읽었던 것이 생각나지 않을 때도 있고요. 그럴 때는 읽고 싶을 때 다시 읽거나 그냥 넘어가면서 전진하는 방법도 있습니다. 어쨌든 적어도 하나의 독립된 문제해결을 다

루는 방법이 중요하다 싶으면 한 번 정도는 한달음에 읽어봐야
합니다. 처음에는 여기저기 표시하면서 천천히 정독하고, 나중
에 그 짜임새 있는 표시의 도움을 받아 빠른 속도로 한달음에 읽
는 거죠. 그러면 신기하게도 그 책의 구조가 머릿속에 쉽게 그려
지는 경우가 많아요.

촛불이   주로 매듭짓기를 할 단계라고 생각되면 그렇게 해야겠네요.

허당선생   그렇지요. 저는 게을러서 한달음에 읽는 것을 미루다가 생각을
굴리면서 그 책을 다시 읽고 이해하는 과정이 필요하겠다 싶을
때 한달음에 읽기도 합니다.

촛불이   에긍, 좀더 분발하셔야겠어요.

📖 종합적인 책 읽기, 번역

허당선생   이제 마지막으로 외국어로 된 책을 더 깊이 있고 정교하게 읽는
방법 하나 더 소개할게요. 바로 번역입니다.

촛불이   번역이요? 으아, 읽는 것도 복잡한데 번역까지 하라고요? 그런
데 책 읽기에서 번역하는 과정이 꼭 필요한가요?

허당선생   꼭 필요한 건 아닙니다. 번역 작업을 하지 않고도 문제해결에서
탁월한 성과를 보이는 사람들도 많아요.

촛불이   그럼 굳이 할 필요는 없겠네요.

허당선생   그래도 사회 전체로 보면 번역은 매우 중요한 작업이랍니다. 주
어진 시간은 제한되어 있는데 공부할 건 많고, 외국에서 출간된
책은 아무래도 읽는데 시간이 많이 걸리잖아요. 문제해결 능력
이 외국어 장벽을 돌파하는 능력과 꼭 비례한다고 볼 수는 없으

니까요. 번역 작업은 외국의 학문 성과와 시행 결과를 국내에서 공유하는 과정이라고 할 수 있어요. 이런 유용한 지식들을 다 같이 공유한 상태에서 사회 문제에 대해 함께 고민할수록 제대로 된 해결책이 더 빨리 나올 수 있지 않겠어요?

촛불이   맞아요. 만일 두 능력이 비례한다면 외국어 잘하는 사람들이 문제해결의 달인일 거예요. 그런데 우리 사회는 마치 영어 구사 능력이 지적 능력과 똑같다고 생각하는 것 같아요. 다들 "영어, 영어!" 영어에 목숨을 건다니까요.

허당선생   지나친 감이 있죠. 하지만 영어를 비롯한 다른 외국어를 잘하면 그만큼 공부에 큰 도움이 되는 건 사실입니다. 왜냐하면 필요한 번역이 모두 제때 이루어지는 것은 아니니까요. 그런데 우리나라는 시험점수만 중요하게 생각해서 외국 자료가 필요 없는 사람들에게까지 과도한 외국어 능력을 요구합니다. 그 사회적 비용을 번역에 투자한다면 훨씬 더 지적으로 성숙한 사회가 될 텐데 말이죠. 국내에 번역된 외국문헌 숫자는 아직 턱없이 부족합니다.

촛불이   가치 있는 내용이라도 잘 팔리지 않기 때문에 그런 거죠?

허당선생   그것도 큰 이유죠. 보고서, 법률, 논문 같은 건 아예 시장이 존재하지도 않아요. 정부 보조나 제도적 지원이 없다면 충분한 번역 작업들이 이루어질 수 없어요.

촛불이   공공 지원이 없는 상태에서는 아예 희망이 없는 건가요?

허당선생   자료 공유 네트워크의 중심이 잡혀 있다면 상황은 좀 다를 것 같아요. 그 분야를 공부하는 사람들이 각자 관심 있는 주제들을 조금씩이라도 번역한다면 그 양은 상당하겠죠. 인터넷에서 재밌는 외국 드라마 자막을 자발적으로 번역해서 공유하는 것이나 위키피디아의 성공 사례들을 보면 학문적인 번역에서도 충분히 가능한 일이라고 생각합니다. 그리고 문제해결에 유용한 글을 스스로 번역하는 건 많은 시간과 노력을 필요로 하지만 공부하는 입장에서 꼭 손해는 아닙니다. 살아가면서 자신이 공부하는 분야의 책을 세 권 정도 번역해보는 건 학업에도 도움이 되고 정말 좋은 경험이라고 생각해요. 무엇보다 원문을 필연적으로 여러 번 볼 수밖에 없기 때문에 그 분야의 외국어 실력도 많이 늘어요. 기본적으로 외국어는 일정 수준에 오르면 결국 어휘력이 문제거든요. 그런데 모든 분야의 어휘에 능통한 것은 언어 능력이 매우 뛰어난 사람이 아니고서는 매우 힘든 일입니다. 자기가 공부하는 분야에 최대한 집중하는 것이 가장 효과적이죠. 그리고 그 분야의 전문 어휘를 제대로 습득하는 데 번역만한 게 없습니다. 전에는 대충 느낌으로만 이해하고 넘어갔던 구문 구조를 훨씬 더 정교하게 이해할 수 있는 계기가 되거든요.

촛불이   정말 공부에 도움이 되겠어요. 그런데 막상 번역하려고 하면 너무 어렵게 느껴져요.

허당선생   본격적으로 번역하기 전에 준비 작업을 거친다면 그렇게 힘든 일은 아닙니다. 먼저 해당 분야의 책들을 많이 읽어야 합니다. 그러면 그 분야의 지식 구조에 맞춰서 전문 용어들을 이해하게 되거든요. 그리고 요즘 번역서에는 중요 용어들이 원문과 함께 병기되어 있습니다. 그냥 넘어가지 말고 주의 깊게 보면서 어휘들을 조금씩 익혀 나가야 합니다. 예를 들어서 존 롤스의 저서나 그의 이론을 다룬 책들을 보면 '원초적 입장' 옆에 'original position'이라고 표기되어 있는 경우가 많아요. 그런데 『정의론』에서는 '원초적 입장'이라고 하고, 『미지의 민주주의』에서는 저자가 '본원적 입장'이 '원초적 입장'보다 더 적절한 번역이라고 따로 주석을 달아 설명하기도 하거든요. 번역어들을 이렇게 기존의 국내 학자들이 고민하고 논의해서 선택하는 경우가 많아요. 일단 여러 사람들이 주로 채택하고 있는 번역어를 번역 기준으로 삼으면 됩니다.

촛불이   단순히 용어 익히는 것을 넘어서 그 분야에 대한 전문 지식을 습득할 필요가 있다는 뜻이죠?

허당선생   그렇죠. 배경 지식이 없으면 번역이 무척 힘들어지거든요. 그 다음에는 번역이 잘 된 재밌는 책을 선정하고 원서와 한글판을 함께 구입합니다. 원서와 한글판을 처음부터 끝까지 같이 읽어나가는 거죠. 저는 주로 한글판을 먼저 읽고 그 다음에 원서를 읽습니다. 그렇게 하면 시간이 절약되더라고요. 또 막연하게 이해하던 외국어 문장이 보다 정확한 용어로 번역되는 과정을 체험할 수 있습니다. 물론 원서를 읽고 한글판을 읽는 과정을 한 번 정도 거칠 필요가 있어요.

촛불이   그러면 한 문장씩 번갈아가면서 읽는 건가요?

허당선생   음, 저는 한 문단씩 읽는 것을 추천합니다. 문장으로 보면 어디부터 어디까지 읽을지 눈이 왔다갔다하느라 머리가 아프거든요. 문단에 번호를 붙여 비교하면서 읽어나가면 어디가 어딘지 혼동하지 않습니다. 그리고 문단으로 끊어서 읽으면 예상되는 문장 구성도 생각해볼 수 있어서 더 좋은 것 같아요. 먼저 한 문단씩 한글판을 읽고 원서를 읽는 순서로 책 전체를 다 읽고, 다음에는 원서를 먼저 읽고 한글판을 읽는 식으로 책 전체를 다 읽는 겁니다. 그렇게 책 두 권을 진하게 보면, 그 분야의 외국어 표현법에 정말 익숙해질 수 있습니다. 물론 책을 읽을 때 한글판이나 원서에 연필로 어휘들을 표시해둘 수도 있고요. 다음에 읽을 때 어떤 단어로 어떻게 표현되는지 주의해서 볼 수 있습니다. 이런 식으로 어휘를 익히면 번역 준비가 어느 정도 됐다고 볼 수 있어요.

촛불이 이제 번역에 들어가는 건가요?

허당선생 네, 우선 번역할 책을 정합니다. 처음에는 짧은 논문을 선택하는 것도 좋습니다. 번역 부담이 적은 짧은 글일수록 작업을 끝까지 완수할 가능성이 높거든요. 본격적인 번역 작업에 들어가기 전에 그 책을 빠르게 읽으면서 모르는 단어와 숙어를 체크해서 찾아둡니다. 그 다음 본격적인 번역을 시작합니다.

촛불이 번역은 몰아서 하루 종일 하는 것이 좋을까요, 아니면 조금씩 나눠서 하는 것이 좋을까요?

허당선생 전문 번역가가 아니라면 조금씩 나눠서 하세요. 번역을 하다 보면 모르는 단어와 숙어를 모두 찾았는데도 문장 의미가 정확하게 이해되지 않아서 난감할 때가 있거든요. 그럴 때는 일단 거기서 끊고, 그 문장을 여러 번 생각하거나 아니면 다른 일을 하다가 나중에 그 문장을 다시 보면 쉽게 이해될 겁니다. 제가 추천하는 방법은 번역을 하기로 마음을 먹었으면 그 글을 다 번역할 때까지 하루에 30분 정도를 투자하는 것입니다.

촛불이 30분을 날마다 낼 수 있을까요?

허당선생 매일 30분씩 책상에 앉아 있을 수 있는 시간을 찾는 건 쉽지 않죠. 해야지 하면서도 쉽게 빼먹거든요. 여기서 30분이라는 것은 자투리 시간까지 모두 합한 시간입니다. 지하철에서 앉아서 가거나 은행에서 번호표를 뽑아 기다릴 때, 식당에서 주문한 음식이 나오기를 기다릴 때 등등 일상생활에서 자투리 시간은 정말 많습니다. 이 시간에 다른 활동을 하며 의미 있게 보내기는 힘들어요. 물론 그 시간에 책을 볼 수도 있겠지만 논증 중심으로 구성된 어려운 책을 자투리 시간에 읽는다는 건 사실 힘들기만 하고 별 성과가 없답니다. 자투리 시간에는 아주 쉬운 책을 읽거나 번역 작업, 아니면 해결하려는 문제에 몰입해서 생각 굴리는 시간으로 쓰는 것이 좋지요.

촛불이   식당에서 음식 기다리면서 번역을 하다니…. 그렇다면 컴퓨터로 바로 타이핑하면서 번역하는 건 아니겠네요?

허당선생   네, 전문 번역가들 상당수는 컴퓨터로 바로 직독직역하기도 하지만 저는 그렇게까지는 못하겠더라고요. 모니터와 책 사이의 공간적 거리가 있어서 왔다갔다하면 어디를 읽고 있었는지 헷갈리고 금방 지치더라고요. 그래서 저는 손으로 직접 쓰면서 번역하고, 컴퓨터에 타이핑한 후에 다시 문장을 다듬는 식으로 작업합니다. 그러면 자투리 시간을 훨씬 더 알차게 활용할 수 있어요. 번역할 책과 노트만 꺼내서 저번에 표시해둔 부분 바로 다음부터 번역해 나가면 되니까요.

촛불이   그런데 사전 없이 바로 번역할 수 있어요?

허당선생   앞서 말했듯이 한 번 읽으면서 최대한 모르는 단어와 숙어를 많이 찾아두어야 합니다. 당연히 빠뜨리고 표시하지 않은 부분도 있고, 특히 의미는 알겠는데 우리말로 어떻게 표현할지 애매한 부분도 많지요. 이런 건 사전을 찾아보거나 관련문헌을 찾아보는 것이 좋습니다. 이런 경우에는 번역 노트에 외국어 원문을 그대로 써서 한글 문장 사이에 끼워 넣어 적고 나중에 타이핑할 때 찾아서 보충하는 방식을 취합니다.

촛불이 필기구로 사각사각 번역하다가 문장 전체 혹은 한두 문장이 이해되지 않는 경우는요?

허당선생 그럴 때는 대충이라도 번역해놓고 원문 그대로 노트에 옮겨 적습니다. 그런 다음, 타이핑할 때 또는 타이핑을 마친 후에 다시 고민하세요. 복잡한 과업을 한 번에 너무 많이 하는 것은 좋지 않습니다. 신기하게도 시간이 흐른 뒤 다시 보면 전에 막혔던 부분도 대부분 쉽게 번역할 수 있어요.

촛불이 틈틈이 번역하면 어디까지 했는지 어떻게 알죠?

허당선생 번역한 부분까지는 사선을 그어 표시합니다. 저는 원문에 문단 번호를 표기해요. 문단 번호를 쓰면서 번역하면 어디까지 했는지 쉽게 알아볼 수 있죠. 퇴고할 때 원문이 어디에 있는지도 찾기 쉬워요. 퇴고할 때 일일이 원문 찾으려면 은근 짜증납니다. 문단 번호는 번역을 완성한 후에 필요하면 금방 지울 수도 있으니까 꽤 쓸 만한 요령이죠.

촛불이 그렇군요. 그런데 이게 번역 작업의 표준 방식은 아니죠?

허당선생 당연하죠. 번역은 전문 번역가들만 하는 것이라고 생각하는 통념을 깨기 위해 제시한 하나의 예라고 생각하면 될 것 같아요.

촛불이 아, 알겠다. 번역은 문제해결을 위해 효과적으로 공통 자료를 쌓는 공동 작업이자, 외국어 책 읽는 수준을 한 단계 높이는 공부 방법이라는 거죠?

허당선생 맞습니다. 이제 쉬어갈 겸 가벼운 얘길 해볼까요?

촛불이 가벼운 이야기요?

허당선생 공부하면서 겪는 소소한 일상, 습관이나 기술에 대해서요.

촛불이 우와! 역시! 그런 게 재밌죠! 드디어 공부 기술을 전수해주시는
건가요?

:: 함께 읽으면 좋은 책

이사야 벌린의 자유론 이사야 벌린 저 | 박동천 역 | 아카넷

책 읽는 뇌 매리언 울프 저 | 이희수 역 | 살림출판사

기본권 이론 로베르트 알렉시 저 | 이준일 역 | 한길사

정의론 존 롤스 저 | 황경식 역 | 이학사

미지의 민주주의 김상준 저 | 아카넷

• • •

손으로 직접 써가며 문제의 실마리를 찾아라.

문제 상황에 좋아하는 인물을 넣어서 상상하라.

자기에게 맞는 필기구와 필체를 찾아라.

공부의 속도만큼 리듬도 중요하다.

• • •

6

일상 습관과
공부 기법

사각사각 모오옹~?

허당선생 단순히 공부 기술이라고 생각하면 곤란해요. 기술이라고 해도 사람들이 흔히 말하는 공신 비법 같은 건 아니니까요.

촛불이 헤헤, 그래도 좋아요.

허당선생 촛불이는 공부가 늘 신나고 재미있나요? 본드로 엉덩이를 붙인 것처럼 한번 앉으면 하루 종일 공부할 수 있을 정도로 말이죠.

촛불이 에이, 재밌는 얘기 해주신다면서 제 약점을 마구 찌르시는군요. 저는 엉덩이가 들썩들썩해요. 너무 가벼워서 깃털 같아요.

허당선생 저도 그래요.

촛불이 그럴 줄 알았어요, 히히.

허당선생 뭐 하나를 하면서도 엉덩이가 이리저리 들썩거리는 사람들을 보고 어른들은 뭐라고 하죠?

촛불이 산만하고 의지력이 약하다면서 핀잔을 주시죠.

허당선생 그게 단순히 의지력으로만 해결되는 문제일까요? 공부가 언제나 신나고 자연스럽게 정신을 집중시켜주는 건 아니기 때문에 집중력을 유지시키고 잡아두는 소소한 요령을 터득하고 있는 것이 좋아요.

촛불이 공부에 취미를 붙이게 하는 건가요?

허당선생 하하. 저도 그 말 어릴 적부터 진짜 많이 들었는데 무슨 뜻인지 도통 모르겠더라고요. 만약 퀴즈 준비를 좀더 제대로 하라고 다그치는 말이라면 분명히 언어의 오용입니다. 퀴즈 준비를 취미로 삼는다는 것이 쉬운 일도 아니고요. 문제해결을 위한 공부에도 반복훈련과 숙달 과정의 어려움은 분명히 있습니다. 퀴즈 준비가 아닌 문제해결을 위한 공부라고 해서 마냥 신나고 즐거운 건 아니라는 거죠. '인간사 모든 일에 요령이 있듯이 이 공부도 좀더 즐겁게 할 수 있는 요령이 없을까?' 이게 제 고민이었어요. 특히 장비장착 훈련 과정은 답답하고 지루할 때가 많거든요.

촛불이 저도 선생님과 이야기하고 집으로 돌아가는 길에는 "우와! 나도 이제 문제해결자다! 으하하!" 하고 막 들떴다가 막상 반복훈련을 하면 금방 놀고 싶어져요.

허당선생 너무 자연스러운 현상입니다. 물론 극복하는 과정에서 의지력이라는 요소가 개입되기는 하지만 저는 "의지력을 길러라!" "목표의식을 잊지 마라!" "고통을 참고 이겨내라!" 하면 더 하기 싫어져요.

촛불이 역시 청개구리 선생님다워요. 청개구리 선생님도 그렇게 열심히 공부하는 까닭은 무엇인가요? 속으로는 엉엉 울면서 억지로 쥐어짜듯이 하는 건가요?

허당선생 제가 대학 입학시험을 준비할 때는 그랬어요.

촛불이 정말요?

허당선생 네. 그때 저를 지탱해줬던 건 잘난 척하는 자존심이었던 것 같아요. '도서관에 오래 앉아 있으면 여학생들이 관심을 좀 가져주지 않을까?' 생각했거든요.

촛불이 아, 정말 못 말리겠어요. 선생님이 뭘 하든 여학생들이 무슨 관심이 있겠어요.

허당선생 그러게나 말입니다. 사실 저도 알고는 있었어요.

촛불이 알고 있으면서도 그런 거예요?

허당선생 그래도 혹시나 하는 마음이 생기더라고요. 그런데 특히 시험 준비 과정은 하나의 흥미로운 문제해결을 위한 과정이 아니라 정형화된 퀴즈를 중심으로 반복훈련하는 과정이어서 사고가 단속적으로 변하기 쉬워요. 생각의 흐름이 자꾸 끊어지는 거죠. 1번 문제를 풀고 나면 그 문제와는 전혀 상관없는 2번 문제가 나오기 때문에 특히 그런 시험을 준비할 때 엉덩이가 자꾸 들썩거리는 어려움이 있을 겁니다. 반면에 문제해결 과정의 공부는 흥미로운 문제에 집중해서 연속적으로 사고하는 것이기 때문에 상대적으로 엉덩이가 심하게 들썩거리지는 않을 거예요.

촛불이 자연스러운 현상이군요. 뭔가 안심이 되네요.

허당선생 그런데 지금의 시험제도가 크게 바뀌어야 하는 건 분명하지만, 어떻게 사회를 조직하고 개선하더라도 인생에서 시험 준비하는 과정을 모두 피할 수는 없을 것 같아요.

촛불이 음, 학벌중심 사회라는 문제가 해결되더라도 어떤 직업을 가지려면 합당한 자격을 취득해야 하는 경우가 많을 테니까요.

허당선생 맞아요. 그걸 노동시장에서는 '신호 보내기signaling 문제'라고 합니다. 직원을 채용하려는 회사는 구직자의 업무 능력을 얼굴이나 자기소개서로만 평가할 수 없잖아요. 그 업무 능력에 관한 자격증이나 경력에 관한 신빙성 있는 자료가 필요합니다. 의사 자격증도 수술이나 치료하는 사람의 능력을 직접 확인할 수 없기 때문에 최소한의 판단 기준으로 필요한 거고요. 이런 능력 평가 제도가 합리적이면 사회구성원들의 복지 수준이 높을 것이고, 지금처럼 비합리적이라면 사람들은 고통을 겪을 겁니다. 그런데 서비스를 제공하는 사람은 자신의 능력에 대해 스스로 잘 알지만 반대로 제공받는 입장에서는 제대로 알 수 없다는 정보의 비

대칭성은 사라질 수 없어요. 그래서 아마 시험, 평가, 자격증제
도 등은 영원히 존재할 겁니다. 합리적인 업무능력 평가제도를
구상하고 제안한 책으로는 『학교를 넘어서』와 『탈학교의 상상
력』을 읽어보세요.

촛불이 흑흑, 시험에서 완전히 자유로운 세상이란 있을 수 없군요.

허당선생 어쨌든 이와 같은 자격시험 준비를 위한 반복훈련 과정을 견디
는 데도 지금 이야기가 도움이 될 겁니다. 왜냐하면 문제해결 과
정에서도 장비장착이나 다음 단계 규칙의 이해와 숙달을 위한
비슷한 과정들이 있거든요.

촛불이 하하하, 역시 선생님은 요령쟁이라니까요. 아, 근데 그 요령이라
는 게 구체적으로 뭔가요?

허당선생 제가 생각하는 요령의 핵심을 의성어와 의태어로 표현하자면
'사각사각 모오옹~'입니다.

촛불이 사각사각 모오옹?

허당선생 필기구를 사용하여 리듬감 있게 필기하고, 머리로는 즐거운 몽
상을 하면서 공부와 결합시킨다는 뜻이랍니다. 공부는 단순히
머리로만 하는 활동이 아니라 몸 전체의 느낌이 공부의 성격에
영향을 미치는 것 같아요. 특히 우리가 공부하는 내용을 노트에
적어가며 정리해야 한다면 아무래도 그 정리 활동 자체가 즐거
워야 쉽게 지치지 않거든요. 직접 써보거나 그림으로 그려보고,
생각한 것을 다시 정리하는 활동이 즐겁게 느껴져야 한다는 겁
니다. 하지만 자신이 노트에 직접 글을 쓰면서 신나는 리듬감을
느끼지 못한다면 그런 활동을 멀리하게 됩니다. 그러면 손으로
쓰는 과정이 꼭 필요하거나 집중해서 주의해야 할 때도 머릿속

으로만 생각하고 눈으로만 글자들을 좇고 마는 거죠.

촛불이   손으로 쓰는 것이 왜 그렇게 중요한가요?

허당선생   어떤 문제에 대해 고려해야 하는 사항이나 해결 실마리들을 머릿속에서만 생각하는 것보다 손으로 써서 눈으로 직접 확인할 수 있는 형태로 정리해두면 문제해결 방법이 더 순조롭게 떠오르기 때문입니다. 한꺼번에 너무 많은 정보를 계속 떠올리지 않아도 되기 때문에 일이 훨씬 쉬워지는 거죠.

촛불이   어렸을 때부터 핸드폰이나 컴퓨터로 글 쓰는 데 익숙해서 손으로 쓰는 게 귀찮아요. 요즘은 학교 과제도 컴퓨터로 하는 걸요!

허당선생   촛불이도 다른 친구들처럼 쓰는 일이 지겨운 걸로 각인됐군요. 손으로 쓰는 걸 즐겨하지 않는 사람은 안정된 공부 감각을 느끼기 힘들어요. 저도 처음부터 쓰는 걸 좋아했던 건 아닙니다. 웬만하면 눈으로 읽고 말지 문제를 해결하면서 우선 써봐야겠다는 습관이 처음부터 생기지는 않죠. 그래서 '사각사각' 감각이 중요한 겁니다. 촛불이가 수학문제를 술술 풀 때 어때요? 증명 과정을 손으로 직접 써가며 풀 때 분명히 어떤 쾌감을 느끼죠?

촛불이   맞아요! 문제가 제 수준에 적당하고 '아, 풀 수 있겠다.' 싶은데 펜까지 쭉쭉 나가면 정말 신나죠!

허당선생   그런데 같은 문제를 컴퓨터 자판으로 타이핑하면서 푼다고 생각해보세요.

촛불이   상상만 해도 번잡하고 공부하는 느낌도 안 살 것 같아요.

허당선생   물론 컴퓨터를 능수능란하게 다루는 프로그래머나 컴퓨터로 수식을 많이 작성해본 수학자들은 사각사각 대신 타타타탁이 즐거운 리듬감을 안겨줄 수도 있겠죠.

촛불이 전에 말했던 우리 삼촌이 그래요. 프로그래밍 하면서 "아이핫!" 소리 내며 자판을 두드리는데 진짜 미친 사람 같다니까요.

허당선생 저도 종이에 간략히 쓴 내용을 컴퓨터 파일에 옮길 때 그 속도감과 리듬감을 즐기기도 해요. 그러나 우리가 공부하는 자료들은 대부분 컴퓨터 밖에 더 많이 존재하고 대부분의 경우 문제해결의 핵심은 모니터 앞이 아닌 곳에서 떠오르기 때문에 손으로 느끼는 사각사각이 핵심적인 감각이 되는 거죠. 글쓰기 이야기할 때도 말했지만, 중요한 문제와 풀이 과정, 논지, 핵심 문구 같은 것들은 종이에 써두는 것이 중요하다고 했었죠? 그런 기본 자료 없이 그냥 컴퓨터 앞에 앉아 바로 쓰려고 하면 바보가 됩니다.

나만의 펜과 노트로 좋은 필체를!

촛불이 글쓰기, 정리하기 등 공부하는 모든 과정에 사각사각이 들어가는군요. 사각사각을 어떻게 하면 더 제대로 즐길 수 있을까요?

허당선생 세 가지 방법이 있어요. 첫째는 좋은 펜, 둘째는 좋은 노트, 셋째는 좋은 필체입니다.

촛불이 좋은 펜과 노트라면 비싼 걸 말하는 건가요? 그리고 필체가 좋다는 건 예쁘고 멋있는 필체를 말하는 건가요?

허당선생 아니요, 사람마다 편하게 사용하는 필기구는 모두 다르죠. 무조건 비싸다고 좋은 것도 아니고요. 중요한 것은 필기할 때 가장 큰 즐거움을 느낄 수 있는 필기구와 노트, 필체를 선택하라는 겁니다. 저는 늘 사용하는 특정 펜이 있습니다. 이 펜을 대학 졸업하고 나서야 알았어요.

촛불이 그 펜의 어디가 그렇게 좋나요?

허당선생 빡빡하지 않고 매우 부드럽게 써지는 맛이 있습니다. 사각거리는 촉감이 느껴지면서도 빠르게 나가죠. 너무 빡빡하면 손목이 아파서 금세 지치고 그렇다고 너무 부드러우면 미끄덩거려서 자칫하면 필체가 엉망이 됩니다. 사각사각도 중용을 지켜야 합니다. 사각거리는 느낌이 적당히 느껴지면서도 펜이 빠르게 나가는 것이 쓰는 즐거움을 높이는 펜의 요소인 것 같습니다. 예를 들어 백 원짜리 볼펜을 전화번호 적을 때는 사용할 수 있겠지만 그걸로 공부하라고 하면 저는 못합니다. 쓰는 맛이 전혀 없기 때문에 한 문장만 써도 기운이 쫙 빠질 거예요.

촛불이 까다로우시군요.

허당선생 독일 철학자인 발터 벤야민도 『일방통행로』라는 책에서 "(필기)도구를 가려 써라. 특정한 종이, 펜과 잉크에 까다롭게 매달리는 건 도움이 된다"고 말했어요.

촛불이 까다로운 걸 정당화하려고 학자의 권위에 호소하시는군요.

허당선생 제가 뭐 그 사람과 비슷하다 그런 말은 아니고요, 하하! 어쨌든 글 쓰는 속도를 줄이지 않으면서도 자기 뇌에 느껴지는 감촉이 즐거운 펜을 고르는 것이 중요해요. 지금부터 하나씩 천천히 시도해보고 가장 마음에 드는 것에 정착하면 됩니다. 다만 너무 비싸지 않은 걸로 고르는 것이 좋지 않을까요? 여담으로 제가 쓰는 펜을 얼마나 좋아하냐면, 제가 무료로 상담해준 의뢰인이 있었는데 사건이 잘 해결되었으니 감사 표시를 하고 싶다길래 저는 그 볼펜심 한 박스면 충분하다고 했죠.

촛불이 완전 팬이시군요.

허당선생 맞아요, 특정 펜의 팬이 되어야 합니다. 이제 노트에 대해 알아 볼까요?

촛불이 노트는 어떤 노트가 좋나요?

허당선생 노트 질감이 각자 쓰는 펜과 잘 어울려서 쓰는 데 크게 신경 쓰 이지 않는 것이 좋습니다. 아마 펜을 잘 선택하면 종이 질감은 대부분 서로 잘 맞을 거예요. 참고로 제가 쓰는 노트는 맨 위에 스프링이 달려 있어서 종이를 위로 넘기는 얇은 줄 노트입니다.

촛불이 그 노트는 특별히 어떤 점이 좋은가요?

허당선생 예전에 일반 노트를 쓸 때 한쪽 면을 쓰면 그쪽 장수가 많아져서 울퉁불퉁하게 접히는 부분이 잘 안 써지더라고요.

촛불이 아, 저도 그 올록볼록한 부분 싫어해요. 역시 게으름뱅이들은 사 소한 것에도 핑계를 많이 대는군요.

허당선생 하하하! 특히, 우리가 흔히 쓰는 일반 노트는 제본 부분으로 갈 수록 글씨를 쓸 때 여간 신경 쓰이는 게 아닙니다. 빠른 속도로 사각거리면서 멋들어지게 쓰고 싶은데, 노트가 방해하는 거죠. 그리고 노트를 쓰다 보면 좌우 균형이 맞지 않아 뒤로 갈수록 노 트가 들썩거려서 진짜 신경 쓰여요.

촛불이 좀 심하게 까다로우신 것 같아요. 노트를 고를 때 꼭 그렇게까지 따져봐야 하나요?

허당선생 노트가 공부하는 데 주된 수단이 아니라면 그 정도의 불편함은 별 상관없지만 어쨌든 집중을 방해하는 요소들을 최소화하면, 손으로 쓰는 일을 공부의 중요한 부분으로 여기게 됩니다. 스프 링 노트도 스프링이 옆에 있으면 (오른손잡이가) 왼쪽 면을 쓸 때 는 스프링이 손에 닿아서 거슬리면 아무래도 손에 닿는 스프링을 한 번이라도 의식하지 않겠어요? 그러면 집중력은 깨지게 됩니다. 물론 왼쪽과 오른쪽을 쓸 때 위 아래로 돌려가며 쓰면 문제를 해결할 수 있지만, 저는 아예 스프링이 위에 있는 노트를 사용하는 걸로 해결했습니다. 다만 순서를 혼동하지 않기 위해서 공부하는 날짜를 먼저 적고 쪽수를 매깁니다. 그래야 컴퓨터로 파일 정리할 때 헷갈리지 않아요. 그리고 파일로 정리한 부분은 다른 색으로 따로 표시해두면 나중에 어디까지 정리했는지 금방 알 수 있습니다.

촛불이   저는 일단 줄 노트면 어느 정도 다 괜찮은 것 같아요.

허당선생   그래요, 사람마다 몸의 리듬은 다르니까요.

촛불이   그러면 좋은 필체는 무엇인가요?

허당선생   좋은 필체는 리듬을 느끼면서 쓰는 행위 자체에 감동하며 빠르게 쓸 수 있는 필체입니다.

촛불이   뭔가 상당히 복잡한 감정을 느껴야 하는 것 같은데, 쉽게 말하면 자뻑하며 쓰는 건가요?

허당선생   마치 자신이 능숙한 문필가라도 된 양 "사각사각 주우욱!" 써 나가는 느낌을 즐기는 거죠.

촛불이   아이고, 아이고!

허당선생   너무 비웃지는 마세요.

촛불이   헤헤 장난이에요. 이제 선생님 스타일을 잘 알아서 그렇게 놀랍지도 않아요. 그럼 필체는 따로 정해진 모양이 있나요?

허당선생   따로 정해진 건 없지만 교과서나 붓글씨에서 볼 수 있는 정자체는 아닙니다. 사람들은 필체가 좋다고 하면 보통 이런 정자체를 떠올리는데, 정자체로 쓰는 버릇이 있으면 보기에는 좋겠죠. 하지만 아무래도 적는 시간이 많이 걸리기 때문에 손으로 쓰면서 공부하는 습관이 들지 않아요. 생각의 속도를 사각사각이 따라가야 하는데 제대로 정리할 수 없게 되고, 눈과 머리로만 공부하니 쉽게 지루해집니다. 발전적 사고를 위해서 분명 종이로 풀어야 할 고민 과정들을 머릿속에서만 뱅뱅 맴돌게 하는 겁니다. 보기 좋다는 의미의 악필과 명필은 우리 이야기와 전혀 상관이 없어요. 제가 노트에 휘갈겨 쓴 글도 아무도 알아보지 못하지만 저는 쉽게 알아볼 수 있으니 괜찮아요.

촛불이 제 친구는 심한 악필이라서 자기가 쓴 것도 못 알아보던데요?

허당선생 자기 악필을 알아보는 것은 필체가 일관성을 가지고 있기 때문입니다. 필체에도 일종의 규칙이 있으면 알아보기 쉬워요. 필체 자체가 보기 좋거나 예쁜 것이 중요한 게 아니라 일관성이 있어야 합니다. 같은 종류의 글자는 그 크기가 같아야 하고, 같은 글

스프링 노트 ┄┄┄┄

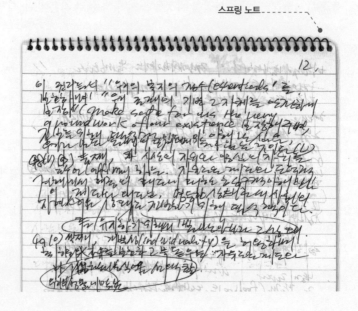

자가 문장 구조의 같은 부분에 등장할 때에도 동일하게 써야 한다는 겁니다. 예를 들어 '숏다리'와 '짧다'라는 단어를 쓸 때의 '다'는 그 모양이 조금씩 다르겠지만 '하다'와 '바다'의 '다'는 아마 비슷한 모양일 겁니다. 글자의 위치 따라 같은 글자도 모양이 달라집니다. 반대로 위치가 같으면 모양도 같아지겠죠. 이런 사소한 규칙들 없이 글자 모양이 수시로 바뀌면 촛불이 친구처럼 자기 글씨도 못 알아보게 되는 거예요.

촛불이 정자체야말로 일관성 있는 안정적인 필체 아닌가요? 근데 왜 공부할 때 정자체는 적합하지 않나요?

허당선생 아까도 말했듯이 글씨를 또박또박 쓰면 시간이 오래 걸리거든요. 쓰는 속도가 사고의 속도를 최대한 따라잡아야 합니다. 아무래도 쓰는 속도가 약간 더 느릴 수밖에 없겠지만 적어도 비슷하게는 따라갈 수 있어야 해요. 한마디로 속필이 돼야 하는 거죠. 속필이라도 글씨에 일관성이 있으면 글을 쓸 때 기분이 좋아요.

촛불이 저도 글자 쓸 때 시간이 많이 걸려요. 게다가 빨리 쓰려고 하면 마음이 급해져서 글씨가 개발새발이 되고요. 어떻게 하면 속필이 될 수 있을까요?

허당선생 필체가 빨리 쓰기에 적합한 필체가 아니면, 빨리 쓰더라도 자기 글씨도 알아보지 못하는 상황이 되기 때문에 필체가 속필에 적합한 필체가 되어야 합니다.

촛불이 속필에 적합한 필체는 또 뭔가요?

허당선생 획수를 최대한 줄인 필체를 말하는 거예요. 한글은 초성, 중성, 종성으로 나누어져 있어서 획수가 상당히 많은 편입니다. 그래도 어떻게든 세 획 이내로 글자꼴을 변형시켜서 쭉 이어 쓰면 어느 정도 흘림체가 되는데, 꼭 흘림체가 아니더라도 글자를 생략해서 쓸 수도 있어요. 제 동료는 흘림체도 아닌데 글씨를 정말 빨리 씁니다. 자세히 관찰해보니 글자를 최대한 작게 쓰면서 다음 글자와의 연결 지점을 부드럽게 이어가며 쓰더라고요. 이 친구처럼 사람들마다 각자 공부하기에 적합한 필체가 있습니다. 자, 제 필체를 보시겠어요? 제가 한번 써보겠습니다.

다양한 방법이 있을 수 있다.

촛불이   어? '다양한'이 한 획으로 이어져 있고, '방'도 한 번에 이어서 썼네요. 하하하! '수'자는 또 왜 이래요? 지렁이처럼 그냥 한 획으로 슥 쓰셨잖아요?

허당선생   지렁이요? 하하하! 그래도 빨리 썼죠?

촛불이   네. 놀랐어요. 어떻게 그렇게 빨리 쓰세요?

허당선생   꾸준히 연습하면 됩니다. 뭘 적으며 공부하거나 정리할 때 '어떻게 하면 일관된 모양으로 획수를 최대한 줄일 수 있을까?' 생각하면서 반복적으로 연습해보세요. 여러 번 시행착오를 겪다 보면 쓰기도 편하고 알아보기에도 좋은 필체에 이르게 됩니다.

촛불이   영어는요? 영어도 필기체로 흘려서 쓰나요?

허당선생   영어 필기체는 미적 요소를 가미한 글자체에서 필기체로 생각의 속도를 따라잡기는 어렵고, 적당히 변형해서 쓰면 됩니다.

There might be various ways

촛불이 우와, 엄청 빨라요. 근데 한글보다 더 못 알아보겠어요.

허당선생 컴퓨터에 다시 정리하는 글은 저만 알아보면 되니까 괜찮아요. 이제 촛불이가 필체 일반론을 말로 정리해볼까요?

촛불이 "글씨는 자신이 자연스럽게 쓸 수 있을 정도로 작게 쓰고, 획수는 최대한 줄여서 리듬감 있게 쓰자!" 어때요?

허당선생 우와, 이제 매듭짓기와 정리하기의 고수군요! 함께 얘기한 보람이 있네요.

아인슈타인의 몽상

촛불이 이제 '사각사각'의 의미를 알겠어요. 그럼 '모오옹~'은 뭔가요?

허당선생 우리가 문제해결을 고민할 때뿐만 아니라 반복훈련을 할 때도 공감각적으로 몽상을 해야 한다는 겁니다.

촛불이 몽상이요? 선생님, 지금 보니 반쯤 넋이 나간 상태로 공부하시는군요?

허당선생 하하, 그렇게 볼 수도 있겠네요. 이게 꼭 이상한 것만은 아니에요. 우리 모두가 느끼고는 있지만 의식하지 않는 부분일 뿐이죠. 일본 소설가 나쓰메 소세키가 쓴 『산시로』라는 소설이 있어요.

촛불이 주인공 이름이 산시로인가요?

허당선생 네. 산시로가 대학에 입학하기 위해 규슈의 구마모토로 상경하는데, 차 안에서 수염이 덥수룩한 히로다 선생을 만나게 됩니다. 둘이 이런저런 대화를 나누다가 히로다 선생이 다음과 같이 말합니다. "도쿄는 구마모토보다 훨씬 넓지. 도쿄보다 일본이 넓고, 일본보다…." 그는 잠시 말을 멈추었으나 산시로가 귀 기울여 듣고 있는 모습을 보고는 다시 말합니다. "일본보다 머릿속이 더 넓다네."

촛불이   아, 방금 뭔가 찌릿! 했어요.

허당선생   그렇죠? 교양 프로그램에서 이런 영상 본 적 있어요? 작은 세포로 시작해서 그 세포들이 모여 사람을 이루고, 그 사람이 있는 건물 그리고 그 건물들이 모인 도시, 그 도시를 위에서 바라본 경치 그리고 지구, 태양계와 은하, 많은 은하들이 모여 있는 우주 저편까지 빠르게 확장시키는 영상이요.

촛불이   아, 저도 본 적 있어요.

허당선생   제가 점점 범위를 확장해서 설명할 때 머릿속으로 그 장면을 상상하며 떠올렸죠?

촛불이   어? 어떻게 아셨어요?

허당선생   저도 상상하는 촛불이를 떠올리며 얘기했거든요.

촛불이   하하하! 꼬리에 꼬리를 무는 말장난 같아요.

허당선생   우리가 현실이라고 생각하는 상황들도 모두 뇌에서 일어나는 현상입니다. 우리가 신체로 느끼는 감각 인자들이 뇌 신호로 바뀌어서 전달되는 거죠. 어쩌면 결국 현실 세계와 몽상 세계의 차이는 우리가 반복해서 그 감각 인자들을 확인할 수 있느냐 없느냐의 차이뿐이라고 할 수도 있어요. 우리는 실제로 존재하지 않는 것도 있다고 생각할 수 있거든요. 예를 들어 '대머리 프랑스 왕'을 상상해보세요.

촛불이   음, 머릿속에서 화려한 옷을 입고 근엄하게 앉아 있는 대머리 아저씨가 떠올랐어요.

허당선생   그런데 프랑스에는 지금 총리와 대통령만 있지 왕은 없어요.

촛불이	앗! 함정에 속다니!
허당선생	하하하! '황금 산'은 어때요?
촛불이	온통 번쩍번쩍 빛나는 황금으로 덮인 산을 상상했어요.
허당선생	더 자세하게 상상해보세요. 황금 산에는 나무, 돌, 동물들이 있는데, 온통 황금인 거예요. 게다가 황금 토끼가 폴짝폴짝 뛰어다니며 황금 물을 먹는 장면도 상상할 수 있나요?
촛불이	음, 상상으로는 뭐든지 가능하죠!
허당선생	이렇게 황금 산이라는 소재만으로도 얼마든지 무궁무진하게 생각할 수 있어요. 황금 산을 다스리는 뾰로롱이라는 원숭이가 있는데, 어느 날 황금 토끼의 간이 필요해서 토끼를 쫓아가요….
촛불이	아유, 그만하세요. 몽상이 진짜 심하시네요.
허당선생	하하하. 재밌지 않아요? 촛불이는 몽상을 즐기지 않나 봐요.
촛불이	저는 좋아하는 애가 저한테 고백하는 장면을 상상하곤 해요.
허당선생	저보고 뭐라 할 것도 없네요, 뭐. 구체적으로 어떤 말로 고백하는지도 생각해봤죠?
촛불이	어떻게 아셨어요?
허당선생	이제 저도 촛불이 스타일 좀 파악했죠.
촛불이	쳇! 그런데 공부가 이런 몽상이랑 무슨 상관이 있어요?
허당선생	제가 앞에서 매듭짓기 이야기할 때 개념도를 그려가면서 말했던 거 생각나요?
촛불이	그때 드워킨의 자원평등론 얘기하면서 다리를 그리셨잖아요.
허당선생	그건 몽상 아닌가요? 실제로 자유와 평등이 연결된 다리는 없잖아요.
촛불이	헉, 그러네요.

허당선생 아인슈타인도 몽상을 했어요. '인간이 빛의 속도로 날아가면 어떨까?'

촛불이 우와, 아인슈타인은 역시 몽상하는 수준도 장난 아니네요.

허당선생 더 놀라운 건, 아인슈타인은 이 생각을 어릴 때부터 했대요. 상상하던 이미지가 머릿속에 공감각적으로 존재하고 거기에 그 문제를 해결할 수 있는 여러 가지 장비들이 더해진다고 생각해봐요. 그런 상상을 하지 않는 사람들보다 문제해결 방법이 마법 같이 떠오를 가능성이 높겠죠.

촛불이 선생님, 천재 아인슈타인이잖아요. 그리고 그건 몽상이 아니라 아주 기발한 발상이죠.

허당선생 제가 공감각적 형상화의 중요성을 재미있게 설명하기 위해서 몽상이라는 표현을 사용한 거예요. 상상이라는 말이 더 정확한 표현일 수도 있어요.

촛불이 그러니까 책을 읽거나 손으로 사각사각 쓰면서 그 내용을 형상화하는 상상을 하라는 건가요?

허당선생 그렇죠. 단편적인 이미지만 떠올리지 말고 황금 산을 돌아다니는 원숭이를 떠올리듯이 좀더 체계적으로 구체적인 상상을 하는 것이 좋아요. 예를 들어 독일어를 반복훈련 할 때, 촛불이가 좋아하는 연예인과 독일어로 대화한다고 상상하면 어떨까요?

촛불이 그건 공부가 아니라 즐거운 대화죠.

허당선생 아니면 그 문장이 가리키는 상황 전부를 그 연예인에게 벌어지는 상황으로 바꿔서 생각하는 거죠. 그리고 좋아하는 연예인 이마에다가 공부할 단어를 딱 붙여서 상상하는 겁니다.

촛불이 크크크. 꼭 그렇게까지 해야 해요?

허당선생	하하. 이건 하나의 예일 뿐입니다. 제가 즐겨 하는 몽상의 틀이 있는데요, 제가 좋아하는 지적 영웅들과 대화하는 겁니다.
촛불이	존 롤스랑 대화한다고요?
허당선생	어떻게 아셨어요?
촛불이	존 롤스가 선생님 말이 맞다고 칭찬하는 몽상이죠?
허당선생	족집게네! 주로 제가 존 롤스 책을 읽고 이해하거나 새로 응용한 걸 풀어서 생각할 때 그런 몽상을 하기도 한답니다.
촛불이	또 다른 영웅도 있나요?
허당선생	존 스튜어트 밀이요.
촛불이	신사들만 좋아하시는군요.
허당선생	제 말을 잘 들어줄 것 같잖아요. 그런데 미국의 유명한 판사인 레너드 핸드도 저와 비슷한 몽상을 했던 것 같아요. 이 이야기는 로널드 드워킨이 동네방네 다니면서 자주 하는 이야기인데, 한국에 왔을 때도 했었어요.

예전에 로널드 드워킨은 전문적으로 판사 업무를 보조하는 일을 했었어요. 그런데 어느 날 드워킨의 담당 판사였던 레너드 핸드가 자신이 생각하는 천국은 어떤 모습인지 궁금하지 않냐고 묻더래요. 그래서 드워킨이 "아, 그 천국에 관한 이야기를 듣는다면 무한한 영광입니다"라고 농담조로 얘기했더니 핸드는 그 말을 무시하고 천국 이야기를 계속 했죠. 천국에서 어떤 사람과 차를 마시며 토론을 하는데 머리 위에서 목소리가 들려온다는 겁니다. "입 좀 닫아라, 볼테르! 핸드가 하는 말을 더 듣고 싶다!" |
| **촛불이** | 하하하, 프랑스를 대표하는 사상가 볼테르와 논쟁하면서 자신이 훨씬 뛰어난 논변을 펼치는 상상을 했군요. |

허당선생   맞아요. 핸드는 자신만만한 사람이었으니까 그런 상상도 자유롭게 했을 거예요.

🖌 자유로운 몽상의 세계

촛불이   상상의 종류나 형태, 방식에 특별한 제한은 없겠네요.

허당선생   그럼요. 지금 반복훈련 하거나 생각 굴리기 하고 있는 내용과 관련해서 문제해결을 돕는 상상이라면 얼마든지요. 윤리학자나 정치철학자는 엉뚱하고 이상한 사례를 많이 생각해요.

촛불이   예를 들면요?

허당선생   케네스 애로라는 경제학자는 선호공리주의 이론을 다루면서 물떼새 알이라는 고급 음식에 길들여진 유복한 소녀를 상상했습니다.[1] 이 소녀는 물떼새 알이 아닌 다른 음식은 음식 같지도 않고 그런 음식을 먹는다면 정말 비참할 거라고 생각했어요. 그런데 갑자기 가난해져서 소녀는 더 이상 물떼새 알을 먹지 못하게 되었죠. 그때 정치공동체는 소녀의 개인적인 특수한 선호를 고려해야 하냐는 겁니다.

촛불이   하하하, 너무 웃겨요.

허당선생   이걸 보통 '비싼 기호의 문제'라고 하는데, 이 이론을 설명하기 위해 케네스 애로가 든 사례가 조금 황당하죠. 하지만 그 사례가 언급하고 있는 것은 학문적으로 상당히 근본적인 쟁점입니다.

---

1   Kenneth Arrow, "Some Ordinalist-Utilitarian Notes on Rawls's Theory of. Justice", The Journal of Philosophy, 1973; pp. 245-263

일반적으로 '평등' 하면 모두가 동일한 정도로 행복한 복지 평등을 떠올리기 쉽잖아요. 그런데 비싼 기호의 문제를 살펴보면 과연 복지 평등관이 타당한 평등관인지 의문이 듭니다. 예를 들어 우리는 모든 종교가 평등하게 대우받아야 하고, 국가가 특정 종교만 옹호해서는 안 된다고 생각하잖아요.

촛불이 당연하죠. 그런데 국가가 지나치게 간섭하지만 않으면 되는 거 아닌가요?

허당선생 그럴까요? 존 롤스도 『정의론』에서 들고 있는 예인데, A종교는 머나먼 곳에 있는 성지를 죽기 전에 꼭 한 번은 순례해야 천당에 갈 수 있다는 교리를 갖고 있어요. 그 종교의 신자들이 너무 큰 비용 때문에 성지 순례를 가지 못한다면 엄청난 죄의식과 두려움에 사로잡히겠지요. 그러면 국가는 A종교를 믿고 있는 교인들에게 성지 순례 보조금을 지급해야 할까요?

촛불이 아, 물떼새 알 문제랑 비슷한 경우네요. 만약에 A교인들의 복지 평등을 최고 가치로 생각한다면 보조금을 줘야 하지만 다른 종교인들에게는 주지 않는 보조금을 특별히 A종교를 믿는 사람들에게만 주는 것도 형평성에 문제가 있는 것 같아요.

허당선생 그렇죠. 이런 상상은 생각을 자극하고 확장하는 역할을 해요. 케네스 애로의 물떼새 알 이야기처럼 하나의 우화를 논의 쟁점과 긴밀히 연결시켜서 생각하면 우화의 배치만 생각해봐도 쟁점의 구조가 자연스럽게 연상될 수 있어요. 그래서 학자들도 웬만하면 같은 우화를 다루면서 세부적인 설정들만 여러 방향으로 변형하며 논의하는 쪽을 선호합니다.

촛불이 우화가 그 문제설정의 상징인 셈이네요.

허당선생 그렇게 볼 수 있죠. 『우주의 구조』라는 책에서는 1689년에 뉴턴이 제안했던 '회전하는 물통 실험'을 이야기합니다. 그런데 이 물통 실험을 뉴턴만 말했던 게 아니라 후대 학자들도 계속 "물통, 물통!" 그랬어요. 그러니까 어떤 실험이냐면, 물이 들어 있는 물통을 줄에 매달고 그 매단 줄을 충분히 꼬았다가 놓았을 때 흔들리며 생기는 수면 변화를 다루는 이야기였죠. 듣기에는 단순해 보여도 절대 공간과 상대 공간에 관한 물리학, 철학적 논쟁이 이루어지는 심도 깊은 주제입니다.

촛불이 재밌겠는데요?

허당선생 저처럼 물리학에 문외한인 분들에게 『우주의 구조』라는 책을 추천합니다. 특히, 존 벨의 실험을 스컬리와 멀더의 토론 방식으로 재미있게 설명하는 부분이 압권입니다. 일반적으로 입자 속도를 정확하게 측정하면 입자 위치가 교란되고, 위치를 정확하게 측정하면 입자 속도가 교란되거든요. 그래서 입자의 위치와 속도가 동시에 명확한 값으로 확정되지 않는다는 것이 불확정성 원리입니다. 그런데 아인슈타인은 불확정성 원리가 우리 측정 기술의 한계일 뿐 입자의 실체는 명확한 위치와 속도를 함께 가지고 있다고 주장했어요. 그러나 존 벨의 실험이 입자의 실체 자체도 불확정적이라는 것을 밝혀낸 겁니다.

이 책의 저자인 브라이언 그린은 수학을 자유자재로 다루는 물리학자인데, 우리가 뒤에서 다룰 생각 굴리기의 '가상적 사고실험'이나 '모델 구성하기'에 참조할 수 있는 사례와 설명으로 가득합니다. 어쩜 이렇게 글을 이해하기 쉽게 대중적으로 쓸 수 있는지 정말 감탄스러워요.

촛불이 　우와, 그렇게 흥분하며 말씀하시니까 저도 빨리 읽고 싶어요.

허당선생 　그럼 자유로운 몽상을 위한 또 다른 사례를 얘기해볼까요? 철학
자 주디스 톰슨은 낙태 논쟁을 다루면서 이런 우화를 예로 들었
습니다.

　　　어떤 사람이 친구를 만나러 가려고 엘리베이터 층 버튼을 눌렀
는데 갑자기 기절했어요. 나중에 깨어나 보니 생전 처음 보는 바
이올리니스트와 어떤 끈으로 연결되어 있는 거예요. 9개월 동안
그 연결을 끊지 않으면 바이올리니스트가 살지만 중간에 나오면
그 사람은 죽는 거죠.[2]

　　　톰슨은 낙태 논쟁이 '태아가 사람인가, 그렇다면 언제부터 사람
이라고 볼 수 있는가' 이런 질문에만 너무 집중되어 있다고 생각
했어요. 그래서 그 질문 자체를 해결하려고 하는 것보다 다른 부
분을 논증하는 것이 문제를 더 쉽게 해결할 수 있는 실마리가 되
지 않을까 생각했죠. 톰슨은 태아가 독립적인 인간이라고 해도
낙태가 정당화되는 경우가 있다는 것을 논증하기 위해 이 엘리
베이터 우화를 제시했어요.

촛불이 　그런데 이 우화는 약간 문제가 있는 것 같아요. 엘리베이터의 두
사람은 서로 얼굴도 모르는 독립된 삶을 살아온 사람이지만, 태
아는 임신한 여성의 몸에서 창조되고 태어날 때까지 함께하는
존재잖아요. 예기치 않은 임신이 실수라는 점에서 엘리베이터
층수를 잘못 누른 것과 비슷하긴 하지만요.

허당선생 　네. 촛불이가 말한 것처럼 톰슨의 우화는 결정적인 논증이 되기

2　Judith Jarvis Thomson, "A Defense of Abortion", *Philosophy & Public Affairs*, Vol. 1, no. 1, Fall 1971.

에는 부족한 점이 많다고 비판을 받았어요.[3]

촛불이　그래도 이런 이야기들은 언제나 흥미진진한 거 같아요.

허당선생　촛불이도 첫 시간에는 골치 아프다면서 관심 없다고 했지만 가치를 다루는 지식에 흥미가 있는 것 같아요. 우화나 가상적 상황들을 하나로만 고정시켜 이야기하는 것이 아니라 여러 가지로 변형시키기도 해요. 예를 들어 로널드 드워킨은 『Justice for Hedgehogs』에서 두 사람이 황량한 사막에서 치명적인 독을 가진 방울뱀에 물린 상황을 떠올려 보라고 합니다. 해독약은 한 사람만 살릴 수 있어요. 첫 번째 가정은 두 사람 중 한 사람이 빨리 약을 가로채서 다른 사람이 애원해도 혼자 마셔버립니다. 물론 애원하던 사람은 죽는 거고요.

촛불이　으아, 잔인하다.

허당선생　두 번째 가정은 한 사람이 손을 먼저 뻗었는데 다른 한 사람이 총으로 쏘고 해독약을 빼앗아 마시는 거예요.

촛불이　으악! 두 번째는 더 심하네요.

허당선생　그런데 두 경우 모두 자신의 행동으로 인해 나머지 한 사람이 필연적으로 죽을 수밖에 없는 결과를 초래했잖아요. 그런데 왜 두 번째 사례가 더 심각하게 느껴지고 도덕적으로 용서할 수 없다고 생각하는 걸까요?

촛불이　그러고 보니 또 그렇기도 하네요. 근데 두 상황이 뭔가 확실히 다르게 느껴지는데 설명하기는 힘들어요.

3　B. D. Parks, "The Natural-Artificial Distinction and Conjoined Twins : A Response To Judith Thomson's Argument for Abortion Rights", *National Catholic Bioethics Quarterly* 6:4, Winter 2006; p. 671-680 및 S. Schwarz, The Moral Question of Abortion. *Chicago : Loyola University Press*, 1990 참조

허당선생   로널드 드워킨은 이 우화를 통해 "해악, 특히 우리 윤리관 속에서 타인에게 끼쳐서는 안 되는 해악은 무엇을 의미하는가"라는 문제를 다룹니다. 단순히 치킨집 바로 앞에 찜닭집을 열어서 치킨집을 망하게 만드는 것과 밤에 몰래 치킨집의 유리창을 박살 내는 건 도덕적 관점에서 차이가 크잖아요. 설사 망해서 발생한 손해가 깨진 유리창 값보다 훨씬 크다고 해도요. 드워킨은 이 방울뱀 우화로 시작해서 관련 논의들을 흥미롭게 엮어간답니다.

촛불이   우와, 결국 우리가 얘기했던 황금 산 원숭이 이야기와 비슷한 건데 실제로 일어날 수 있는 일이라고 생각하니까 훨씬 심각하게 느껴져요.

허당선생   우리가 어떤 상황을 가정할 때 마구잡이로 형상화하려고 하지 말고 생각하는 문제나 주제들 중에 가장 중요한 특징들을 뽑아서 이야기로 추상화하는 것이 중요합니다.

촛불이   헤헤, 일단 저는 좋아하는 연예인과 대화하는 상상부터 시작할래요. 그런 몽상을 하면서 공부하면 의자에 엉덩이 딱 붙이고 오래 앉아 있을 수 있을 것 같아요.

허당선생   하하하. 오래 앉아 있는 것에 너무 집착하지 않아도 됩니다. 무조건 수도승같이 진득하게 공부할 수 있는 정신력과 체력을 갖췄다고 해서 문제해결에 능숙한 건 아니거든요. 그보다 더 중요한 건 요령을 잘 활용하면서 풍부하고 입체적인 반복훈련을 하는 겁니다.

공부의 속도와 리듬

촛불이 그러니까 '모오옹~'은 공감각적으로 즐거운 상상을 하면서 시간을 보내라는 거군요?

허당선생 바로 그겁니다. 이제 "공부 열심히 해~"라는 격려 인사도 좀 바꾸어야 한다고 생각해요. 우리가 늘 그렇듯이 문제해결을 위한 공부에 맞게 인사말도 바꿔보자는 거죠. 촛불이는 '열심히' 하면 어떤 모습이 떠오르나요?

촛불이 마음속으로 "으아아아아아아~, 우어어어어~!" 괴성을 지르며 연습장에 빽빽이 쓰는 모습이요. 머리가 뜨거워질 정도로 집중하는 모습?

허당선생 촛불이가 떠올린 모습처럼 '열심히'는 기계적으로 반복하는 일에 어울리는 말 같아요. 예를 들어 '이삿짐을 열심히 나른다'고 하면 농땡이치지 않고 땀을 뻘뻘 흘리면서 빨리빨리 이삿짐 나르는 모습이 떠오르잖아요. 무언가 열심히 하는 모습은 상당히 신속하고도 강력하게 집중하는 상황이 연상됩니다. 그런데 그 상태로 공부를 얼마나 지속할 수 있을까요?

촛불이 으, 상상만 해도 힘들어요.

허당선생 너무 몰입해서 인상을 찌푸리며 괴로워할 때도 있지만 대부분의 공부는 약간 힘을 빼고 적당한 속도는 내되, 리듬을 타며 이것저것 생각해보는 모습이 어울립니다.

촛불이 공부하면서 인상 쓰고 괴로워할 때도 있다고요? 리듬을 타며 즐겁게 공부하라고 하셨잖아요.

허당선생 버트런드 러셀이 『수학 원리』를 집필할 때 가장 즐거웠던 순간이 출판사에 완성된 원고를 전달할 때였다고 합니다. 너무 집중해서 생각하고 글을 쓰다 보니까 탈고 이후로는 뇌에서 뭔가 툭! 끊어져버리는 느낌이었대요. 그리고 『논리 철학 논고』와 『철학적 탐구』를 썼던 비트겐슈타인은 수업을 할 때 질문 하나 던지고는 오만상을 찌푸리면서 혼자 왔다갔다 서성이며 생각만 했다고 해요. 그러다가 너무 괴로워서 밤에 러셀의 현관문을 마구 두드리기도 했다고 합니다.

촛불이 그러니까 생각을 굴리고 해답을 찾는 과정이 늘 편안하고 이완된 모습은 아니네요?

허당선생 네. 아인슈타인은 중력의 실체를 규명하기 위해 연구에 몰입하는 동안 동료 물리학자인 아널드 조머펠트에게 "저는 지금 중력에 대해 집중적으로 연구하고 있습니다. 아직 분명한 결론은 없지만 한 가지 확실한 사실은 난생 처음으로 지독한 고생을 하고 있다는 것이지요." 하고 편지를 보냈어요.

촛불이 천재도 집중해서 열심히 공부할 때는 지치고 힘들군요.

허당선생 그렇지만 이완된 모습을 기본적인 공부 태도로 여기는 것이 좋다고 생각해요. 제 경험을 돌이켜 보면 괴로워하며 고민해서 좋은 생각이 나왔을 때도 있지만 오히려 편안한 상태에서 이것저것 천천히 생각하다가 기막힌 생각들을 떠올린 적이 더 많거든요.

촛불이 그러면 리듬감과 속도감을 함께 낸다는 건 정확히 무슨 뜻이죠?

허당선생 지나치게 열 내면서 공부하지는 않아도 정신적으로는 자신만의 페이스메이커가 있는 것처럼 느끼며 공부해야 한다는 겁니다. 책 읽는 법에 대해 이야기할 때 지나치게 느리게 읽으면 오히려 역효과라고 했는데 이와 비슷한 맥락입니다. 편안하게 이완된 상태에서 공부하는 게 좋다고 마냥 맥 놓고 공부하면 곤란하겠죠? 마라톤 할 때 옆에서 같이 뛰면서 속도가 뒤처지지 않게 조절해주는 사람처럼 공부도 페이스메이커가 있으면 좋습니다. 공부하면서도 머릿속에 페이스메이커가 있다고 생각하면 집중해서 속도를 내야 할 때와 천천히 조절하며 달려야 할 때를 구분할 수 있어요. 예를 들어 제가 로베르트 알렉시의『기본권 이론』을 읽고 '사회권에 대해서 이렇게 정리하면 되겠다.' 감을 잡았는데, 어느 날 서점에 가서 보니까『인권의 대전환』한글판이 나온 거예요. 이 책은 알렉시의 이론을 중심으로 여러 나라의 판례를 해석하고 통합하면서 사회권을 어떻게 보장해야 하는지에 대해 체계적으로 기술한 책이거든요. 알렉시가 "헌법적 권리에 관하여 논증한다는 것은 여러 비중의 헌법 원칙에 의해서 최적화하는 것이다"라고 하니까 다른 학자들이 "야, 그거 너무 불확정한 기준 아니냐?" 하고 비판했습니다.

촛불이   아, "국민을 굶어 죽게 하지는 않는다"는 것만 확정적인 법적 의무이고 그 이상은 모두 사회적 방향 설정에 불과하다는 식으로 취급했다는 이야기, 맞죠?

허당선생   역시! 촛불이, 기억력 좋군요. 저자인 샌드라 프레드먼은 알렉시뿐만 아니라 다른 학자들의 논의까지 통합해서 국가의 소극적인 의무와 적극적 의무가 어떤 구조와 특성으로 서로 연관되어 있는지 아주 훌륭하게 밝혀줍니다. 그리고 더 나아가 '최적화'라는 개념을 유효성, 참여성, 책무성, 평등성이라는 원칙들로 세분화해서 사회권에 대해 판시한 여러 국가들의 판례들을 끌어와 적용합니다. 그런데 처음에는 법원에 왔다갔다할 때 틈내서 조금씩 읽었는데 감이 잘 안 잡히는 거예요.

촛불이   그래서 또 주말 하루 동안 몰아서 읽으셨군요?

허당선생   이제 저를 완전히 파악하셨군요. '오늘 하루 동안 다 읽자.' 이렇게 마음먹고 속도를 냈더니 수많은 판례들이 전체적으로 큰 구조를 이루며 보이더라고요.

촛불이   그러니까 "사각사각 모오옹~"은 적당한 속도감과 리듬감이 내포되어 있는 말이군요.

허당선생   '모오옹~!'의 과정은 매우 긴 거리를 완급 조절하며 달리는 것과 비슷합니다. 빨리 달릴 때 볼 수 없었던 풍경들을 천천히 걸으면서는 자세히 관찰하고 만끽할 수 있지만, 반대로 천천히 걷기만 하면 달리는 재미나 목표한 곳에 이르는 성취감을 맛볼 수 있는 기회가 적을 거예요. 공부에서도 과유불급, 중용의 원칙이 필요해요. 촛불이도 "모오옹~!" 하면서 속도감을 느끼는 공부와 리듬감을 즐길 수 있는 공부, 모두 만끽하길 바랍니다.

:: 함께 읽으면 좋은 책

학교를 넘어서 이한 저 | 민들레

탈학교의 상상력 이한 저 | 삼인

일방통행로 발터 벤야민 저 | 조형준 역 | 새물결

우주의 구조 브라이언 그린 저 | 박병철 역 | 승산

기본권 이론 로베르트 알렉시 저 | 이준일 역 | 한길사

인권의 대전환 샌드라 프레드먼 저 | 조효제 역 | 교양인

• • •

자신에게 알맞는 과업 수준을 설정하라.

자신에게 주어진 문제를 제대로 이해하라.

몸은 쉬어도 머릿속 생각의 끈은 놓지 마라.

문제를 잘게 쪼개 단계적으로 해결하라.

• • •

7

주의집중의 기술

내가 집중하지 못하는 이유

촛불이 선생님! 그런데 생각보다 "사각사각 모오옹~"을 제대로 하기 힘들던데요? 공부할 때 잡념이 생겨서 집중하기 힘들어요.

허당선생 즐거운 잡념이었나요?

촛불이 그러면 다행이게요? 공부에는 별 도움도 되지 않는 사소한 걱정거리라서 문제죠. 여드름도 신경 쓰이고, 머리카락도 푸석푸석한 것 같고.

허당선생 그런 거 큰 걱정이죠!.

촛불이 물론 공부 걱정도 해요. 공부하다가 '아! 힘들다, 이래가지고 내가 원하는 수준에 오를 수 있을까?' 이런 생각도 들고, 몇 번 읽어도 이해가 안 되니까 친구들이랑 나가서 놀고 싶기도 하고요. 그러다가 잠깐 확인만 한다던 스마트폰으로 기사 검색하고 미니홈피 들어가서 파도 타기 한 번만 해도 시간이 막 가요. 정신 차리고 다시 공부하려면 금세 밥 먹을 시간이고, "우씨, 이게 뭐야!" 제대로 공부할 수가 없다니까요.

허당선생 아이고, 그렇겠네요.

촛불이 아니, 선생님은 "너도 맞다, 쟤도 맞다." 하는 분이세요? 어떤 해결 방법이나 대책을 좀 알려주세요.

허당선생 저도 그럴 때가 있으니까 그렇죠. 촛불이나 저만의 문제가 아니라 이 세상이 전체적으로 그렇게 돌아가고 있어요. 요즘 사람들의 집중력 유지 시간이 갈수록 떨어지고 있대요. 영국 로이드 TSB 보험사가 사회학자인 데이비드 목수 교수 팀과 함께 성인 일천 명을 대상으로 설문조사를 실시했는데, 그 결과, 현대인의 평균적인 집중력 유지 시간은 5분 7초라고 합니다. 그런데 이 수치는 십 년 전 12분에서 거의 절반 이상 감소한 결과랍니다. 주목해야 할 부분은 같은 조사에서 50대 이상은 인터넷 환경에 밀착한 젊은 세대보다 집중력 유지 시간이 훨씬 양호했다는 점이에요.

촛불이 나이 많은 사람이 오히려 쉽게 피곤하거나 힘들 것 같은데 의외네요.

허당선생 10분 정도 집중하는 간단한 실험인데, 그렇게 체력적으로 힘들지는 않을 거예요. 문제는 우리 두뇌입니다. 요새 미국은 평균 근무 시간이 늘어났는데 오히려 일의 밀도는 줄었다고 하더라고요. 공부나 회사 업무 모두 주의집중을 요하는 과업이라는 점에서 비슷하죠. 둘 다 문제해결 과정이라는 점도 비슷하고요. 주의집중을 하지 못한다는 것은 어떤 의미일까요?

촛불이 오로지 지금 하고 있는 일만 생각하는 상태를 유지하지 못하는 것 아닐까요?

허당선생 그렇죠. 스스로 의식적으로 수행하는 일 이외의 다른 정보에도 산만하게 주의를 기울이는 바람에 하던 일을 제대로 끝마치지 못하는 거죠. 그러면 '왜 집중하기 어려울까?' 이 문제를 좀더 자세히 살펴보기 위해서는 주의집중에 대해 집중적으로 분석해봐야 할 것 같아요.[1] 주의집중은 각성, 방향, 선택 세 단계로 이루어집니다. 예를 들어볼까요? 편의점에서 아르바이트를 하는 홍길동이 동전을 세는 도중에 우연히 고교 동창이 손님으로 와서

---

1 『학습이론』, 문선모 저, 양서원, 2007 : 10장 참조

길동이를 알아보았다고 상상해보세요. 먼저 동전 세는 것부터 생각해보기로 하죠. 우선 길동이는 동전을 세어야 한다는 생각에 '각성' 상태가 되겠죠.

촛불이   '동전을 세어야 한다.' 이 특정 과업을 염두에 두고 일을 시작하는 게 각성이군요.

허당선생   그렇죠. 그 다음에 '방향'기제가 작동해요. 편의점에는 항상 시끄러운 음악 소리가 나오잖아요. 어떨 때는 라디오 DJ가 재미있는 사연을 읽기도 하고요. 이런 정신없는 상황에도 아르바이트생 홍길동은 집중하고자 하는 정보의 방향을 잡아 정확하게 분간하죠. 그리고 마지막으로 '선택'기제가 작동하여 동전을 세는 동안에는 다른 생각들이 두뇌에서 모두 억압됩니다. 동전을 세는 행위만 선택되어 작동하는 거예요.

촛불이   그러네요. 머릿속으로 가요를 따라 부르지는 않을 테니까요.

허당선생   네. 특히 동전 세는 것처럼 머릿속으로 무언가를 끊임없이 떠올려야 하는 작업은 동시 작업, 즉 멀티태스킹을 하기 힘들어요. 그래서 다른 정보들은 뇌에서 철저하게 억압해야 합니다. 이제 다음 상황을 살펴보면서 다시 한 번 이 과정들을 확인해볼까요? 고교 동창이 "길동아!" 하고 불러요.

촛불이   갑자기 자기 이름을 불러서 놀랐겠어요.

허당선생   이때, 아르바이트생은 동전 세는 일을 멈추게 되고 그 사람 말에 각성 상태가 됩니다. 즉, 방금 전까지는 그다지 신경 쓰지 않았던 그 손님의 말에 더 빨리 반응하고 그 손님으로부터 나오는 계속적인 정보에 더 민감해지는 거죠. 그리고 방향기제가 작동하여 자기를 부르는 손님이 하는 말뿐만 아니라 다른 손님들끼리

떠드는 소리, 음악 소리까지 전부 들리지만, 그 손님이 무슨 말을 하는지, 그 손님 입에서 나오는 소린지 아닌지 분간합니다. 마지막으로 선택기제가 그 손님이 나에 대해 뭐라고 말하는지 주목하게 되는 겁니다. 음악 소리도 들리고 손에 동전도 쥐고 있지만, "길동이 너 인물 좋아졌다!"라는 말에 귀 기울이며 기분이 좋아지는 겁니다.

촛불이   하하, 재밌는 설명이네요. 그런데 왜 세 단계로 나눴어요? 실제로는 연속적으로 일어나는 것처럼 보이잖아요.

허당선생   연구에 따르면 각성, 방향, 선택이라는 세 기능을 담당하는 뇌의 시냅스가 각각 다르다고 합니다. 이 사례를 보면 주의집중을 잘 할 수 있는 경우와 집중력이 떨어지는 이유에 대해서 알 수 있어요. 일단 처음에 길동이는 왜 동전을 잘 세고 있었을까요?

촛불이   제가 아르바이트 해봐서 알아요. 동전을 잘 세어놓아야 마감할 때 정산하기 편하거든요.

허당선생   맞아요. 일단 해야겠다는 의욕이 뒷받침되고 동전을 센다는 과업이 선택기제를 작동시키면서 조금만 집중하면 충분히 해낼 수 있는 일이라는 것을 스스로 잘 안다는 점이죠.

촛불이   그렇군요. 그런데 친구가 갑자기 불러서 길동이는 어디까지 셌는지 잊어버렸어요.

허당선생   친구 말에 귀를 기울이면서 동시에 동전을 셀 수는 없을까요?

촛불이   그런 거 할 줄 알면 기네스북에 오를 것 같아요!

허당선생   하하, 맞아요. 대화하면서 걸을 수도 있고 뛸 수도 있지만 동전 세는 것은 사실상 불가능할 정도로 어렵죠. 한마디로 인간의 뇌는 멀티태스킹에 취약한 겁니다. 왜냐하면 선택기제가 한 번 깨지면, 다시 집중하기 위해서 각성과 방향 단계를 매번 다시 거쳐야 하기 때문입니다. 선택기제라는 필터 기능은 현재 가장 중요한 과제가 무엇인지 의식하고, 다른 방해물 인식을 억누릅니다. 선택한 과제를 계속 집중해서 따라가면 무엇을 할 수 있고 어떤 보상이 따르는지 우리 머릿속에 선택되어 자리잡혀 있는 거죠. 만약 이런 선택기제가 작동하지 않는다면 빨래를 널기 위해 옥상에 갔다가 빨래는 널지도 않고 갑자기 다른 일을 하기 위해 다시 내려오는 이상한 행동을 하겠죠.

이런 필터 기능을 활용해서 집중력을 발휘하는 과정을 그림으로 형상화해볼까요? '작업 기억'이라는 일시적이고 용량이 작은 작업대가 있다고 합시다. 그 작업대 위에 지금 집중하고 있는 과제에 관한 정보를 올려놓은 상태에서 과제를 잘 마치면 주의집중을 잘 한 거예요. 반면에 A과제를 다 끝내기도 전에 B과제를 하기 시작하면 A과제 기억은 작업대에서 내려오게 되고, A과제를 하려면 다시 작업대 위로 올리느라 그만큼 더 피곤해지는 거죠.

촛불이 무 썰다가 바닥에 내려놓고, 양파 올려서 다지다가 다시 무를 올려놓고 자르는 셈이네요. 으아, 생각만 해도 피곤하다.

허당선생 네, 양파 썰기와 무 썰기를 동시에 할 수는 없으니까요. 이런 식으로 왔다갔다하면 뇌가 금방 피곤해져서 아예 일하기가 싫어져요. 그리고 필터 기능은 정해진 시간 안에 동전을 세는 것처럼 주어진 과제 수준이 적절할 때 가장 효과적으로 발휘될 수 있어요. 주어진 시간은 넉넉한데 과제가 너무 쉬우면 쓸데없는 것까지 신경 쓰며 여유를 부리겠죠. 예를 들어 촛불이한테 초등학교 산수 문제 다섯 개를 한 시간 동안 풀게 하면 금세 산만해지겠죠? 반면에 너무 어려운 문제를 짧은 시간 안에 다 풀라고 하면 초조해져서 제대로 집중할 수 없을 겁니다.

촛불이 맞아요, 맞아요.

허당선생 그리고 아까도 언급했지만 최소한 지금 이 순간 주어진 과제의 우선순위 자체를 제대로 나열하지 못하면, 이 일 하다가 저 일 하다가 왔다갔다할 수밖에 없어요. 집중력이 보통 이상인 사람들도 스트레스 받는 상황이 되면 머리가 멍해지고 업무 능률이 떨어지는 건 마찬가지예요. 메신저로 시도 때도 없이 메시지가 오고 전화벨이 끊임없이 울리는 환경에서 일하는 직장인들이 대표적인 경우죠. 하고 있던 일을 '무'라고 보면, '양파'에 해당하는 메시지 확인하느라 무를 잠시 내려놓게 되거든요. 그래서 뭔가 하루 종일 엄청 바빴던 것 같은데 막상 특별히 한 것도 없이 피곤한 날이 있는 거예요.

주의집중에도 요령이 필요하다

촛불이 우와, 이렇게 자세히 분석하니까 문제를 더 명확하게 알 수 있는 것 같아요. 문제를 해결하려면 집중을 방해하는 것을 하지 않는 요령을 익혀야겠어요.

허당선생 점점 요령쟁이가 되는군요.

촛불이 으아, 저도 선생님께 물드는 것 같아요

허당선생 괜찮아요. 늘 이야기하듯이 저는 의지력, 정신력만 강조하는 것을 좋아하지 않는 사람입니다. 그렇게 추상적인 정신력만 강조하고 자책하다 보면 인생만 불행해지거든요.

촛불이 그래서 요즘 우울증에 걸리는 사람들이 많은 건가요?

허당선생 글쎄요, 우울증까지는 모르겠지만 산만해진 환경이 행복에 부정적인 영향을 미치는 건 맞는 말 같아요. 그리고 그 때문에 자신의 과업을 제대로 해내지 못한다는 자존감 상실에도 어느 정도 영향을 미치는 것 같고요. 그런데 "의지력을 길러라." "집중 좀 해라." 이런 말들은 아무 말도 하지 않은 것과 마찬가지입니다. 의지력이 한결같이 발휘될 수 있는 사람은 없어요. 자신의 의지력 스위치가 언제 켜지는지 알아내고 그 상황을 만드는 요령을 터득해야 하는 거죠. 자, 이제 그럼 주의집중을 개선하는 전략도 나올 수 있겠죠?

촛불이 음, 우선 지금 과제가 무엇인지 제대로 이해하고 있어야 해요.

허당선생 맞아요. 그래서 문제해결 공부가 중요한 거죠. 배우는 내용이 어떤 의미를 지니고 있는지, 어떤 맥락에서 이 정보가 제시되는 건지 충분히 이해할 수 있어야 해요. 예전에 교육청에서 장학사 올 때만 칠판에 학습목표를 썼었는데, 실제로 학습목표를 염두에 두고 공부하는 것은 정말 중요합니다. 그보다 더 좋은 방식은 목표와 문제를 구체적인 사례로 제시하는 거겠죠. 그런데 이게 꼭 수업에 집중할 때만 필요한 게 아니고, 책을 읽을 때도 중요해요. 제가 알렉시의 『기본권 이론』을 읽어요. 그런데 제대로 된 사회권의 원칙 모델을 보겠다는 목표 의식을 가지고 읽을 때와 알렉시라는 사람이 쓴 책은 꼭 읽어야 하니까 그냥 읽어봐야지 하고 읽을 때는 분명히 차이가 있을 거예요. 그리고 스스로 자신의 각성과 방향기제를 유도할 수 있는 환경을 만들어야 합니다. 공부하는 사람은 주의를 기울여야 하는 자극과 그렇지 않은 자극이 있다는 것을 분명하게 인식하고 다른 자극으로부터 오는 각성과 방향을 의식적으로 억제하는 훈련을 해야 해요.

촛불이   공부하는 동안에는 여드름을 신경 쓰지 않으려고 의식적으로 노력해야겠어요.

허당선생   제가 아는 여학생은 수험생활 하면서 이마를 너무 만져서 손독이 오르는 바람에 이마가 성할 날이 없었어요.

촛불이   크크크, 너무 웃겨요. 아차! 웃을 일이 아니네요.

허당선생   중요한 것은 불필요한 정보를 주는 시각적 자극을 차단하는 겁니다. 우선 책상 위는 깨끗해야 해요. 아, 책상 위에 책꽂이가 있는 것도 좋지 않아요.

촛불이   어? 제 책상도 그런데.

허당선생   그러면 공부하다가 '저 책도 봐야 하는데.' 이런 생각 들지 않나요? 책꽂이는 앞이 아니라 옆에 있는 것이 좋습니다.

촛불이   맞아요, 마음만 급해져요.

허당선생   집에서 공부하기 힘들면 도서관에서 하면 되니까 너무 걱정하지 말아요. 저는 집에서 일하거나 공부할 수 있는 사람을 존경합니다. 제가 집에서 공부하는 건 잠들기 전에 잠깐 책 보는 것과 청소하면서 제가 존경하는 학자들의 강의를 듣는 것 밖에 없어요. 저는 집에 자러만 갑니다.

촛불이   헉, 생각보다 의지력이 약하시네요.

허당선생   그래서 요령을 찾는 겁니다. 어떤 특정 장소에서 선택기제 작동을 방해하는 외부 자극이 자주 온다면 그 장소를 피하면 됩니다.

촛불이   해결책이 아주 단순무식하네요.

허당선생   하하, 그런가요? 그리고 과업 수준이 적정해야 한다는 기준도 잘 살펴봐야 해요. 지금 하고 있는 공부가 너무 어려우면 '이 내용에 필요한 반복훈련이 부족한 건 아닌가?' 반문해볼 필요가 있어요. 반복훈련이 부족하거나 자기 수준에 맞는 과제가 아니라면 과제가 제시되었을 때 그것을 적절한 단계로 나누어서 해결하려는 의욕이나 자신감이 떨어집니다. 지금 학교에서는 일률적으로 학년별 수업을 해서 개인의 반복훈련 정도와는 상관없이 강제로 수업을 들으라고 하죠. 이러면 산만해지는 학생이 당연히 생길 수밖에 없어요.

촛불이 교육제도가 저를 잘 챙겨주면 좋겠지만 저라도 제 자신을 잘 챙겨야겠어요. 반복훈련도 안 됐는데 머리 싸매고 급하게 다음 거 건너뛰어서 붙잡고 있는 건 아닌지 한 번씩 점검해봐야겠어요.

뇌를 혹사시키는 인터넷

촛불이 그런데 저는 천성이 산만한 것 같아요. 지금 당장 이걸 하고 싶어도 저걸 먼저 해야만 한다는 걸 잘 알거든요? 그런데도 명확한 우선순위 없이 이런저런 생각만 하다 보면 금방 또 다른 생각을 하게 되고요. 어느새 공부는 뒷전이 된다니까요.

허당선생 저도 천성이 좀더 훌륭했으면 하는데, 아까도 말했듯이 안 그래도 별로 훌륭하지 않은 본성을 사회가 더 타락시키고 있어요.

촛불이 핸드폰 문자, 미니홈피, 메일, SNS … 헥헥, 정말 많네요.

허당선생 그중에서도 인터넷이 주범입니다. 요즘은 스마트폰 때문에 더 심해졌어요. 인터넷이 우리의 사고방식을 얕고 가볍게 만든다는 주제를 다룬 『생각하지 않는 사람들』이라는 책이 있는데요, 한

번 읽어보세요. 책 제목처럼 현대 사회에서 생각하지 않는 사람들이 따로 있는 것이 아니라, 우리 모두가 생각하지 않는 사람들임을 얘기하고 있어요.

촛불이 저자 자신도 포함하는 건가요?

허당선생 그럼요. 저자도 인터넷 때문에 집중하기 어려워졌다고 하소연합니다. 그래서 그 책을 쓰기 위해 일부러 인터넷과 단절된 환경을 만들었다고 해요. 저자인 니콜라스 카는 인터넷을 자주 하다 보면 우리의 인식 습관과 지각 방식이 바뀐다고 주장합니다. 새로운 정보를 간략하게 검색하려는 방향으로 뇌에 물리적인 변화가 생긴다는 거죠.

촛불이 선택기제는 작동하지 않고, 각성과 방향기제만 반복하여 작동하는 뇌가 돼버리는군요.

허당선생 네. 아까 빨래 널러 갔다가 옥상 경치만 감상하다 돌아오는 예를 들었죠? 촛불이도 똑같은 바보짓을 한 적 있을 걸요? 단어 검색하려고 인터넷 열었는데 정작 검색은 하지 않고 포털 뉴스 보고 웹툰 보고 결국 웹서핑에 빠진 적 많지 않아요?

촛불이 헉, 빨래 널다가 옥상 구경만 하고 외출한 셈이네요.

허당선생 진짜 문제는 이런 현상이 인터넷이라는 외부 자극이 주어질 때만 발생하는 것이 아니라는 겁니다. 인터넷을 오래 하다 보면, 다른 활동을 할 때도 오래 집중하지 못하고 이것저것 산만하게 자신의 인지 능력을 사용하게 된다는 거죠. 그러니까 인터넷 사용은 하루 30분 이하로 제한하세요.

촛불이 미니홈피 관리하고 친구 파도타기만 해도 한 시간 넘게 걸리는데요?

허당선생 미니홈피는 없애세요. 블로그 정도는 괜찮아요. 다른 사람들 반응을 기대하며 정기적으로 글을 올리지 않아도 되니까 이따금씩 공부한 내용이나 느낀 점들을 정리해서 올리면 되죠. 어쨌든 공부를 제대로 해보고 싶다면 우리 뇌를 변화시키는 도구에서 최대한 멀리 떨어져 있는 것이 좋아요.

촛불이 공부하다가 잠깐 머리 식히려고 하는 것도 안 되나요?

허당선생 네. 인터넷을 하면 쉬고 있다고 착각하기 쉽지만 실제로는 쉬고 있는 게 아니라 뇌를 혹사시키고 있는 거예요. 왜냐하면 인터넷은 우리에게 이 정보를 볼 건지 말 건지 결정하라고 끊임없이 무의식적으로 강요하거든요. 우리 뇌는 그 선택 작업을 쉴 새 없이 수행하고, 이 정보 저 정보 옮겨 다니면서 무 썰다가 양파 썰다가 마늘을 다졌다가 나중에는 그냥 지쳐버리는 거죠.

촛불이 아, 그래서 인터넷을 하고 나면 개운해지기는커녕 머릿속이 더 복잡해졌군요. 괜히 그런 게 아니었네요. 그러면 선생님은 인터넷을 아예 안 하세요?

허당선생 왜요, 저도 하죠. 이런 문제들은 저도 많이 겪었던 문제입니다. 그래서 지금은 인터넷으로 방문하는 곳이 딱 정해져 있어요. 제가 운영하는 시민교육센터 홈페이지, 업무상 확인하는 메일, 폴 크루그먼 블로그, 학자들의 강의를 보기 위한 유투브, 좋은 강의가 올라오는 미국 로스쿨 홈페이지, 스타크래프트 경기 동영상 보는 곳, 그리고 웹툰 게시판이요. 크, 제한한다고 한 건데도 꽤 많네요. 그리고 인터넷 뉴스도 제가 해결하고자 하는 문제와 관련된 정보를 담고 있는 뉴스만 확인하고, 필요한 정보나 자료를 검색할 때는 내가 무엇을 찾으려고 하는지를 명확하게 정하고 검색하려고 해요. 그런데 저는 인터넷에서 논문이나 판례, 자료 검색하는 일이 상당히 지치더라고요. 그래서 검색어에 해당하는 핵심어를 노트에 써놓고 쉬엄쉬엄 틈틈이 찾아보거나 다른 일 하기 싫을 때 몰아서 합니다.

뇌보다 몸을 쉬게 하라

촛불이   공부하거나 일하다가 쉬고 싶으면요?

허당선생   쉬고 싶을 때는 주저하지 말고 쉬세요. 그런데 주의해야 할 점은 우리가 휴식을 취할 때 뇌에게 다른 번잡한 정보를 받아들이거나 어떤 정보를 받아들일지 선택하는 과업을 부과하는 것은 좋지 않아요. 그러면 뇌는 쉬는 게 아니라 끊임없이 움직이게 되니까요. 도서관에서 공부하다가 잠깐 나와서 신문 보시는 분들이 있는데 그것도 그렇게 권장할 만한 일은 아닙니다. 지루해지거나 답답할 때 쉬어야 하는 것은 뇌가 아니라 몸일 경우가 많아요. 같은 자세로 오래 앉아 있으면 피곤하거든요. 오히려 하던 일이나 공부 내용은 계속 생각하면서 몸만 움직이는 것이 더 좋습니다.

촛불이   반전이네요. 공부하거나 일하던 내용으로부터 뇌를 해방시키는 것이 아니라, 그 장소에서 몸을 피신시키라니.

허당선생   그것도 잠깐이면 됩니다. 제가 하는 일 중 하나가 법정에 제출할 서면을 쓰는 일인데요, 이게 재미도 없고 마감 시한도 정해져 있어서 힘들고 지쳐요. 하다 보면 중간에 정말 괴로워집니다.

촛불이   원고 말이 맞니, 피고 말이 맞니 주장하는 글이죠?

허당선생 네, 워낙 인간사 복잡한 분쟁을 직접 다루는 작업이다 보니 공감 각적으로 재미있게 몽상하기도 힘들어요. 그런데 업무 중에 지친다고 인터넷 서핑을 한다, 그러면 밤을 새도 못 끝냅니다. 그럴 때는 오히려 사무실 밖에 나가서 스트레칭도 하고 어깨도 좌우로 돌리며 몸을 움직여요. 지나가는 사람들도 구경하면서 산책도 하고요. 그러면서 머릿속으로는 아까 쓰던 글을 떠올리며 다음 표현 방식이나 목차, 논리 구조 같은 것을 고민해봅니다. '이렇게 저렇게 써야지. 일단 들어가서 딱 이만큼만 쓰자.' 이런 생각들을 하다가 다시 사무실로 돌아와서 아까 생각했던 것들을 노트에 마구 적습니다. 그리고 다시 컴퓨터 앞에 앉아서 차분히 글을 써 나가는 거죠.

촛불이 방금 생각했던 거 까먹을까봐 노트에 적어두는 거군요.

허당선생 네. 이런저런 생각들을 떠올리기만 하고 정리하지 않은 채로 하던 작업을 계속하면 머릿속으로 계획했던 것들 중 상당 부분을 나중에 다시 생각해야 하더라고요. 사실 밖에서 산책하거나 몸을 풀면서 생각했던 아이디어가 좋은 게 많아요. 오히려 책상 앞에서는 큰 그림이 잘 그려지지 않는 경우가 있거든요. 책상 앞에 앉아서 제대로 생각하려고 할 때는 컴퓨터 모니터를 끄고 종이에다가 그림을 그리거나 사각사각 써봅니다.

촛불이 컴퓨터로 글을 쓰면서도 목차를 수정하거나 논증 내용을 재정비할 때는 다시 노트와 필기구를 활용하라는 말씀이군요?

허당선생 그렇죠. '다음에는 이거 해야지.' 이런 계획들을 머릿속에 차곡차곡 정리해두는 게 힘들더라고요. 머릿속에서 해야 할 일이나 우선순위가 떠올랐다면 바로 노트에 적고 잊어버리는 거예요. 대신, 정리한 내용을 수시로 확인하면서 업무 방향을 점검하고 계획하는 거죠. 그러면 까먹어서 실수할 일도 없고 머릿속이 복잡할 일도 없어요. 제 일은 대부분 주어진 틀이 있기 때문에 체크리스트를 뽑아놓고 사건마다 각 단계의 과업을 동그라미를 치면서 일을 진행하는 편입니다. 반복적으로 자주 하는 일이라도 과업이 여러 단계로 이루어져 복잡해지면 정신이 산만해지고 꼭 빼먹는 실수를 하거든요. 자기만의 체크리스트를 만들어서 사용하는 건 정말 유용합니다. 공부할 때도 필요하겠지만 촛불이가 직장인이 되면『체크! 체크리스트』라는 책은 꼭 보세요. 직장 생활에 도움이 많이 될 거예요.

촛불이 제 백문백답 파일에 잘 적어두었다가 필요할 때 찾아서 읽어볼게요. 히히. 그런데 아까 잠깐 말씀하셨던 "여기까지만 딱 쓰자." 이렇게 업무량을 정하는 기준은 무엇인가요?

허당선생 보통 하나의 쟁점이나 요건을 기준으로 합니다. 예를 들어 어떤 계약이 취소되기 위해서는 취소 요건이 몇 가지 있는데, 그 요건별로 사실 관계를 서술하고, 증거 내용을 설명하고, 증거 자료를 붙이고, 기존 판례를 끌어와서 법리를 구성하거든요. 우선 하나의 단계나 요건에 대해서만 집중하는 겁니다.

촛불이 과업을 세부 과업으로 나누는 거군요.

허당선생 그렇죠. 절대적인 기준은 없고, 때에 따라 '하나'의 단위가 변하기도 합니다. 공부든 일이든 자신이 하고 있는 과제가 복잡해서 집중하기 어렵게 만든다고 생각되면 과제를 좀더 잘게 나누어서 세부 과제를 끝낼 때마다 휴식 시간을 가지는 방법이 좋습니다. 저는 최소한 40~50분에 한 번씩은 몸을 움직여야 업무 능률이 오르더라고요. 꼭 자리에 앉아서 생각하거나 일을 해야 한다는 건 고정관념입니다. 철학자 칸트는 늘 같은 시간에 산책을 했어요. 그래서 동네 사람들이 칸트를 보면서 시각을 확인하거나 고장난 시계를 맞췄다는 이야기까지 있죠.

촛불이   아! 저도 그 이야기 알아요. 정말 특이한 사람 같아요.

허당선생   칸트는 몸을 움직이면서 생각하면 아이디어가 더 잘 떠오른다는 걸 알고 있었을 거예요. 그리고 칸트는 자연이 어우러진 늘 같은 길을 산책했어요. 그런데 앞에서 언급한 『생각하지 않는 사람들』에서 한 집단은 공원을 걷게 하고, 다른 집단은 사람들이 붐비는 번화가를 걷게 하는 실험을 했는데, 공원에서 시간을 보낸 사람들이 인지 테스트에서 더 높은 점수를 받았어요. 새롭거나 복잡한 풍경보다 단순하고 익숙한 풍경이 보이는 길을 걷는 것이 생각하는 데는 더 낫다는 겁니다. 칸트는 그 연구 결과를 이미 알고 있었던 거나 마찬가지죠. 부지런히 걷고 적당히 피곤해야 숙면을 취해서 다음날 연구 활동에 도움이 된다는 것도 알았을 거예요. 아마 모르긴 몰라도 『순수이성비판』이나 『실천이성비판』 같은 책의 상당 부분은 산책을 하면서 구상하거나 다듬지 않았을까요?

촛불이   히히, 저도 산책하는 거 좋아하는데 칸트 아저씨처럼 훌륭한 철학자가 될 소질이 있는 건가요?

허당선생   그럼요. 가까운 곳을 돌면서 생각을 정리하고, '방금 이 문제를 고민하고 있었는데 이걸 저런 방식으로 생각해보면 어떨까?' '이런 그림을 그려보면 어떨까?' 여러 가지 방향으로 생각할 수 있어요. 그리고 그날 할 분량을 정해서 빨리 끝내고 마음놓고 휴식

촛불이	을 취할 수도 있고요.
	계속 같은 자세로 앉아서 괴로워하지 않아도 되니까 정말 좋은 것 같아요.
허당선생	앉아 있을 때도 너무 고정된 자세로 책을 보거나 글을 쓰지 않는 것이 좋아요. 우리 옛 선조들은 몸을 좌우로 움직이며 소리 내서 책을 읽기도 했잖아요. 운율을 맞추기 위해서 그랬을 수도 있지만 아마 앉은 자세에 무리를 주지 않기 위해 터득한 나름의 요령 아닐까요? 그것도 너무 기계적으로 따라하지 말고 앉아서 복근에 힘주다가 이두근에 힘주고, 어깨도 이리저리 움직이고 이렇게 조금씩 몸을 움직이는 것이 근육 건강에도 좋습니다. 목과 등도 자주 스트레칭을 해야 하고, 허리도 구부정한 상태로 계속 두지 말고요. 그리고 '사각사각 모오옹~'은 사각사각만 계속 하거나 모오옹만 계속 하라는 얘기가 아니라 자료들을 마음껏 읽고, 쓰고 싶은 것을 쓰고, 그리고 싶은 것을 그리고, 생각하고 싶은 것을 생각하며 변화를 주라는 뜻입니다. 같은 주제를 여러 가지 방법으로 생각하면 쉽게 지루하지 않고 좋은 해답들이 떠오를 거예요.

촛불이 계속 같은 자세로 앉아서 괴로워하지 않아도 되니까 정말 좋은 것 같아요.

허당선생 『브레인 룰스』라는 책이 있는데, 두뇌 법칙에 따라 생각하고 일하려면 어떻게 해야 하는지 쉽게 이야기하고 있어요. 그런데 첫 번째 장(章) 제목이 '몸을 움직이면 생각도 움직인다'입니다. 무작정 가만히 있는 것보다 몸을 움직이는 것이 사고를 활성화시킨다는 이야기죠.

문제의 덩어리를 잘게 쪼개라

촛불이 아, 역시 칸트의 산책은 위대했네요. 그런데 갑자기 전화가 오거나 누가 부탁을 하면 어떻게 하죠?

허당선생 여러 가지 일들이 동시에 닥칠 때는 일단 해야 할 일들을 쓰면서 우선순위를 매기세요. 제일 중요하고 급한 일부터 처리하고 그 다음에 원래 하던 일로 돌아가는 거죠. 다만 하던 일을 중단하고 급히 처리해야 할 일을 먼저 하는 경우에는 하던 일을 어디까지 했는지, 다음에는 무엇을 하려고 했는지 간략하게 적어두고 다른 일을 시작하는 것이 좋습니다. 그러면 작업대에 다시 무를 올려놓기 훨씬 편하거든요.

촛불이 "무를 주세요!" 하고 외칠 필요가 없군요. 하하하! 근데 누구나 늘 걱정거리는 있는 것 같아요. 그런 걱정이나 고민들이 떠오르면 어떻게 해야 좋을까요?

허당선생 뾰루지 같은 거요?

촛불이 에이, 뾰루지는 정말 약한 예고요.

허당선생 마음속에서 끊임없이 다른 과제들이나 고민들이 떠오르면 공부에 방해가 되는 건 분명합니다. "인터넷 잠깐만 하고 일하는 건 어때?" "커피부터 마시고 시작해야지." 하면서 지금 집중하는 과제와 전혀 상관없는 일들에 마음을 뺏기는 경우도 있고, 콧등에 난 여드름이 짜증스러울 수도 있지요. 외부에서 오는 자극이야 그 자극이 없는 곳으로 피하면 되지만 내부에서 떠오르는 과제 이외의 정보들은 의도적으로 쉽게 차단하기 힘들죠. 거기다가 내부에서 떠오르는 생각들은 실제로 중요한 걱정거리일 수도 있고요. 만약 지금 당장 해결해야 하는 걱정거리가 아니라면 노트에 적어두고 당장 떠오르는 해결책이나 관련 정보들을 마구잡이로 적습니다. 그리고 적어둔 내용들을 기초로 나중에 진지하게 고민해봐야죠. 필요하다면 친구나 선배, 가족과 대화도 해보고요. 이런 식으로 적어도 지금 하고 있는 세부 과제를 끝내기 전까지는 다른 문제들은 신경 쓰지 않는 훈련을 해야 합니다. 세부 과제를 끝내면 그 다음 일의 목록을 다시 살펴보고 우선순위를 재조정할 수도 있겠죠.

촛불이   아, 선생님 말씀 들으니까 예전에 글쓰기에 대해 나눴던 얘기들이 다시 생각나요. 고민 덩어리가 너무 크게 보이면 어디서부터 손을 대야 할지 감이 잡히질 않는 거죠?

허당선생   맞아요. 연결되는 이야기입니다. 글을 쓴다는 건 정말 큰 과제인데 하나의 작은 과제로 착각하는 거죠. 세부 과제들 사이를 이리저리, 마음이 왔다갔다하지만 겉으로 보기에는 하나의 과제만 생각하는 것처럼 보이는 거예요. 실제로는 작업대 위에 여러 가지 기억들이나 정보들을 계속 올렸다 내렸다 하면서 뚜렷한 결과물 없이 스트레스만 쌓이고요. 대학생들이 리포트 작성하는 과정을 생각해봅시다. 컴퓨터 앞에 앉아 깜빡거리는 커서만 보며 멍 때리다가 자료 찾는다면서 두서없이 웹서핑하고, 이내 가장 먼저 해야 할 리포트 작성은 잊고 친구들과 메신저를 하거나 미니홈피 파도 타는 경우가 많을 겁니다.

촛불이   겉으로 보기에 그 학생은 리포트를 작성하는 하나의 과제를 하다가 산만해진 것처럼 보이지만 그게 아닌 거네요.

허당선생   맞아요. 큰 덩어리의 과제를 여러 개의 세부 과제로 나누지 못해서 딴 길로 새는 겁니다. 그러니까 주제를 정하고, 관련 자료를 수집하여 매듭지어서 논리를 정리하고, 분류된 논거를 중심으로 주장을 정리하고, 주장을 중심으로 목차를 정하고, 목차의 순서를 조정하고, 논거와 주장을 쓰고, 살도 붙이고, 문장을 손보면서 퇴고하는 단계로 적절히 나누지 못했기 때문에 금방 산만해지고 우선순위를 잊게 되는 겁니다. 애초에 충분히 조사하거나 생각하지 않고 컴퓨터 앞에 앉은 것이 잘못이죠. 예로 든 학생의 문제를 해결하기 위해서는 어떻게 해야 할까요? 우선 주어진 과제 A를 세부적 과제 'a, b, c', 더 세부적 과제 'ai) aii) aiii) bi) bii)' 등으로 나누어 우선순위를 정해 차례로 해나가면 됩니다. 이렇게 세부적인 단계로 나누면 거대한 과제에 대한 두려움이 사라지고, 막연하게 a, b, c 사이를 오가면서 불필요하게 작업대에 정보를 올렸다 내렸다 하는 일도 없을 겁니다. 당연히 외부 자극에도 쉽게 각성되지 않겠죠. 그리고 세부 과제를 완수하기까지 걸리는 시간이 짧기 때문에 집중력도 높아지고 큰 성취감을 느낄 수 있답니다.

촛불이　끝이 보이는 일은 얼른 끝내고 싶어진다는 거군요.

허당선생　어렸을 때 가을이면 어머니가 추수하는 이야기를 해주신 적이 있어요. 논이 별로 크지도 않았는데 어머니한테는 너무 넓어 보였대요. 그런데 추수할 논이 얼마 남아 있지 않으면 빨리 끝내야겠다는 마음에 신이 나서 금방 하셨다는 거예요.

촛불이　이해가 가요. 저도 오늘 봐야 할 책 분량이 조금만 남아 있으면 신이 나서 쓱쓱 잘 넘어가더라고요.

허당선생　모든 사람들이 그럴 겁니다. 저도 글 쓰다가 고지가 눈앞에 있으면 피곤한 줄도 모르고 금방 완성하게 되더라고요. 그래서 과제에 집중하는 것이 어려울수록 수행 단계는 더 세분화해야 한다는 겁니다. 그리고 세부 과제는 어려움 없이 집중할 수 있을 정도로 나눠야 하고요.

촛불이 논의 면적을 잘 나눠서 중간 중간 '아, 해냈구나!' 하는 성취감을 주는 거군요.

허당선생 네, 훌륭한 비유입니다.

촛불이 인터넷 사용이나 주의집중에 관한 이야기는 정말 저한테 필요했던 부분이라 선생님 말씀이 더 와 닿았던 것 같아요. 저의 '사각 사각 모오옹~' 수준도 한층 높아질 것 같고요. 아! 한 가지 더! 역시 공부는 요령이라는 사실!

허당선생 아이고, 그렇게 마무리하다니, 촛불이도 못 말려!

:: 함께 읽으면 좋은 책

기본권 이론 로베르트 알렉시 저 | 이준일 역 | 한길사

생각하지 않는 사람들 니콜라스 카 저 | 최지향 역 | 청림출판

체크! 체크리스트 아툴 가완디 저 | 박산호 역 | 김재진 감수 | 21세기북스

브레인 룰스 존 J. 메디나 저 | 정재승 감수 | 프런티어

생각굴리기

8

공부는 결국 '생각 굴리기'다

허당선생   자, 이제 공부의 끝판왕! 생각 굴리는 방법을 얘기해볼까요?

촛불이   맨 처음에 생각 굴리기는 케이크 위의 딸기라고 하셨잖아요. 진짜 공부의 화룡점정! 그 말씀이 인상적이어서 내내 기다리고 있었어요.

허당선생   사실 조금씩 계속 이야기하긴 했어요. 알고 있었어요?

촛불이   그럼요. 몽상하기나 여러 가지 방식의 반복훈련도 생각 굴리기 일종 아닌가요?

허당선생   네, 맞아요. 우리 먼저 딸기부터 먹고 시작할까요?

촛불이   우와, 센스 만점이셔!

허당선생   딸기를 먹으니까 기분이 어때요?

촛불이   입 안에 상큼한 향과 단맛이 확 퍼지면서 기분이 좋아져요.

허당선생   생각 굴리기를 하면서 크고 작은 문제에 대한 해답을 발견할 때 그 느낌이 마치 딸기를 먹는 느낌과 비슷하지 않을까요? 아, 물론 문제의 흥미와 난이도에 따라 그 성취감이 딸기 먹는 즐거움보다 훨씬 더 클 수도 있고요.

   간접적으로 생각 굴리기를 경험할 수 있는 방법이 있어요. 일본의 뇌 과학자 모기 겐이치로 박사가 쓴 『창조성의 비밀』을 보면 그림 속에 숨겨져 있는 의미를 찾는 퀴즈가 나옵니다. 얼핏 보기에는 그냥 평범한 그림 같은데 이리저리 생각을 굴리다 보면 어느 순간 그림에서 또 다른 형상들이 보여요.

촛불이   아, 저도 그거 인터넷에서 본 것 같아요. 울고 있는 사람이 보이는 그림이었어요.

허당선생 뭐가 보이는지 미리 알고 보면 생각 굴리기를 제대로 할 수 없어요. 정확히 어떤 그림인지 모르는 채로 봐야 합니다.

촛불이 바로 보이긴 하나요?

허당선생 금방 찾을 수 있는 그림도 있지만 어떤 그림은 2시간, 심지어 4개월 만에 찾은 그림도 있어요.

촛불이 에이, 4개월은 심했다.

허당선생 믿기지 않죠? 그런데 정말로 4개월 걸려서 찾은 그림이 있다니까요. 하도 답답해서 답을 확인하고 봐도 모르겠더군요. 정말 울고 싶었어요.

촛불이 아, 저도 한번 해보고 싶어요.

허당선생 간접적으로 생각 굴리기를 경험해볼 수 있어서 한번 해볼 만해요. 이제 본론으로 들어가볼까요? 촛불이도 알고 있듯이 생각 굴리기는 문제해결의 답을 찾아가는 제일 핵심적인 과정입니다. 크게 두 단계로 나눌 수 있는데, 1단계는 생각을 여러 방향으로 굴려보다가 직관적으로 답이 떠오르는 경우고, 2단계는 그렇게 순간적으로 떠오른 해답이 정말로 맞는 것인지 다시 차근차근 검토하는 과정입니다.

촛불이 해답이 처음부터 완벽한 형태로 나타나는 건 아니군요.

허당선생 보통은 먼저 문제를 해결하는 열쇠인 핵심적인 발상이 떠오르고, 떠오른 발상을 중심으로 논리를 전개하면 전체적인 모습이 나타납니다. 다음 단계는 자신이 갖고 있는 지적 도구를 활용하여 정교하게 체계화하면 되니까 그리 어려운 과정은 아니에요. 역시 생각 굴리기의 꽃은 해답을 찾아내는 첫 번째 단계입니다. 해답은 단순히 눈으로 확인하거나 자료를 찾아서 알 수 있는 정보를 말하는 것이 아니에요. 단순한 정보의 발견은 어디에 두었는지 잊어버렸던 안경을 발견하는 정도의 반가움이지 새로운 사실을 발견해서 머리가 확 밝아지는 느낌은 아닐 겁니다.

이렇게 생각 굴리기를 통해서 나오는 답은 새로운 규칙이 될 수도 있고, 기존의 복잡한 규칙을 잘 적용한 구체적인 사안의 결론일 수도 있어요.

촛불이 예를 들어서 설명해주세요.

허당선생 음, 앞의 예로는 표현의 자유에 대한 일반론을 밝히는 경우가 있어요. 이런 경우에는 표현의 자유가 보장되어야 하지만 저런 경우에는 표현의 자유가 제한될 수 있다는 어떤 기준을 구성하는 것이지요. 물론 그 기준은 하나의 공식으로 표현되지 않고 복합적인 체계를 이룰 수도 있어요.

후자의 예는 일반적인 사례가 아닌 애매한 사안에서는 표현의 자유가 어디까지 인정되어야 하는지 세분화해서 생각해보는 겁니다. 이 두 번째 과정은 기존에 생각하고 있던 보편적인 기준과 체계를 재검토하고 적용하면서, 특정 사안에 관련된 여러 가치들을 어떻게 추상화하고 평가해야 하는지가 중요합니다.

촛불이 표현의 자유를 인정하는 정확한 기준이 있다면 두 번째 질문은 좀 쉬울 것 같은데요.

허당선생 아까 말한 애매한 사안을 구체적으로 생각해봅시다. 예를 들어 정치적 입장이 반대인 사람을 감정적으로 비난하거나 사회적 소수자들에게 불리한 영향을 줄 수 있는 말들을 공개적으로 하는 경우는 어떨까요? 추상적인 공식을 가지고 이런 문제들을 쉽게 해결할 수는 없겠죠.

촛불이	자기가 개인적으로 싫어하는 정치인을 "원칙도 없이 돈만 밝히는 위선적인 사람이야!"라고 비난하거나 "동성애는 죄악이며 그들을 처벌하는 법을 제정해야 한다!"고 주장하는 경우 말이죠?
허당선생	구체적인 사례를 떠올리는 능력이 뛰어나네요. 그런 능력도 우리가 앞으로 이야기할 생각 굴리기의 중요한 방법입니다.
촛불이	우와, 제가 벌써 그런 자질이 있는 건가요? 어쨌든 구체적인 사례들을 생각해보니까 규칙을 적용하는 일도 생각보다 쉬운 일이 아닌 것 같아요.
허당선생	어떤 지식이 문제의 열쇠가 되는지 그 자체가 안개 속에 숨어 있으니까요. 그래서 생각을 굴리는 과정들은 언제나 지식의 규칙을 심층적으로 검토하고 구성하는 과정과 긴밀하게 연관되어 있습니다. 예를 들어 플레밍이 페니실린의 기초가 되는 푸른곰팡이의 역할을 알게 된 과정이 그런 경우죠.
촛불이	아, 저도 그거 알아요. 플레밍이 포도상구균이라는 세균을 기르고 있었는데, 배양하는 곳의 한 부분만 세균이 죽었죠. 플레밍은 그 이상한 상황을 설명하기 위해 다른 방향으로 생각을 굴려야 했군요.
허당선생	네. 생각을 이리저리 굴려보니 푸른곰팡이가 세균에 미치는 영향이라는 새로운 규칙과 연결되었던 겁니다.

무턱대고 생각하면 안 돼

허당선생	제가 뒤에서 소개할 『몰입, 두 번째 이야기』에서 나온 이야기를 지금 살짝만 얘기할게요. 물건들이 대부분 공장의 복잡한 공정

을 거쳐서 만들어지잖아요. 그런데 갑자기 물건에 얼룩이 지거나 찌그러진 모양으로 나오는 불량품이 생기는 거예요. 이 문제를 빨리 해결해야 하는데 어디가 문제인지 알 수 없으니 어떤 규칙을 적용하고 해결해야 할지 전혀 감을 잡지 못하는 겁니다.

촛불이 불량품이 나오면 무조건 적용할 수 있는 공식이 딱 정해져 있는 게 아니니까요. 아예 체계적인 공식조차 없을 수도 있고요. 이 문제를 해결하기 위해서는 생각 굴리기라는 과정이 꼭 필요하겠어요.

허당선생 그렇다고 무작정 아무렇게나 생각을 굴리면 비효율적이죠. 먼저 문제를 제대로 설정할 필요가 있어요.

촛불이 '제대로'요?

허당선생 관련되는 규칙을 잘 고려하면서 새로운 규칙을 구성하기에 발전적인 형태로 문제를 설정한다는 겁니다. 즉, 문제는 지식 체계 속에 있어야 하고, 질문의 형태는 최종적인 것이 아니라 계속 바뀔 수 있다는 점을 염두에 두어야 합니다. 예를 들어 '간통죄는 위헌인가'에 대한 헌법재판소 판례를 보면 다수 의견과 소수 의견이 사실상 동일한 판단 기준을 가지고 논의를 진행합니다. 모든 사람은 자신의 신체에 대한 자기결정권이 있지만 공공복리를 위해서는 제한될 수 있다. 그런데 이 경우 자기결정권을 제한할 정도로 공공복리가 중대한지 검토해보자. 자기결정권을 제한하는 목적이 정당하고, 수단이 적절한지 그리고 그 제한으로 생기는 불이익과 이익이 비례 관계를 이루는지, 더 적은 제한으로도 공공복리를 추구할 수 있는 방법은 없는지 차근차근 따져보는 겁니다. 한국 헌법재판소가 자유권 제한 문제를 판단할 때 항상

이 방법을 사용하는데 동일한 판단 기준을 적용해도 다수 의견과 소수 의견이 완전히 다른 결론을 도출해요. 다수 의견인 법정 의견은 간통을 법적으로 금지하고 형사 처벌하는 것이 합헌이라 했고, 반대 의견은 그 처벌법이 위헌이라고 했지요. 법정 의견은 "뭐, 이 정도면 제한할 만하지. 간통을 법적으로 처벌했을 때 이득이 훨씬 더 크고 그에 비해 부작용은 별 거 아냐." 이런 식이고, 반대 의견은 "부작용이 더 심하지. 그렇게 쉽게 넘어갈 문제가 아니야!"라는 거죠. 계산 실수로 돈을 잘못 거슬러준 종업원에게 따지는데, 한 친구는 "그래, 화낼 만하지." 하고, 다른 친구는 "야, 그래도 너무 심한 거 아냐?"하며 같은 상황에서도 그 반응이 나뉘는 것과 비슷하지 않아요?

촛불이 겉으로는 엄격한 판단 절차를 통해 의견이 나뉜 것처럼 보이지만 막상 자세히 살펴보면 납득할 만한 설명도 없이 같은 뿌리에서 전혀 다른 방향의 결론 가지가 나오는 것 같아요.

허당선생 그렇죠. 판단 기준이나 생각이 어느 범위까지 미치는지 그 정도의 차이일 뿐이죠. 서로의 판단 체계가 잘못되었다고 명확하게 지적할 수 없는 상태인 겁니다.

낙관적으로 생각을 굴려라

촛불이 그런데 듣다 보니까 생각 굴리기를 위한 문제설정에 어떤 특징이 있는 것 같아요.

허당선생 오, 어떤 특징이요?

촛불이 낙관적인 태도요.

허당선생 맞아요! 모든 의문에는 '발전적으로 문제를 설정하면 전에는 보이지 않던 것들이 보일 수 있다. 지금은 불만족스러운 답이더라도 분명히 좀더 나은 답이 있을 것이다.' 이런 낙관적인 태도가 깔려 있어요. 비관적인 태도는 사고 과정을 멈추는 봉합 단계에 쉽게 이르게 합니다.

또 다른 예를 들어볼까요? 사람들은 일반적으로 자유와 평등이 서로 상충하는 가치라고 생각합니다. 평등을 추구하려면 자유를 일정 부분 희생해야 하고, 반대로 자유를 보호하려면 평등은 포기해야 한다고 말이죠.

촛불이 뭔가 정당하고 분명한 기준이 없네요.

허당선생 그러니까 어느 쪽을 선택하든지 꼭 불평하는 사람이 생기는 겁니다. '토지보유세는 위헌인가? 그렇다면 재산권의 본질을 침범하거나 거래의 자유를 침해해서 위헌인 것인가?'라는 구체적인 문제를 설정할 수 있습니다. 그런데 혼자서 땅 긁으며 '위헌인가 합헌인가?' 묻기만 한다고 답이 저절로 나오지 않아요. 이 문제를 풀기 위한 전제로 '자유와 평등은 필연적으로 상충하는 개념인가?'라는 좀더 근본적인 문제설정을 한다면 더욱 발전적일 겁니다. 이 문제에 대해 영국의 정치철학자인 이사야 벌린은 "두 개념은 필연적으로 상충한다. 따라서 우리의 정치적 결정은 언제나 피할 수 없는 비극이다"라고 합니다. 사실 이사야 벌린은 진정한 자유는 평등과 전혀 충돌하지 않는다고 주장하면서 자유를 심각하게 침해하는 경우를 많이 목격했기 때문에 진지한 고민과 깊은 연구 끝에 내린 결론이긴 합니다. 그러나 이런 사고방식도 분명히 어떤 지점에서 질문을 봉합하게 만들어요.

촛불이   자유니 평등이니 이런 가치들이 왜 그렇게 본질적으로 충돌할
수밖에 없을까요? 궁금해요.

허당선생   이사야 벌린은 이 질문을 진지하게 다루지 않았어요. 자유나 평
등이라는 정치적 가치를 제멋대로 왜곡하는 위험성만 경고했을
뿐이지요. 이 질문을 깊게 파고들면 '정치적 가치란 무엇인가?
정치적 가치가 공동체의 강제적 법규를 정당화하는 역할을 할
수 있는 이유는 무엇인가?'라는 정치적 가치론의 문제를 다루게
됩니다. 이사야 벌린은 한 사람이 인생에서 신중함과 모험심이
라는 두 덕목을 동시에 온전히 구현할 수는 없다는 비유를 들기
도 하지만 그런 비유가 정치적 가치에도 그대로 적용되어야 하
는지도 의문입니다. '행동의 자유'에 '살인할 자유'가 포함된다
고 할 수 있을까요? 만일 포함된다고 본다면 이론적으로 우리의
'안전'이라는 가치를 위해 '자유'를 희생했다고 볼 수밖에 없지
만 살인 행위를 금지한다고 해서 어떤 가치가 상실되는 건 아닙
니다. 그렇다면 행동의 자유를 제한하는 것이 언제나 필연적인
비극을 낳는 건 아닐 겁니다. 거기에서 힌트를 얻어 문제의 답
을 낙관적으로 직관해보면 어떨까요? 자유와 평등은 필연적으
로 상충하는 두 가치 중에 한 가치를 자의적으로 희생시켜 결론
을 내는 것이 아니다. 분명히 그 둘의 적절한 관계를 설명할 수
있는 답이 있을 것이다. 그리고 이사야 벌린의 우려와 달리 왜곡
되지 않은 올바른 답을 찾을 수 있다는 긍정적인 생각을 하는 거
죠. 결국 '자유와 평등의 가장 적절한 관계는 무엇인가?'라는 발
전적 문제 설정을 하게 됩니다.

촛불이   모든 철학자나 사상가들이 그런 과정을 거쳐서 생각할 것 같지

는 않은데요.

허당선생 물론이죠. 그러나 여러 가치들의 타당한 관계를 밝혀내고 입증하는 것이 어렵다고 해서 '가치는 필연적으로 상충한다'는 명제의 입증부담을 덜 수 있는 건 아닙니다.

촛불이 적절한 답이 없어서 문제를 비관적으로 바라보는 사람들도 "내가 주장하는 이 문제에는 정답이 없는 것이 타당한 결과다"라는 것을 적극적으로 입증해야 한다는 거군요.

허당선생 즉, '답이 없다'가 진짜 답이라는 점을 입증해야 합니다. 이것이 문제를 대하는 태도의 핵심입니다. "기존 논의에서 검토되지 않은 부분을 적극적으로 깊게 파고들어서 해명하면, 이전보다 훨씬 더 잘 이해하는 상태에 도달할 것이다!" 정치적 가치를 본격적으로 검토해보지 않고, 단지 우리가 평소에 자유와 평등의 상충을 전제하는 말들을 쓴다고 해서 비관적인 결론에 이르는 건 납득할 수 없어요.

촛불이 우리가 답을 발견할 수 있을지 없을지는 모르지만 일단 발견할 수 있다는 긍정적인 전제에서 고민을 시작해야 한다는 거군요. 그리고 설사 직관적으로 답이 없다고 느낀다고 해도 다시 "답이 없다는 것을 어떻게 증명할 수 있을 것인가? 이렇게 하면 답이 없다는 것을 증명할 수 있다"라는 식으로 문제를 재설정해야 한다는 말씀이시죠?

허당선생 맞아요. 버트런드 러셀은 어렸을 때 유클리드 기하학을 배우면서 '왜 기본 전제들은 증명되지 않는가?'라는 의문을 가졌습니다. 대학에 진학한 후에도 러셀은 그런 근본적인 의문의 끈을 놓지 않았어요. 러셀은 '수학의 기초는 논리학에 바탕을 둔 것이라

할 수 있다'라는 대담한 가설을 세웠고, 그 가설을 입증하려고 노력했습니다. 그중에서도 답을 찾을 수 있을 거라는 낙관적인 사고로 문제를 설정했다는 것이 중요합니다.

촛불이　앞에서 이야기했듯이 섣불리 문제를 봉합하는 태도를 경계하면서 세부적으로 해결해야 할 문제가 무엇인지 눈에 불을 켜고 찾아야겠어요.

허당선생　맞아요. 이렇다 할 정답이나 아무런 규칙이 없다는 결론에 마음을 뺏기면 어떻게 될까요? 생각의 단계를 높이기 힘들 거예요. 애초에 문제를 설정했던 이유가 뭐죠? 이미 기존의 규칙으로는 해결하지 못하는 사례로 인한 불만이나 의구심을 해결하기 위해서잖아요. 그런데 기존 규칙에 매몰되어 답이 없다는 식으로 문제를 봉합하면? 문제를 만든 다음 바로 짓뭉개는 셈이죠.

촛불이　그러면 이렇게 문제를 설정한 다음에는 뭘 해야 하죠?

허당선생　지금 설명하고 있는 과정들은 연속적인 과정이지 독립적으로 분리된 것은 아닙니다. 다만, 이렇게 나눠보면 개념적으로 이해하기 쉬워요. 실제로 생각을 굴리다가 벽에 부딪쳤을 때는 굴리는 방식을 쪼개서 하나씩 차근차근 접근해보는 게 도움이 될 때도 있으니 그 점을 생각하며 들어주세요. 문제를 설정한 다음에는 연관성이 있다고 생각하는 실마리들을 정리해야 합니다. 문제해결의 실마리는 문제의 여러 측면 중 어디에 초점을 맞추어서 생각을 굴려야 하는지 알려주거든요.

촛불이　어떤 걸 문제해결의 실마리라고 볼 수 있죠?

허당선생　문제풀이의 기반이 되는 기존 규칙이나 모델과 반대되는 의문을 갖게 하는 규칙, 사례들이 실마리가 될 수 있겠죠. 이런 실마리들은 일정 부분 문제풀이의 제약 조건이라는 점이 중요합니다. 생각 굴리기는 일정한 형태 없이 기발한 생각들을 툭툭 던지는 일과는 다르거든요. 체계적으로 고민할 때 그 단초들이 도움을 줄 수 있어야 합니다. 예를 들어 자유와 평등에 관한 문제에 대해 생각을 굴려봅시다. 어떤 사람들은 공동체 이익을 강조하다가 오히려 부당하게 개인의 자유가 침해당하는 사례를 제시하면서 소극적 자유만이 진정한 자유라고 주장합니다. "만일 진정한 정치적 자유는 공동체의 이익과 자신의 이익이 일치하는 선에서만 자유롭게 표현할 수 있는 자유라고 한다면 어떨까? 그러면 사실 개인의 정치적 자유는 없는 거나 마찬가지다! 왜냐하면 공동체에서 허용하지 않은 정치적 표현은 금지할 것 아니냐!"라는 거죠. 반면에 다른 사람들은 "적극적 자유가 포함되지 않는 자유는 아무 쓸모가 없다. 돈이 없어서 굶어 죽는 사람에게 빵을 살 자유가 있다는 것이 무슨 의미가 있는가?"라고 반론을 제기합니다. 이렇게 각자 전혀 다른 주장을 하며 평행선을 달리는 상태로 그냥 두면 안 됩니다. 그 상태를 벗어나려면 적극적 자유가 중요하다는 사례를 빵 사는 예로만 생각할 것이 아니라 다른 사례로도 확장해서 과연 제대로 된 규칙을 도출할 수 있을지 생각해봐야 합니다. 예를 들어 무조건 "물질적인 부의 정도가 자유의 범위를 결정한다"는 규칙을 세운다고 해봐요. 금방 반론에 부딪칠 겁니다. 돈이 없어서 해외여행을 하지 못하는 상황(A)과 돈은 있지만 법적으로 해외여행이 금지되어 못 가는 상황(B) 사이에 차이가 없을까요? (A)는 돈만 모으면 갈 수 있고, 인생 계획을 어떻게 세우느냐에 따라 얼마든지 달라질 수 있어요. 해외여행의 기회가 누군가의 변덕에 달려 있는 것도 아니고요. 그렇지만 (B)는 자신의 상황이 어떻든지, 어떤 노력을 하더라도 법적 규제가 풀리지 않는 이상 절대로 여행할 수 없다는 차이가 있습니다.

추론장비로 문제의 포위망 좁히기

허당선생 다른 예를 들어보죠. "능력이 곧 자유다. 그 행동을 할 능력이 없으면 행동할 자유도 없다"는 경제학자 아마르티아 센의 말은 어떨까요? 출판사에서 알아주지 않아 자기 글을 출판하지 못하는 것(A)과 글의 내용이 국가 안보에 위험하다고 판단해서 출판이 금지된 것(B)이 동일한 자유 침해일까요? 만일 (A)가 자유 침해라면 출판할 가치가 없는 글도 국가보조금을 지급해서라도 모두 다 출판해야 하나요? 이렇듯 하나의 사례에서 그럴듯하게 보이는 규칙을 찾아 다른 사례에 적용해서 생각해보면 불완전한 규칙이라는 것이 밝혀지는 겁니다. 그렇다고 '적극적 자유 개념은 엉터리야'라고 판단하고 그냥 버릴 순 없어요. 빵 사는 이야기로도 우리가 고민해봐야 할 부분이 많잖아요. 이렇게 필연적으로 대립할 수밖에 없는 두 개념의 한계를 극복하고 다시 새로운 문제해결 원칙을 정식화할 필요성을 느끼는 겁니다. 그리고 그 불만족스러운 지점에서 생각 굴리기를 시작하는데 이 과정에서 여러 가지 추론장비가 동원됩니다.

촛불이 추론장비요?

허당선생 추론장비는 일종의 모델입니다. 그 모델은 합리적 주체들이 벌이는 게임처럼 수학적인 분석이 동원될 수도 있고, 언어 활용에 대한 검토나 기존에 그 문제를 논의한 사람들이 풀어놓은 모델일 수도 있어요. 철학자 제럴드 맥컬럼은 『소극적 자유와 적극적 자유』라는 논문에서 자유의 '개념Concept'과 자유의 '관념 Conception'을 구별합니다.[1] 자유에 대한 '가치관'이 다른 사상가들의 주장도 찬찬히 뜯어보면 자유의 '개념'은 모두 동일한 바탕 위에 있다고 설명하죠.

촛불이 동일한 자유 개념이 뭔데요?

허당선생 그건 바로 "X는 Y로부터 Z를 자유롭게 할 수 있다"는 거예요. 여기서 X는 주체, Y는 장애나 방해 요소, Z는 행위 대상이지요. 실제로 사람들 의견이 일치하지 않는 건 X, Y, Z 자체에 무엇이 들어가고 들어갈 수 없는지에 대한 생각의 차이 때문이거든요.

촛불이 에이, 그러면 문제 내용만 바뀐 거네요. 결국 "적극적 자유냐 소극적 자유냐"라는 문제가 "X, Y, Z에 무엇이 들어갈 수 있는가"로 바뀐 것뿐이잖아요.

허당선생 그렇긴 하지만 문제설정이라고 해서 다 같은 수준은 아니라고 했었죠?

촛불이 아, 맞다. 규칙과 관련이 높으면서 동시에 발전적인 탐구의 길을 열어주는 문제일수록 수준이 더 높다고 하셨어요.

허당선생 이렇게 X, Y, Z 세 요소에 대한 의견 차이로 딱 구조화해서 교통정리를 하면 문제풀이가 한결 쉬워집니다. 예를 들어 대부분의 소극적 자유론자들은 방해요소 Y에 오직 '타인의 고의적 의도'

---

1 Gerald C. MacCallum, Jr., "Negative and Positive Freedom", *The Philosophical Review*, Vol. 76, No. 3 (Jul., 1967; pp. 312-334

만 들어간다고 하거든요. 그래서 고의적 의도로 방해하는 것이 아니라면 자유 침해가 아니라고 봅니다. 예전에는 "소극적 자유가 진정한 자유다." "아냐, 적극적 자유가 진정한 자유다." 이렇게 혼란스러운 개념 싸움만 했거든. 그런데 자유의 개념을 세 요소로 분해하는 추론장비를 동원해 문제를 전환하면? 과연 이것이 Y요소 범위의 올바른 규칙이 맞는지만 집중적으로 검토하면 되는 겁니다.

촛불이 생각의 포위망을 좁힌 거군요.

허당선생 그렇죠. 좁힌 포위망에 속하는 여러 사례들을 조금씩 변형시키면서 생각해보는 거예요. 예를 들어 홍길동이라는 사람이 절도 죄로 복역하고 형기를 마치고 나와 취직하려는데 모든 고용주들이 전과 때문에 채용할 수 없다고 합니다. 그러면 이 사람은 어디에도 취직할 수 없어요. 그런데 자유지상주의자들은 홍길동의 자유가 침해당한 것으로 보지 않아요.

촛불이 고용주마다 자기가 채용할 사람에게만 전과가 없을 조건을 제시하는 거니까요?

허당선생 그렇지요. 다른 고용주들 역시 전과 있는 사람을 채용하지 않는 것은 '우연의 일치'라는 거죠. 한 사람이 전체 고용 시장을 좌지우지할 수 없다는 논리입니다. 그런데 단순히 "홍길동은 취직의 자유가 있는 걸까?"라는 질문만 던지면 소극적 자유론자들은 "있다", 적극적 자유론자들은 "없다"라고 답할 뿐 문제 분석은 전혀 진전되지 않아요. 하지만 이제 추론장비 덕분에 "전과자라는 이유로 취직에 어려움을 겪는 것을 방해요소 Y에서 빼는 것이 합당한 것인가?"라고 질문을 바꿀 수 있습니다. 길동이는 그냥 굶어 죽으면 되고, 국가는 그런 그를 방치해도 되는 건가요?

촛불이   아니죠! 그러면 전과 있는 사람은 그냥 다 굶어 죽으라는 거잖아요. 죗값을 치렀으니 이제 마음잡고 잘 살아보라고 내보낸 건데, 막상 죄 지은 사람들을 보호할 의무는 없다고 하다니, 타당한 사회 원칙은 아니라고 생각해요.

허당선생   뭔가 찝찝하죠? 국가처럼 그 사회 전체 구성원들의 행동을 규제할 수 있는 존재만 방해요소 Y를 결정할 수 있는 건 아니라고 생각합니다.

촛불이   음, 저는 그렇게 생각해도 소극적 자유론자들은 "에이, 극단적으로 모든 고용주들이 채용하지 않는 상황을 근거로 주장하다니, 설득력 없어"라고 할 것 같아요.

허당선생   물론 모든 회사가 전과가 없을 것을 채용 조건으로 제시하는 일은 불가능한 일이죠. 그럼 고용주 99퍼센트는 전과가 없을 것을 채용 조건으로 내세우고, 1퍼센트만 전과 여부를 신경 쓰지 않는다고 해봐요. 아니, 98퍼센트? 87퍼센트?

촛불이   으아, 머리가 복잡해져요.

허당선생   이렇게 수치를 조금씩 변화시켜서 생각해보면 100퍼센트가 아니라 87퍼센트라 하더라도 길동이의 구직 활동은 분명히 장애에 부딪혔다고 볼 수밖에 없어요. 그리고 그가 어떤 인생을 계획하든지 이 장벽은 결코 무너지지 않겠죠. 오로지 고용주 스스로 마음을 바꿔 먹어야 길동이의 채용 여부가 달라질 겁니다.

촛불이   모두 자유에 관한 이야기지만 앞에서 얘기했던 해외여행 이야기와는 또 다른 구조인 것 같아요.

허당선생   이해를 돕기 위해 비슷하지만 다른 구조를 가진 사고실험 하나를 더 해볼까요? 한국이 두 개의 주(州)로 나뉘는 겁니다. 1번 주와 2번 주로요. 그런데 1번 주에서는 국가기관인 검열위원회가 재량껏 판단하여 술이나 담배를 간접적으로 조장하는 소설이나 음악 등의 예술 활동을 금지하는 규제가 있고, 2번 주는 그런 규제가 없습니다. 주(州)로 나뉜 연방국가니까 사람들은 언제든지 자유롭게 다른 주로 이사갈 수 있어요. 물론 이사가려면 집도 새로 구해야 하고, 동네 친구들과도 헤어질 수밖에 없지만요. 그렇다면 1번 주민들은 자유롭게 자신의 생각을 표현하는 일이 장애에 부딪힌 걸까요, 아닐까요?

촛불이   부딪힌 것 같아요.

허당선생   맞아요. 이게 방해요소가 아니라면 이민의 자유가 보장된 국가에서는 어떤 검열을 해도 표현의 자유를 침해하는 것이 아니라는 논리니까요. 한국 사회에 적용해보면, 다른 나라로 자유롭게 이민 가는 것이 법적으로 자유롭게 허용된 이후의 한국은 그때가 독재 시절이건 아니건 언제나 이민 갈 돈이 있던 사람들에게는 표현의 자유가 완전히 보장된 국가였던 셈이죠.

촛불이   하하하. 웃음밖에 안 나오네요.

허당선생   그럼 이제 한국이 4개의 주로 나뉜다고 생각해봐요. 1, 2번 주는 검열위원회가 있고 3, 4번 주에는 없어요. 선택지가 좀더 늘어났지요. 이사 갈 데가 두 군데나 더 생겼어요.

촛불이   그래도 똑같잖아요. 조삼모사 같아요.

허당선생   그래요? 그럼 이제 한국을 100개 주로 나눕시다. 짝수 주는 검열위원회가 있고, 홀수 주는 검열위원회가 없어요. 짝수 주 주민들의 선택지가 50개로 늘어났어도 표현의 자유는 억압받고 있는 거나 다름없죠.

촛불이 사실 연방국가로 가정할 필요도 없이 그냥 한국의 지방자치단체가 검열 여부를 다수결로 각자 결정한다고 상상해도 별 차이 없을 것 같은데요?

허당선생 그럼 그 생각의 흐름을 계속 이어서 100개의 주가 각자 다수결 정치를 한다고 생각해볼까요? 다수결 결과에 따라 검열위원회가 생겼다 안 생겼다 바뀔 수 있어서 어떤 때는 검열하는 주가 99개일 때도 있고, 87개, 43개일 때도 있다면요? 검열 대상 숫자가 계속 바뀌는 거죠. 자주민들의 표현 행위가 아닌 다른 주민들의 표현 행위까지 규제할 수는 없더라도 분명 장애는 장애입니다. 그리고 그 연방국가에 사는 사람들이 표현 행위로 받는 제약과 장애는 각 개인이 어떻게 인생 계획을 세우는지와 상관없이 다수의 의사에 따라 객관적으로 정해집니다. 다수가 검열 방침에 대해 어떻게 생각하느냐에 따라 수시로 그 기준이 바뀌는 거죠.

촛불이 그러니까 선생님은 자신이 쉽게 바꿀 수 없는 제약이 외부에 의해서 객관적으로 설정된다면, 방해요소 Y에 포함되는 걸로 봐야 한다는 말씀이시죠?

허당선생 그렇죠. 이와 비슷한 경우로 독일에는 "약국은 무조건 정해진 거리를 서로 유지해야 한다"는 법이 있었는데, 이게 직업의 자유를 침해한 것이냐 아니냐가 논란이었습니다. 독일 연방헌법재판소는 거리 제한을 하는 것은 직업의 자유가 침해당하는 거라고 했어요.[2] 얼핏 보면 약국 열려고 했던 곳 근처에 다른 약국이 있

---

2 Apotheken—urteil, BVerfGE 7, 377 (405ff.) 참조

으면 딴 데 가서 열면 되잖아요. 소극적 자유론자들의 논지를 따라가면 이런 건 자유 제한이라고 볼 수 없죠. 즉, 거리 제한 규정은 장애 요소 Y에 포함되지 않는 겁니다.

촛불이 약사들은 자기 약국만 어디에 열지 결정할 수 있지, 모든 약국의 분포도를 결정하지는 못하니까요.

허당선생 얼핏 생각하면 자유와는 아무 상관없는 문제처럼 보이지만 조금 더 자세히 살펴보면 그렇지 않아요. 이 약사들은 검열 기준이 다른 100개 주에 사는 사람들과 비슷한 처지거든요. 한 약국을 중심으로 제한된 거리를 반지름으로 하는 원을 그려보세요. 독일 전역에 그런 원을 서로 겹치지 않게 가득 채우면 원의 개수는 한정적으로 딱 정해지잖아요. 그리고 약국을 개업하려는 약사가 인생을 어떻게 계획하든지 약국은 그 범위 내에서만 개설해야 합니다. 이건 '주관적인' 장애가 아니라 '객관적인' 장애예요. 설사 거리규제위원회라는 것이 구성되어 어떤 때는 4킬로미터로, 어떤 때는 7킬로미터로 여러 의견을 반영하여 거리 규제를 해도 장애가 아니라고 할 수는 없어요.

촛불이 차근차근 생각해보니 절도 전과가 있었던 홍길동이 부딪혔던 장애도 객관적인 장애네요.

허당선생 그렇죠. 객관적인 장애 설정 그 자체를 자유 제한으로 봐야지 자유와는 아무 상관없는 문제라고 생각하는 건 타당하지 않아요. 그야말로 아버지를 아버지라 부르지 못하고, 자유 제한을 자유 제한이라 부르지 못하게 하는 억지죠. 그런데 소극적 자유론자들도 약국 판결을 비판하지 않습니다. 그러면서도 시장에서 다수 행위자들의 변덕과 우연에 의해 생긴 객관적 장애를 논의에서 모두 제외하는 것은 일관적이지 않은 논리예요.

촛불이 추론장비를 갖추니까 좀더 튼튼하고 체계적으로 생각을 할 수 있는 것 같아요. 정말 대단해요.

여러 가지 추론장비

허당선생 정치철학에서는 이런 추론장비가 다양해요. 그중 존 롤스의 '원초적 입장'은 매우 유명한 추론장비입니다.

촛불이 원초적 입장이 뭐예요?

허당선생 존 롤스의 문제의식은 다음과 같아요.

"생산적인 사회구성원들이 협력하면 협력하지 않는 것보다 훨씬 낫다. 그런데 사람들마다 가치관이 다르고 더 많은 몫을 주장하려는 경향이 있다. 이렇게 상충하는 요구들을 조정해서 누구나 받아들일 수 있는 협동의 '공정한 조건'은 무엇일까?"

촛불이 엄청 중요한 문제인 것 같아요.

허당선생 맞아요. 존 롤스는 이 중요한 질문에 대해 비체계적으로 사고하면 큰 진전이 없을 거라는 걸 깨달았죠. 고려해야 할 것이 너무 많아서 생각이 산만해지고, 자신의 편견과 이기심에 마음을 뺏기기 쉽거든요. 그래서 롤스는 '꼭 고려해야 할 중요한 원칙들을 하나의 관점에 집약시킬 수 없을까?' 고민했어요. 예를 들어 문제를 검토하기 위해 A, B, C, D 여러 가지 원칙들을 적절한 관계에서 모두 고려해야 하는데, 매번 그렇게 하나씩 검토하기보다는 원초적 입장 하나의 관점으로 통합해놓고 생각하는 거죠. 사고 명료화와 편의를 위한 일종의 '생각 정거장'으로 볼 수도 있겠네요. 원초적 입장에서 가장 눈에 띄는 점은 원칙을 선택하는 당사자들이 '무지의 베일'을 쓰고 있다는 점입니다. 예를 들어 당사자는 자신의 육체적, 정신적 능력이나 성별, 지역, 인종 같은 것들을 알 수 없어요.

촛불이 자신이 어떤 사람인지 알고 자기에게 유리한 결과를 편파적으로 추구하는 성향을 미리 차단하는 거군요?

허당선생 맞아요. 남성으로 태어났느냐, 여성으로 태어났느냐 같은 것은 도덕적인 관점에서 자의적인 정보잖아요. '자의적'이라는 것은 성별 그 자체가 어떤 도덕적 우열을 가릴 수 없다는 뜻입니다. 그런데도 실제 사회에서 남성은 남성에게 유리한 제도를, 여성은 여성에게 유리한 제도를 선호하기 쉬워요. 공정한 협동 조건을 결정할 때 이처럼 도덕적인 관점에서 자의적인 정보를 알지 못하게 차단하는 것이 공정성의 원칙을 제대로 구현하는 겁니다. 그런데 사실 롤스의 원초적 입장과 무지의 베일은 마치 아주 간단한 직관에 기초한 것처럼 보이지만, 실제로 뜯어보면 그 관점을 구성하는 데 동원된 논리들이 매우 풍부합니다. 그 구성물 하나하나가 다루고 있는 쟁점들의 숫자도 만만치 않아서 책이 그렇게 두꺼운 거예요. 그래서 이 경우에는 단순히 "롤스가 만들어놓은 원초적 입장에서 생각해보자." 이런 식으로만 적용하는 것이 아니라, 애초에 왜 그 입장에서 사고해야 하는지를 이해해야 합니다. 그래서 원초적 입장이라는 추론장비를 중심에 두면서도 그 장비의 토대가 된 쟁점들을 다시 분석해보는 방법이 '내가 생각하는 정의란 이런 것이다.' '상식적으로 정의란 이런 것이다.' '우리 공동체에서는 많은 사람들이 이걸 정의라고 한다.'

이런 식으로 아무렇게나 생각하는 깜냥 철학보다 훨씬 더 제대로 된 결론에 이를 수 있어요.

촛불이 5장에서 책 읽는 방법을 설명하면서 예로 든 로널드 드워킨의 가상적 경매시장도 그런 추론장비인가요?

허당선생 그렇죠. "자유가 온전하게 보장되는 사회보다 자유는 좀 침해당하더라도 큰 경제성장으로 더 많은 소득을 얻는 사회가 더 바람직한가?"라는 질문은 어때요?

촛불이 경제성장을 위해서는 정부가 권위적으로 국가 운영을 해야 한다는 통념과 연관된 질문이군요.

허당선생 물론 통념에 불과할 뿐, 사회과학에서 학문적으로 타당하게 검증된 법칙은 아니에요. 그런데 이 문제에 대해 어떤 사고의 틀도 없이 "나는 뭐라고 해도 자유가 좋아. 자유보다 소중한 건 없지. 돼지 같은 놈들! 자유를 포기하면서까지 돈이 그렇게 좋더냐?"라고 감정적으로 대응한다고 생각해봐요.

촛불이 으히히. 저도 그렇게 생각했던 것 같은데요.

허당선생 그런데 또 다른 사람은 "자유를 최고로 생각하는 것은 개인의 취향에 불과하다. 고상한 척해도 당신도 돈 좋아하잖아. 네가 그렇게 자유를 좋아하면 방바닥에서 이리저리 뒹굴다가 굶어 죽지, 놀고 싶은데 놀지도 못하고 회사는 왜 가냐? 다들 취업하고 싶어서 안달이지 않냐. 역시 자유보다는 돈이 더 중요한 거다. 물론 우리 모두가 돈 걱정 없는 부자라면 자유가 최고겠지만, 네 취향을 모든 사람에게 전부 적용하려고 하면 안 된다. 정치적 자유와 물질적 부가 서로 교환 관계에 있다면 적당한 타협점을 찾아 균형을 맞추면 된다. 균형은 어떻게 맞추느냐, 민주주의 국가니 다수결로 결정하면 된다." 이렇게 주장하죠.

촛불이 완전 따발총 반대 의견! 갑자기 머리가 멍해져요. 뭐, 이 사람도 논리적으로 말하려고는 하지만 어떤 규칙 없이 감정적으로 말하는 것 같아요.

허당선생 그렇죠? "자유와 돈 중에 뭐가 더 좋냐. 더 우선적으로 생각해야 하는 가치는 무엇인가? 자유인가 돈인가?" 이런 문제설정에서만 맴돌면 "아빠가 좋아, 엄마가 좋아?" 수준의 낚시 질문이 됩니다. 감정적 선호 문제처럼 변질되기 때문에 어느 것을 선택하더라도 반박당할 수밖에 없죠.

정치적 가치들은 원칙의 그물망으로 이루어져 있어요. 원칙의 거미줄이라고 생각하면 될 겁니다. 그래서 정치적 가치에 대한 올바른 이해는 다른 정치적 가치들을 사용해서 정당화해야 합니다. 이런 가치들의 그물망이 권리와 의무를 할당하는 적정한 기본구조를 떠받치기 때문에 자유에 대한 올바른 이해는 평등과의 관계를 해명하지 않고서는 부족한 논의가 됩니다. 그런데 그 거미줄에서 자유라는 가치를 마치 물건처럼 떼어내서 "솔직히 말해봐. 돈보다 자유가 더 좋냐?" 이렇게 묻는 순간, 그 정치적 가치에 대한 분석은 엉터리가 돼요. "만 원으로 비누와 초콜릿, 김밥을 사야 한다. 각각 몇 개씩 사는 것이 가장 경제적으로 돈을 잘 쓰는 것일까?"처럼 개인의 선호 문제로 변질시키는 거예요. 이게 경제학자들이 가장 좋아하는 전형적인 '극대화·최적화' 질문입니다. 보통 여기서 최적화되어야 하는 것은 만족이나 쾌락, 선호 충족이거든요. 자신이 사용하고 있는 모델이 전제하고 있는 규칙이 무엇인지 고민하지 않는다면 오히려 공부를 하면 할

수록 바보가 될 수 있습니다. 결함 있는 모델로만 훈련하다 보면 마치 색맹이 특정 색깔만 인식하지 못하듯이 중요한 가치 문제가 보이지 않는 거예요. 어쨌든 요약하자면 추론장비나 모델을 중심으로 생각하는 것은 문제를 그냥 봉합하는 '깜냥 사고'를 극복할 수 있게 해줍니다. 물론 생각의 틀 없이 생각하다가도 구체적인 문제에 대해 우연히 직관적으로 감을 잡는 경우도 있지만, 다른 문제에서도 타당한 답에 다가갈 수 있을지는 장담할 수 없죠. 뒷걸음치다 쥐 잡는 경우니까요. 이런 사고 과정은 얼기설기 이어 붙이는 수준일 뿐입니다.

촛불이 얼기설기 이어 붙이기와 모델의 틀을 두고 생각하는 것은 어떤 차이가 있죠?

허당선생 '얼기설기 이어 붙이기'는 지금 떠오르는 단일한 사례들을 단순히 총합해서 결론을 내리는 겁니다. 이런 방법은 체계적인 규칙 구성이라는 문제해결 목표에 적합하지 않아요. 예를 들어 간통죄의 위헌성에 대해 생각해볼 때, 간통죄의 장점과 단점을 죽 나열하고 자신의 생각이 끌리는 쪽으로 선택한다면 문제해결을 위한 생각 굴리기가 아닌 거죠. 반면에 무언가를 변화시킬 때 '모델의 틀'을 중심으로 생각하면 이미 전제한 조건이나 요소들은 고정시킵니다. 그렇다고 이 과정이 창조적 생각이란 어떻게 진행될지 예측하기 어렵다는 특성과 배치된다고 생각하면 곤란해요. 폴 크루그먼은 "창조적인 일을 하는 사람은 필수적으로 몽유병자가 되어야 한다. 왜냐하면 미래에 벌어질 창조적인 작업은 그 본성상 예측이 불가능하기 때문이다"라고 말했어요. 창조적 과업의 진행 모습을 잘 표현한 말인데, 이걸 마구잡이로 생각만 하라는 뜻으로 이해해서는 안 되겠죠?『불황의 경제학』에서 폴 크루그먼은 "일본이 지금 근본적인 조정 불량으로 고통 받고 있는 것은 국가 중재형 성장 모델이 구조적 경직성으로 이어졌기 때문이다라고 하는 것은 아무 말도 하지 않은 것과 마찬가지다"라고 합니다. 뭔가 잔뜩 어려운 표현을 썼지만 "일본은 지금 불황인데, 불황이 올 만하니까 왔다"라는 말밖에 안 된다는 거예요. 반면에 쿠폰을 교환해서 일본의 불황 문제를 해결하는 방안으로 제시한 '아기 돌보기 협동조합' 사례를 통해 단순하게 설명하면 불황의 원리를 본질적으로 파악하고 해결할 수 있는 방법이라고 봅니다.

촛불이 아기 돌보기 협동조합이라고요?

허당선생 정말 특이하죠? 우선 협동조합을 만들고 쿠폰만 일정량 찍으면 만사 다 해결될 줄 알았는데 그게 아니었던 거죠. 사람들은 갑자기 외출할 때를 대비해서 여유분을 가지고 있고 싶었는데 막상 모아둔 쿠폰이 적으니까 불필요한 외출은 하지 않는 거예요. 결국 다른 사람의 아기를 돌보며 쿠폰을 벌 수 있는 기회가 점점 더 줄어드는 악순환에 빠지면서 전체적으로 불황이 오는 겁니다. 크루그먼이 제시하는 한 가지 해결책은 모든 가정에 공짜 쿠폰을 추가로 지급하는 겁니다. 왜 경제불황에는 통화팽창 정책으로 대응해야 하는지 그 발상을 설명하는 거예요.

촛불이 어려운 개념만 이리저리 늘어놓는 것은 쓸모없는 과정이고, 해결하려는 문제와 같은 구조를 가진 모델을 생각해봐야 한다는 거군요. 재미있어요! 다른 이야기도 해주세요!

허당선생 존 롤스는 "현대 시민은 자신의 인생관에 책임을 져야 한다"고

했어요. 마이애미 해변에서 서핑을 즐기는 젊은이는 자기 스스로를 부양해야 하고, 비싼 순례 여행을 떠나야 하는 신자들은 그 여행 경비를 스스로 충당해야 한다는 거죠. 물떼새 알을 좋아하는 소녀가 가난해져서 그 음식을 먹을 수 없다면 물떼새 알 없이 식사하는 것에 적응해야 하고요. 반면에 사람들이 종교와 관련된 특수한 요구를 했을 때 그것을 최대한 들어주는 것이 종교의 자유를 보장하는 것이라고 말하는 사람들도 있어요. 『헌법의 풍경』 6장에는 미국 연방대법원의 셔버트 판결이 '그럼에도 불구하고'의 헌법 정신을 지킨 긍정적인 사례로 나옵니다.[3] 셔버트라는 사람은 자기가 믿는 종교의 안식일이 토요일이라서 토요일에는 일하지 않겠다고 하다가 취업을 하지 못했어요. 문제는 그 사람에게 실업 수당을 주지 않는 것이 위헌인지 판단하라는 겁니다. 미국 연방대법원은 위헌이라고 했어요. 실업 수당과 종교적 신념 중에 어느 것을 택할 것인지 선택을 강요한 것이므로 종교의 자유에 실질적인 부담을 주는 거라는 겁니다. 위 판결의 옳고 그름 문제는 일단 제외하고 그 논증 과정만 살펴볼까요? 저는 셔버트 판례와 그 판례를 높이 칭찬한 『헌법의 풍경』, 두 논리 모두 사고 모델을 통해 주의 깊게 살펴본 것이 아니라고 생각합니다. 위 논리는 종교의 자유를 보호하는 사회라면 '종교의 자유'라는 내핵 주변의 맨틀이나 지각까지도 충실히 보장해줘야 한다는 겁니다. 종교의 자유를 제한하는 이유들은 '공익'이라는 용광로 속에 넣어 모두 섞어버리고요. 그런 식으로 따지면 토요

---

3 Sherbert v. Verner, 374 U.S. 398 (1963) 참조

일이 아니라 수요일이 안식일인 사람은 어떻게 합니까? 아예 안식일이 수·목·금이라서 사흘을 내리 쉬어야 하는 사람은 어떻게 하죠? 이렇게 되면 아무것도 믿지 않는 사람이 종교적 신념으로 일을 하지 않는 사람을 금전적으로 보조해주는 꼴이 됩니다. 이 문제는 국가가 소녀에게 물떼새 알 음식을 보장해줘야 하느냐, 순례 여행을 할 수 있도록 금전적 보조를 해야 하느냐와 같은 구조입니다. 아예 모두 다 들어줘야 한다는 사람은 없을 거예요. 그렇다면 왜 이 요구는 들어주면서 저 요구는 들어주지 않느냐에 대한 확실한 기준을 정하고 그 기준을 정당화하는 해명이 필요해져요. 특히 자유와 평등을 서로 긴밀하게 엮어서 살펴봐야 하는데 그 기준이 없는 채로 논의하는 겁니다. 만일 현대 시민은 자신의 인생관에 책임을 져야 한다는 원칙이 롤스에게는 '자유 원칙'이지만 드워킨에게는 '평등 원칙'의 한 표현이라고 생각하면 어떨까요? 종교의 자유를 자유나 평등 같은 근본적인 정치 원칙을 통해 해명할 수 있고, 봉합하여 닫힌 문제로 생각하던 방식을 완전히 바꿀 수 있습니다.

촛불이 맨 처음에 설명했던 것처럼 봉합되어 닫힌 문제가, 심층적인 규칙 체계를 구성할 수 있는 열린 문제로 바뀌는 거군요.

허당선생 자, 이제 이 원칙을 중심으로 여러 요소들을 조금씩 추가하고 빼면서 종교의 자유에 대한 쟁점을 여러 방향으로 생각해봅시다.

1) 국가가 종교 자체를 금지한다. 2) 특정 종교를 국교로 삼고 모든 사람이 믿도록 강제한다. 3) 국가가 특정 종교를 국교로 삼지는 않지만 어떤 종교든지 하나씩은 믿어야 한다고 강제적으로

정한다. 4) 국가는 국민에게 종교의 의무를 부과하지는 않지만, 종교가 있는 사람에게는 세금 감면을 해주거나 보조금을 지급한다. 5) 세금 감면도 없고 종교의 자유도 허용된다. 그러나 학생들에게 교리 수업을 의무적으로 부과하고 있는 학교에 재정 지원을 한다. 6) 학교에 재정 지원은 하지 않지만, 국가는 노숙자 쉼터 같은 복지 서비스를 받는 사람들에게 종교를 믿을 것을 조건으로 복지 서비스를 제공하는 단체에 복지 공무를 대행시킨다. 7) 안식일을 지키는 사람들이 일부 존재함에도 불구하고 국가시험을 일요일에 치른다. 8) 국가가 교회에 투표소를 설치해서 투표를 하려면 기독교 신자가 아닌 사람들도 굳이 교회에 들어가야 한다.

닫힌 문제로만 상황을 판단한다면 생각하는 사람에 따라 그 결과는 제각각이겠죠. 반면에 '자유와 평등'의 원칙을 중심으로 '자신의 가치관에 책임을 진다'는 원칙을 체계적으로 생각하면 1)부터 6)까지의 상황은 종교의 자유를 침해한 것이라고 볼 수 있고, 7)과 8)은 관용과 배려가 부족한 것으로 볼 수는 있지만 기본권 침해까지는 아니라고 판단할 수 있어요.

촛불이 음, 가만히 살펴보니 맨 앞의 사례에서 뒤로 갈수록 종교에 대한 국가의 강제력 행사 정도나 불공정성이 약해지는 것 같아요.

허당선생 정도만 약해지는 것이 아니라 앞 사례에서는 포함되던 평등 침해 요소가 뒤에서는 포함되지 않는 경우들이 있어요. 예를 들어 6)까지는 종교를 믿거나 믿지 않는 사람들의 평등한 지위가 박탈당하지만 7)부터는 그렇지 않아요. 오로지 '추가적인 관용'의 문제가 등장할 뿐입니다. 이렇게 요소들을 분해해서 사고실험을 하면, 어떤 사례를 딱 보고 바로 결론을 이끌어내는 비체계적 사고방식으로는 볼 수 없는 것들을 발견할 수 있어요.

촛불이　여러 요소를 분해해서 다른 요소는 고정시켜두고 한 요소만 바꿨을 때 어떻게 되는지 관찰하는 거군요.

생각으로 끝까지 가보자

허당선생　이러한 요소 분해 전략 중에서 가장 효과적인 방법은 '요소 극단화 전략'입니다. 여러 가지로 분해된 요소들 중에 하나를 골라 끝까지 극단적으로 밀고 가보는 사고실험이죠. 로버트 노직이 『아나키에서 유토피아로』에서 상상해보라고 한 경험기계가 바로 그 예입니다.

촛불이　경험기계요?

허당선생　경험기계 안에 있으면 마치 자신이 선택한 상황을 실제로 경험하고 있다고 생각하게 됩니다. 예를 들어 제가 엄청나게 유명한 가수가 되어 많은 사람들의 사랑을 받는 경험을 해볼 수 있는 거죠. 노직은 "평생 경험기계에서 살래 말래?"라고 묻습니다. 이 질문은 우리가 살아가면서 쾌락 또는 만족이라는 가치가 인생에서 얼마만큼의 비중을 차지하고 있는지를 알아보기 위해 '쾌락' 요소만을 극단적으로 확대해서 만든 사고실험입니다. 이 실험을 통해 "쾌락이 인생의 목적이고 가장 가치 있는 덕목이다"라고 말하는 쾌락주의를 논박할 수 있습니다. 노직의 경험기계는 쾌락이나 욕망을 충족하는 삶을 경험한다는 것 자체가 인간에게 어떤 의미와 가치를 지니는지를 물어보는데, 우리는 이 사고실험을 통해서 인간은 단순히 쾌락을 담는 그릇이 아니며, 인간의 삶은 스스로 계획한 삶에 도전하고 이뤄내는 여정이라는 것을 알게 됩니다. 이러한 요소 분해와 각 요소들의 비중, 강도를 변화시키며 생각하는 것은 문제해결의 답을 직관적으로 알게 되는 좋은 방법입니다.

촛불이　가상적 사고실험 틀은 생각 굴리기에 공통적으로 적용되네요.

허당선생　네. 우리가 생각 굴리기를 할 때 거의 모든 경우에 가상적 사고실험을 하고 있는 겁니다. 예를 들어 '기계에서 불량품이 나온다면 어디를 고쳐야 할까?' 생각할 때도 사실상 다른 요소들은 고정시키고 한 요소만 계속 바꿔서 그 공정 결과를 머릿속으로 상상해보는 가상적 사고실험을 하는 거예요.

촛불이　아, '복잡하게 생긴 기하학적 물체를 옆으로, 앞으로 돌려보면 어떨까?' 생각하는 것과 비슷하군요.

허당선생　맞아요. 기본적으로 그렇게 여러 각도로 생각하는 버릇을 들이는 것이 중요합니다. 다만 문제를 직접 해결하려면 아무렇게나 돌려보는 것이 아니라 그 문제해결과 관련된 추론장비를 동원해서 생각해보는 거죠. 존 롤스가 원초적 입장을 발표하고 나서 많은 학자들이 '무지의 베일'이 어떤 정보까지 차단하느냐에 따라 계약 상황을 바꿔가며 검토한 적이 있어요. 베일이 두꺼우면 그만큼 많은 정보를 차단할 테고, 베일이 얇으면 아주 약간의 정보만 차단하겠죠. 그래서 베일이 얼마나 두꺼워야 하는지를 두고 논쟁이 붙었어요.

촛불이　엄청 두껍게 만들 수도 있고, 보일 듯 말 듯 얇게 만들 수도 있고, 얼마든지 요소를 바꿀 수 있네요. 자신이 어떤 인종인지는 알지만 타고난 재능은 모른다거나 하는 식으로요.

허당선생 로널드 드워킨은 '가상적 경매시장 모델에서 아예 자유 그 자체가 경매 대상이 되면 어떻게 될까?' 생각했어요.

촛불이 자유가 경매된다면 어떻게 될까요?

허당선생 경매 자체가 붕괴됩니다. 경매가 성립되지 않아요. 경매 대상의 가치를 평가할 기준이 없어지기 때문입니다. 드워킨의 가상 경매시장은 평등을 충족하려면 어떻게 해야 하는지 이상적인 모델로 그려본 것이거든요. 예를 들어 비누 10개, 쌀 10가마 등 재화 배분을 똑같이 하고 경매에 참여합니다. 사람들마다 가지고 싶어 하는 물품들이 다르지만, 서로 부러워할 필요 없이 각자 마음에 드는 물건을 서로 교환해서 가지다 보면 더 이상 교환할 필요가 없는 상태에 도달하게 되죠. 그때 자원 평등을 이룬 거예요. 그런데 자유마저 교환 대상에 포함시키면 '모든 사람들을 평등하게 배려해야 한다'는 원칙을 실현할 방도가 없습니다. 앞에서 설명했듯이 점토를 사용해서 무엇을 할 수 있는가를 확실히 정하지 않고서는 점토 자체의 가치를 평가할 수 없기 때문이죠. 즉, 드워킨은 이런 방법들을 통해 자유 원칙이 자원의 평등을 평가하는 기준선이고, '모든 사람을 평등하게 배려해야 한다'는 추상적 평등 원칙을 충족시키기 위해서는 자유가 필수적인 전제 요건이라는 결론을 이끌어 냈습니다.

촛불이 아, 자유 자체가 그 기준선인데 그걸 교환 대상으로 여기는 건 정말 바보 같은 생각이군요. 정치철학의 사고방식이 제가 생각했던 것보다 훨씬 더 흥미진진한 것 같아요.

허당선생 자꾸 듣다 보니까 그렇죠? 제가 잘 알지 못하는 다른 분야들 중에서도 촛불이가 흥미진진하게 느낄 만한 것들이 분명히 있을 거예요. "왜 인간의 몸에 나는 털은 모두 한 방향으로만 자랄까?"라는 문제를 심각하게 연구하는 사람도 있다고 하니까요. 문제의 경중에 상관없이 문제를 발전적으로 설정하고, 요소 분해를 통해서 검토해본 후 대담하게 새로운 규칙을 구성하고, 그 규칙을 문제해결 과정에 적용해보고, 다른 규칙이나 증거에 비추어 재검토해보는 것은 모두 문제해결의 공통적인 과정입니다. 물론 규범을 다루는 분야와 사실을 다루는 분야의 검토 방식은 다르겠지만요. 특히, 모델을 설정하고 사고실험을 하는 것은 모든 분야의 문제해결 과정에서 거의 빠지지 않습니다.

촛불이 사람들이 문제를 해결할 때 목적이나 절차 없이 마구 생각하거나 기계적으로 생각하는 것이 아니군요.

허당선생 그런 건 '해파리 흐물흐물'이나 '굼벵이 엉금엉금'이라고 불러야 합니다. 어떤 수학 문제를 봤을 때, 문제 속에 있는 힌트나 제약조건을 바탕으로 어떻게 풀어야 할지 먼저 직감적으로 판단하게 됩니다. 아마 그 순간 집중적으로 생각해야 할 추론장비와 모델을 연상할 겁니다. 그리고 그 직감을 기초로 기존의 규칙을 다양하게 적용해보고 맞지 않으면 다른 방식으로 생각해서 풀어보려는 시행착오의 과정을 겪습니다.

아인슈타인은 여러 가지 사고실험들을 했던 것으로 유명한데, '사람이 빛과 같은 속도로 여행하면서 그 빛을 관찰하면 어떻게 될까?' 이런 의문을 가졌죠. 또 '외부 자극으로부터 차단된 캡슐 안에 있는 사람은 가속 운동에 의한 효과와 중력에 의한 효과를 구분할 수 있을까?' 이런 생각도 했습니다. 전자는 특수상대성이론, 후자는 일반상대성이론과 연결되어 있는 사고실험이었어요.

촛불이 물론 천재 아인슈타인이라고 해도 사고실험만으로 금방 답을 내지는 않았겠죠?

허당선생 당연하죠. 그랬다면 아인슈타인이 친구에게 지독한 고생을 하고 있다고 했겠어요? 그러나 그런 사고실험들이 아인슈타인이 문제의 해답을 직관하는 데 도움을 준 것은 분명합니다. 심지어 사고실험은 사실적인 이야기, 서사를 구성하는 데도 도움이 됩니다. 우리는 일반적으로 이야기를 만들어서 서사를 끌어가야 한다고 생각하잖아요.

촛불이 맞아요. 다음에는 어떻게 될지 지어내야 한다고 생각하죠.

허당선생 그렇게 되면 시간의 흐름만 억지로 가져다가 붙인 꼴이 됩니다. 사고실험 과정이 살아있는 만화를 읽으면 생각 굴리기에 많은 도움이 된다고 생각해요.

촛불이 우왓! 만화요? 만화를 읽는 게 공부에 도움이 된다고요? 듣던 중 반가운 소리예요!

허당선생 워워워~ 알았어요, 알았어. 지금까지는 생각 굴리기의 이론적인 내용들을 얘기했다면 이제부터 그 이론들을 어떻게 실천할 수 있는지 알려줄게요.

문제해결 과정의 모델, 만화

허당선생 저는 사고실험을 통해 서사를 구성한 만화가 문제해결 과정의 모델로 참조할 수 있는 좋은 사례라고 생각합니다.

예를 들어 제가 스무 살 즈음에 나온 『도박묵시록 카이지』라는 만화가 있는데, 정말 선풍적인 인기를 끌었지만 작화 실력은 형편없어요. 그런데 오히려 그 엉성한 그림이 엄청 절실하게 다가와서 공감하게 되는 거예요. 그림 때문인지 주인공이 처한 상황과 진행이 작위적으로 보이지 않고 진솔하게 보였거든요. 가장 인상적인 장면이 카이지가 빚 때문에 도박판에 억지로 끌려가 참가하게 된 가위바위보 게임 장면입니다. 그 상황에서 벌어지는 일들이 정말 예측 불가능하고 흥미진진했어요.

촛불이 예측 불가능하다는 게 설마 어디선가 산신령이 펑! 나타나서 주인공을 구출해주는 이야기가 튀어나오는 그런 건 아니죠?

허당선생 엥? 설마요! 그런 예측 불가능이야말로 억지로 이어 붙인 이야기일 뿐이죠. 이 가위바위보 게임은 실제 가위바위보를 하듯이 각자 가위·바위·보가 그려진 카드를 내고 이기는 사람이 별을 먹는 게임이에요.

촛불이 얼핏 보기에는 엄청 간단한 게임인데요?

허당선생 그런데 이렇게 간단한 조건으로 게임을 진행해도 서로 담합이나 동맹, 배신을 한다니까요! 이 만화를 보면서 '다양한 성향의 사람들이 각자 머리 써서 행동한 결과가 나중에 합쳐지면 정말 변화무쌍한 과정들이 벌어지는구나.' 하고 놀라게 됩니다.

촛불이 아, 시작할 때는 몇 가지 간단한 조건들만 있었을 뿐인데, 그 구성요소들의 고유 성질은 변하지 않고 서로 상호작용해서 어떤 결과가 나오는지 사고실험을 통해 확인하는 거군요.

허당선생 맞아요. 제가 그 만화가는 아니지만 분명히 만화를 구성하면서 이런저런 식으로 상호작용의 시나리오를 밀고 나가봤을 겁니다. 다르게 표현하자면 상황을 설정하고 시뮬레이션을 돌려봤을 거라는 거죠. 최소한 엉뚱한 사건들을 억지로 쥐어 짜내서 이야기를 끌고 나간 건 아닐 거예요. 같은 측면에서 『기생수』라는 만화가 참 탁월한데요, 이 만화의 훌륭함은 도대체 어디에서 나오는지 고민될 정도입니다.

촛불이　크, 별 걸 다 고민하신다. 어떤 내용인데요?

허당선생　아, 기생수는 인간의 두뇌에 기생하면서 다른 인간을 잡아먹는 생물인데, 주인공 신이치는 기생수가 자기 뇌로 올라오는 걸 막아요. 그래서 그 기생수는 신이치의 오른손에 기생하게 되죠.

촛불이　그냥 공상과학 만화네요.

허당선생　맞아요. 이런 SF요소는 사고실험과 비슷하죠. 정말 탁월한 만화는 그 SF요소들을 설정한 후 시뮬레이션을 일관되게 진행해나가는 방식으로 이야기를 전개하지만, 그저 그런 만화는 SF요소가 단지 배경일 뿐 이야기는 제멋대로 진행됩니다. 인간의 머리를 완전히 차지한 기생수들이 인간을 잡아먹고 심지어 정치, 사회까지 지배하려고 해요. 그 상황에서 기생수에게 머리를 잠식당하지 않은 주인공 신이치가 변수가 되는 겁니다. 그렇게 설정된 요소들이 상호작용하면서 엄청나게 흥미진진한 이야기를 만들어 나가요. 『기생수』는 작가가 이야기를 억지로 끌고 가는 것이 아니라, 만화 속 등장인물들이 스스로 살아서 이야기를 만들어 나가는 기분으로 그렸다고 하더라고요. 이렇게 현실 사회에 이질적인 요소를 집어넣고 이야기를 일관되게 밀고 나가면 독자들은 일종의 충격을 받게 되거든요. 저는 작가가 이런 방식으로

작업한 것이 이 만화를 탁월하게 만든 이유가 아니었을까 생각
합니다.

촛불이   그런 만화 이야기가 공부와 무슨 상관이 있죠?

허당선생   이렇게 한 요소를 가정하고 결론이 나올 때까지 밀고 나가며 사
고하는 방식은 사실문제를 다루는 자연과학에서 매우 익숙한 과
정입니다. 사회과학에서는 경제학이 주로 사용하는 방법이고
요. 전형적인 신고전주의 경제학에서는 합리적인 경제주체를 가
정하고, 그 경제주체들이 각자 다른 위치에서 자신의 만족을 극
대화하는 행위를 한 결과 그 균형이 어떻게 나타나는가를 관찰
합니다. 여기서 조건을 다양하게 변화시키면서 그에 따른 결과
를 예측하는 거지요. 이렇게 한 가지만 일관되게 고민하고 생각
하는 것이 매우 유용한 결론을 알려주기도 합니다. 예를 들어 월
세, 전세가 오른다고 임차 기간을 연장하거나 임대료 인상을
규제하는 임대료 상한제를 실시한다면 어떻게 될까요?

촛불이   당연히 좋죠! 집주인들은 세입자한테 함부로 나가라고 못하고,
치솟는 전셋값도 잡을 수 있잖아요.

허당선생   안타깝게도 실제로는 그렇지 않아요.

촛불이   정말요? 왜요?

허당선생   경제학 이론에 따르면 임대료 상한제는 부동산시장에 파괴적인
결과를 가져옵니다. 한번 생각해보세요. 임대료 상한제를 실시
한다고 해서 사람들의 성격이나 행동 동기가 바뀌는 건 아니잖
아요. 집주인은 같은 집을 최대한 높은 가격에 임대하려고 하고,
세입자는 적은 비용으로 최대한 더 넓고 좋은 집에 살려고 하죠.
최소 투자로 최대 효과를! 인간의 이런 습성은 변하지 않은 상태

에서 임대료만 절대적인 법적 상한선이 정해지는 겁니다. 이렇게 다른 요소는 고정된 채로 임대료 상한제라는 이질적인 구성 요소를 투입해서 사고실험을 밀고 나가면 어떻게 될까요? 일단 법이 보호하는 최장 기간이 지나지 않는 한 세입자는 나가지 않겠죠. 그러면 누가 더 그 집을 필요로 하는가와 관계없이 일단 선착순으로 먼저 자리를 잡은 세입자가 제일 큰 이득을 보겠죠? 좋은 집을 짓거나 집수리를 열심히 해봤자 임대료를 더 받을 수도 없으니 집주인은 집을 그냥 방치하게 되고, 집은 계속 낡게 됩니다. 더 중요한 것은 원하는 집을 새로 짓는다고 해도 적은 비용을 들여 질 낮은 집을 건축할 거라는 거죠. 실제로 임대료 상한제를 실시한 지역을 살펴보면 도시 전체를 황폐하게 만들 정도라고 합니다.

촛불이 그러면 어떻게 하죠? 집값에 신음하는 서민들은요?

허당선생 직접적인 규제를 두는 것보다 당사자들을 대상으로 미시적 제도를 만드는 건 어떨까요? 예를 들어 '주거보조 쿠폰'을 생각해봅시다. 1인당 일정한 주거보조 쿠폰을 받아요. 성인은 어린이보다 더 많이 받겠죠. 그리고 이 쿠폰과 자기 돈을 합쳐서 월세를 내는 거예요. 전세자금을 대출받은 경우라면 자신이 가지고 있는 주거보조 쿠폰만큼 이자에서 감하고 그 감한 이자는 국가가 대신 은행에 지불하는 방식이죠. 어때요?

촛불이 체계적으로 접근하지 않았을 때는 그냥 "전월세 가격이 올라가니까 상한선 정해서 못 올라가게 하자"는 식의 정책이 그럴듯하게 보이지만, 실제로 사고실험을 해보면 문제가 드러나는군요. 그리고 현실 사회에 적용했을 때 적절한 사고실험의 결과와 더 가까운 결과가 나오고요.

허당선생 물론 경제학의 사고실험 가정들은 현실에 맞지 않는 부분이 있고 실제 구성요소들의 상호작용은 더 복잡하기 때문에 꼭 사고실험대로 결과가 나온다고 장담할 수는 없어요. 그래서 실증적인 검증을 합니다.

촛불이 통계 같은 걸로요?

허당선생 네. 예를 들어 임대료 상한제는 이론이 예측한 것과 거의 같은 결과를 보여줬어요. 그런데 이와 비슷한 제도가 최저임금제잖아요?

촛불이 노동자들을 위해 최소한 얼마 이상은 임금으로 보장해줘야 한다고 법으로 정하면 오히려 일자리가 줄어든다는 주장은 저도 들어본 적 있어요.

허당선생 그런데 실제로 통계를 분석해보면 신고전주의 경제학이 예상한 결과가 그대로 실현되는 것은 아니에요. 최저임금제가 실업에 일관된 영향을 미치는 건 아니거든요. 그래서 너무 높지 않은 한계선의 최저임금제는 일정 부분 노동자를 보호할 수 있는 유용한 정책 수단이 될 수 있답니다.

구별하기와 뒤집어보기

촛불이 세상일 간단한 게 하나도 없네요.

허당선생 그럼요. '이건 이렇고, 저건 저렇고, 됐고, 됐고, 됐고~.' 하는 식으로 혼자 척척 생각하며 살아가는 것은 제아무리 자신감과 확신이 넘치더라도 실제로는 흐리멍덩한 거품 속에서 사는 겁니다. 실상 하고 있는 일은 '봉합, 봉합, 봉합'에 불과한데 자기는 이 세상을 다 파악했다고 착각하는 거죠.

촛불이 으아, 그렇게 말씀하니까 세상일에 대해 모조리 다 분석하고 검토해야 하는 것처럼 들리잖아요. 그럴 시간이 어디 있어요!

허당선생 적절한 지적이에요. "모든 것에 대해 모든 것을 알던 최후의 인간은 라이프니츠였다"는 말이 있습니다. 그렇다고 우리가 알 수 있는 분야 외에는 허위의 거품 속에서 살아갈 수밖에 없는 운명일까요? 그렇지는 않아요. '사실'을 다루는 지식과 '규범'을 다루는 지식의 구조만 어느 정도 알아도 무엇을 신뢰하고 무엇을 의심해야 할지 판단력이 생기거든요. 의학에 대해서는 아무것도 모르는 물리학자가 있다고 해봅시다. 그런데 어떤 의사가 "연구 결과, X라는 약이 A라는 병에 큰 효과가 있다"고 발표했을 때, 의학을 전혀 모르는 그 물리학자는 "믿느냐 믿지 않느냐 그것이 문제로다"의 선택밖에 없을까요?

촛불이 모르니까 어쩔 수 없잖아요.

허당선생 낱낱이 속속들이 알아야 어떤 주장의 타당성을 평가할 수 있는 건 아니에요. 만일 그 연구가 "100명의 환자들에게 우리 신약을 투여했더니 30명의 증상이 크게 호전되었다. 그러므로 이 신약은 30퍼센트의 치료 효과가 있다." 이렇게 실험이 진행되었다면 믿을 만할까요?

촛불이 엄청 그럴듯하게 들리는데요?

허당선생 좀더 자세히, 꼼꼼하게 살펴보세요. 실험집단과 통제집단을 제대로 설정하지 않았어요. 치료 효과가 없는 가짜 알약만 줘도 증상이 호전되는 경우가 많거든요. 의사가 자기한테 집중해서 관심을 보인다고 느끼는 것도 증세 개선에 도움이 되고요.

촛불이 아! 플라세보 효과!

허당선생 촛불이도 잘 아네요! 이 플라세보 효과를 가려내기 위해 실험집 단과 통제집단이 각각 설정되고, 투약 상황에서 의도하지 않은 차이가 나지 않도록 주의 깊은 실험을 해야 합니다. 또 다른 예를 들어볼까요? 어떤 사람이 "우리 집에 팔뚝 만한 용이 살고 있지만, 그 용은 다른 사람이 보는 순간 사라지기 때문에 보여줄 수는 없다"고 주장한다면 이걸 믿느냐 안 믿느냐는 단순히 찍기 문제일까요?

촛불이 진짜라고 해도 우리가 용을 보려고 하는 순간 사라질 테니 그 사람 말이 틀린 건 아니네요. 반박이 전혀 불가능한데요?

허당선생 하하, 우습지만 그럴 수밖에 없어요. 전혀 반박할 수 없는 사실을 주장하면 그건 관심을 기울일 만한 내용이 될 수 없습니다. 이 사람이 자기 집에 살고 있는 용에 대한 보고서를 방대한 분량의 책으로 썼다고 생각해봐요. 책에는 그 용이 어떻게 우리 집에 오게 되었는지, 어떤 언어로 말하는지, 무엇을 먹고 사는지 등등 엄청나게 상세한 정보들이 적혀 있는 거죠. 하지만 이걸 다 읽어 보고 하나하나 반박할 수 있어야 용이 있는지 없는지 타당하게 판단하는 거라고 볼 수 있을까요?

촛불이 아니죠, 하하하! 그걸 꼭 따져봐야 아나요? 아, 그래서 지식의 구조를 알게 되면 꼭 그 분야의 세세한 사항을 모른다고 해도 신뢰할 만한 주장인지 아닌지를 판별할 수 있다고 하는 거군요.

허당선생 그렇죠. 봉합을 일삼으면서 자의적이거나 독단적인 주장을 한다면 신뢰할 수 없겠죠. 그런 주장들이 문제해결을 돕는 경우는 없어요. 그런 주장들을 기초로 생각 굴리기를 하는 것도 어렵고요.

촛불이 문제해결을 촉발시키는 생각 굴리기 전략으로 또 어떤 것이 있을까요?

허당선생 반전시켜서 생각해보는 겁니다.

촛불이 반전? 반대로 뒤집어본다는 뜻인데, 구체적으로 어떤 의미죠?

허당선생 즉, 기존 모델이 전제하고 있는 규칙에 도전하는 것입니다. 다른 말로 '규칙 깨기'라고 할 수 있어요. 방금 경제학이 일반적으로 사용하고 있는 사고실험의 가정이 비현실적일 수도 있다고 했는데, 이 점에 대해 우선 결론과 최대한 근사하게만 맞으면 된다며 그대로 인용하고 있는 학자들이 많았습니다. 반대로 무엇이 현실과 다른가를 분석적으로 파악해서 그 요소만 달리 보고 접근한 학자들도 있었지요.

촛불이 예전부터 이야기했던 검토되지 않은 가정을 다시 한 번 검토하는 전략이군요?

허당선생 네. 기존에 검토되지 않았던 가정이나 현실과 맞지 않는 전제를 다른 전제로 바꿔서 생각해보며 풀리지 않던 문제에 접근하는 방식이죠. 이런 방식은 현대 정보경제학의 발전을 살펴보면 잘 알 수 있어요. 노벨경제학상 수상자인 조지 애컬로프가 「불량차 시장」이라는 논문에서 착안했던 문제는 '왜 사람들이 새 차를 많이 사고 중고차는 잘 사지 않을까?'였어요.[1] 그가 착안했던 점은 차를 사려는 사람들이 '똥차라서 중고로 팔려는 거니까 나는 절

---

1 George A. Akerlof, *The Market for "Lemons" : Quality Uncertainty and the Market Mechanism*, *The Quarterly Journal of Economics*, Vol. 84, No. 3. Aug., 1970 참조

대로 중고차를 사지 않을 거야'라고 생각한다는 것이었죠. 그러니까 꽤 괜찮은 중고차를 내놓아도 그런 오해를 받게 되고, 점점 중고차 시장에는 불량품만 모이게 되겠죠. 이런 기제를 '역선택'이라고 하는데, 정보가 불확실한 상황에서 어떤 균형이 생기는지 보여주는 사례입니다. 이러한 역선택을 극복하는 방법에 대해 연구했던 사람이 경제학자 마이클 스펜스입니다. 이 사람은 시그널링, 즉 능력 신호 보내기에 대해 연구했죠.[2]

촛불이 예전에 어느 정도의 시험 준비는 어떤 사회에서도 피할 수 없다는 이야기를 하면서 언급했던 사람이네요.

허당선생 네. 마이클 스펜스도 이 연구로 노벨경제학상을 받았어요. 사람들이 비싼 비용을 투자해서 신호를 보내면 그것이 그 재화나 노동력의 유용성을 차별적으로 드러낸다는 이론을 구축했지요. 그 논의를 따라가면 학력을 쌓아 올리는 일이 실제 노동력 증진에는 전혀 도움이 되지 않는데도 학력 인플레 현상이 일어날 수 있다는 결론을 끌어낼 수 있습니다. 제가 예전에 썼던 『탈학교의 상상력』에서 그 모델을 활용해 학력 인플레 현상을 설명한 적이 있어요. 학력 인플레는 단지 모두 다 대학을 가는 '양적' 인플레뿐만 아니라, 소위 스펙을 쌓기 위해 눈코 뜰 새 없이 바쁘고 더더욱 학점에 목매는 '질적' 인플레도 포함하는 겁니다. 정말로 이런 현상들이 인플레라면 학교교육을 더 많이, 더 빡세게 받는 것이 실제 노동생산성 향상과 관계가 없거나 투입되는 비용

---

2 Spence, A. M., 『Market Signaling : Informational Transfer in Hiring and Related Screening Processes』, *Cambridge : Harvard University Press*, 1974 참조

에 비해 엄청 비효율적인 과정이 될 수도 있거든요. 그런데 이런 사태는 불완전한 정보 상황을 체계적으로 분석하지 않으면 아무 문제가 없어 보입니다. "학교는 노동시장에서 유용하게 활용할 수 있는 능력을 길러준다. 이른바 '인간 자본'이 축적되는 것이다. 학력과 학벌은 인간 자본이 얼마나 축적되었는지 잘 보여주기 때문에 학력 차별은 매우 효율적인 시장기제다. 또 시장의 수요만큼 인간 자본이 축적되어 공급되므로 학력 인플레는 없다." 이렇게 정리하고 넘어가겠죠.

촛불이 뒤집어서 검토하지 않으면 아예 보이지 않는 문제네요.

허당선생 네. 여기서 주의할 점은 "현실 세계는 정보가 불확실한데 신고전주의 경제학은 완전 정보를 가정하고 얘기하니 전부 다 엉터리야. 다 엎어버려! 앞으로 경제 문제는 내 깜냥대로 생각할 거야!" 이렇게 막가면 안 된다는 겁니다. 모델은 언제나 현실의 추상화에 불과하거든요. 모델이 현실과 동일하지 않는 건 당연해요. 다만 그 현실과 같지 않은 부분이 체계적으로 한 방향으로만 잘못된 결론을 도출하게 할 때 문제가 되는 겁니다. 문법 사용에 비유하자면 어떤 사람이 급하게 타이핑하느라 가끔 오타가 나는 건 비체계적 오류입니다. 반면에 그 사람이 그 사회'의' 문제를 그 사회'에' 문제로 영광'의' 빛을 영광'에' 빛으로 시종일관 틀리게 적는다면 '의'와 '에'를 적절히 사용하지 못하는 체계적 오류에 빠진 것이죠. 기존 규칙을 문제 삼을 때는 체계적 오류를 범하고 있다는 점을 지적하거나, 자신이 제시하는 대안이 비체계적 오류를 더 줄일 수 있다는 점을 보여야 해요. 그래서 반전을 할 때도 다른 제약 조건이나 가정은 그대로 두고, 그 가정만 뒤

집었을 때 어떻게 되는지 체계적으로 살펴봐야 합니다. 예를 들어 '완전 정보' 가정만 뒤집어보면서 '불완전 정보' 상태의 경제를 분석할 때는 행위자들이 합리적이고 효용을 극대화한다는 가정은 일단 그대로 두어야 한다는 거죠. 만약 합리적 행위자가 효용을 극대화한다는 그 가정을 뒤집어보고 싶다면, 사람들은 자주 비합리적으로 행동하니까 주류 경제학은 틀렸어가 아니라 어떤 조건에서 어떤 방향으로 비합리적인지, 체계적으로 모델을 만들고 검증하는 방식으로 규칙을 구성해야 합니다.

촛불이   그 외에도 생각 굴리기 방법은 무궁무진하겠죠?

허당선생   그럼요. 지금까지의 방법들은 생각 굴리기의 일부 사례일 뿐입니다. 여러 가지로 분류할 수 있어요.

생각을 굴리는 여러 가지 방법들

촛불이   생각을 굴리면서 함께 읽을 만한 책 좀 소개해주세요.

허당선생   『생각의 탄생』은 생각의 '도구'에 대해 이야기합니다. 관찰, 형상화, 추상화, 패턴 인식과 형성, 유추 등 여러 가지로 나누어 소개하고 있어요.

촛불이   선생님께서 말씀하신 생각 굴리기 방법과는 범주가 다르네요?

허당선생   제가 말한 생각 굴리기의 방법은 생각의 '전략' 같은 것이고, 이 책에서 말하는 것은 그 전략을 구성하는 더 기본적인 요소라고 할 수 있어요. 그중에서 제가 가장 강조하고 싶은 것은 형상화, 추상화, 패턴 인식과 형성, 유추, 차원적 사고와 변형, 모형 만들기입니다.

촛불이   형상화는 '몽상 이야기' 할 때 많이 했는데, 추상화는 뭐죠?

허당선생   문제해결에 꼭 필요한 요소가 아닌 세부 사항은 삭제하라는 거예요. 모델을 만들라는 것과 같은 의미입니다. 모델 만들 때는 언제나 추상화 과정이 필요하니까요.

촛불이   패턴 인식과 형성, 유추는 밀접하게 연관된 개념이겠네요.

허당선생   유추의 예를 들어볼까요? 『그리드락, 소유의 역습』이라는 책은 "재산권이 확실하게 보장되면 시장경제는 더 잘 굴러간다"는 통념으로 인해 지적재산권 강화만 강조하고 조정과 규제는 하지 않는 정책 방향을 비판합니다. 저자는 라인 강에 배가 지나가면 봉건귀족들이 불법으로 삥을 뜯는 행위와, 지나치게 지적재산권 보장이 강화되었을 때의 문제 유사성에 주목합니다.

촛불이   아하하, 사람들이 라인 강을 지나가면서 귀족들에게 삥 뜯기는 거랑, 특허의 일부분이라도 사용할 때마다 일일이 돈을 내야 하는 게 비슷하긴 하네요.

허당선생   이런 유추에 의한 문제 포착은 대단히 중요해요. 어떤 경우에는 문제를 포착하는 데만 그치지 않고, 유사 관계에 있는 상황을 하나의 모델로 활용하여 생각을 굴리거나 해답을 내는 데 도움을 받을 수도 있거든요. 예를 들자면 우리가 앞에서 얘기했던 적극적·소극적 자유론의 대립에 대해 다시 생각해봅시다. 그때 제가 생각한 답을 좀더 다른 측면에서 이해하게 된 경우가 있었어요. 존 롤스는 『정의론』에서 제럴드 맥컬럼의 자유의 삼각구조를 차용하며 '자유'와 '자유의 가치'를 별개로 생각해야 된다는 이야기를 해요. 예를 들어 현재 돈이 100만 원 있는 사람과 120만 원 있는 사람이 있는데, 표현의 자유를 얘기할 때 그 20만 원 차이는 의미 있는 장애 요소가 되지 못할 겁니다.

촛불이   인생 계획에 따라 달라질 수 있고, 또 스스로 달라지게 만들 수도 있으니까요.

허당선생   그런데 그 사회에 실직자가 너무 많아져서 전 재산이 0원이 된 사람들이 늘어난다고 생각해봐요. '무언가를 자유롭게 표현하고 싶어도 전기 · 수도 요금도 낼 수 없는 상황이라면 자유의 가치가 희박하거나 아예 없는 것이 의미 있는 장애 요소가 된다고 볼 수 있지 않을까?' 노먼 다니엘을 비롯한 여러 학자들이 이런 의문을 제기했어요.[3] 그런데 돈이란 것이 자유에 큰 영향을 미치다가도 어떨 때는 전혀 의미 없는 경우도 있고, 왔다갔다 개념적으로 혼란스러울 때가 있었거든요. 그렇게 자유와 자유의 가치 사이의 관계에 고민하던 어느 날, 행정 소송 대리를 하면서 행정법 책을 다시 읽게 되었어요. 그런데 '재량의 0으로의 수축'이라는 단어가 눈에 들어오더라고요.

촛불이   재량의 0으로의 수축이요?

허당선생   촛불이에게는 낯선 용어일 수 있겠네요. '재량'이라는 것은 A라는 처분을 할지 B라는 처분을 할지 법적으로 미리 결정되어 있는 것이 아니라 어떤 처분을 할 때, 행정청이 구체적인 사정 a, b, c를 고려해서 특정 처분을 선택할 권한이 있다는 거죠. 그러니까 누가 봐도 완벽하게 최선의 선택이라고 납득하지 않더라도 합법적인 경우가 있을 수 있다는 겁니다.

---

3 Noman Daniels, "Equal Liberty and Unequal Worth", from 『Reading Rawls : critical studies on Rawls' A theory of justice』, ch 11, Norman Daniels ed., *Stanford University Press*, 1989 참조.

촛불이   어느 누가 봐도 완벽하고 최선의 선택이라야 합법적이라고 한다
        면 살 떨려서 행정청이 어떻게 업무 처리를 할 수 있겠어요.

허당선생   그래서 재량의 영역이 있는 겁니다. 그렇다고 해서 마음대로 선
        택하는 것이 아니라 재량적으로 고려해야만 하는 사정 a, b, c를
        면밀히 살펴봐야 합니다. 예를 들어 한 사람은 고위 공무원의 자
        녀니까 들어주고, 다른 사람은 얼굴이 못생겼으니까 들어주지
        않으면 재량을 과도하게 벗어난 것 아니겠어요? 이렇게 재량이
        라고 해도 일정한 범위를 가지고 있는데, 상황의 특수성 때문에
        0으로 수축되는 경우가 있어요. 예를 들면 인근 공장에서 정화
        하지 않은 폐수를 무단 방출해서 지역 주민들의 건강이 심각한
        위험에 처해 있다고 생각해봅시다. 이 경우에 행정청은 공장 운
        영을 중단시키거나 그냥 두거나 둘 중 하나를 고를 재량이 없는
        겁니다. 왜냐하면 적법한 처분은 공장 운영을 중단시키는 것 하
        나뿐이니까요.

촛불이   주민들이 처한 위험이 워낙 중대해서 행정청이 다른 이유를 들
        면서 공장을 계속 운영하게 해주는 것이 위법일 수밖에 없는 거
        군요.

허당선생   제가 이 행정법 책을 읽기 전에 조셉 라즈라는 철학자가 쓴『자
        유의 도덕』을 읽고 있었어요. 그 책 5부에 자율성과 자유에 대한
        두 가지 사례가 나오는데, 구덩이에 빠져서 옴짝달싹 못하는 남
        자와 무인도에서 맹수에게 미친 듯이 쫓기는 여자의 이야기입니
        다. 남자는 구덩이 속에서 어떤 능력도 발휘할 수 없고, 밖에서
        쫓기는 여자는 오로지 초인적인 생존 능력만을 발휘해서 죽기
        살기로 도망칠 수밖에 없는 상황이죠. 그런데 이 사례들을 보면

	국가가 그 남자와 여자에게 어떤 간섭도 하고 있지는 않거든요?
촛불이	국가나 타인이 의도적으로 만든 상황은 아니지만 당사자들은 먹고 자고 심지어 싸는 일조차 편안하게 할 수 없네요. 그 사람들에게는 무시할 수 없는 장애 요소가 생긴 거 같아요.
허당선생	맞아요. 그래서 이런 상황을 '자유'가 '자유의 가치' 수준으로 수축되었다고 표현하면 어떨까 생각했죠. 구덩이에 갇힌 남자는 0으로, 쫓기는 여자는 매우 낮은 수준으로 그들의 자유 가치가 수축되었다고 보는 겁니다. 이 두 사람이 '법적'으로는 미술 작품을 감상하거나 맛있는 음식을 먹을 수 있고, 연애도 할 수 있어요. 그런데 아무리 용을 써도 그런 걸 '실제로' 할 수는 없잖아요. 보통의 경우엔 자유가 자유 가치와 비례해서 결정되진 않거든요. 자유의 가치인 돈이 좀 모자라서 해외여행을 가지 못한다거나, 피아노를 칠 줄 몰라 연주회에 나가지 못한다고 해서 자유가 없다고 얘기하지는 않습니다. 가치가 원하는 만큼 있는 건 아니지만 여전히 자유가 존재하거든요. 그런데 어떤 특수한 사정이 생기면, 자유가 자유 가치 수준으로 수축되는 거예요. 마치, 공장 폐수가 주민들의 건강을 직접적으로 위협하는 상황이 발생하면 행정청의 재량이 0으로 수축되듯이 말이에요.
촛불이	그렇게 다른 식으로 표현하면 특별히 달라지는 게 있나요?
허당선생	무조건 "돈이 없으면 자유도 없다"는 식으로 이야기하지 않고, "자유의 가치에 관한 어떤 특정 조건들이 성립하는 경우에는 자유가 자유 가치 수준으로 수축된다"고 말하게 됩니다. 그러면 그 특정 조건들이 무엇인지 집중해서 논의할 수 있어요. 더 나아가 자유의 가치를 통상적인 수준으로 회복시키려는 제도인데, 그걸

"자유를 침해하는 제도다." "다른 가치를 위해 자유를 빼앗는 제도다"라고 일방적으로 주장하는 걸 피할 수 있게 됩니다. 그래서 자유와 자유 사이의 경계를 긋는 문제로 문제설정을 바꿀 수 있지요. 예를 들어 국가는 여성들의 사회 진출에 아무런 간섭을 하지 않지만, 많은 고용주들이 여성 직원들에게 결혼퇴직제를 암묵적으로 적용하고 있다면 어떨까요?

촛불이 실제로 기혼 여성이나 앞으로 결혼하고 싶어 하는 미혼 여성의 노동의 자유는 결혼퇴직제를 적용하지 않는 고용주들의 수만큼 객관적으로 제한되겠죠.

허당선생 그렇죠. 직장을 다니는 여성들이 어떻게 인생을 계획하고 준비하든지 모든 것은 고용주들의 선택에 달려 있게 되는 겁니다. 마치 국가가 약국 사이의 제한 거리를 얼마로 선택하는지에 따라 약국 영업의 자유가 결정되는 것처럼 말이죠. 앞의 사례에서 국가는 맹수를 잡아서 여자를 안전하게 구조하지 않으면 국민의 자유를 제대로 보장해주었다고 할 수 없어요. 경찰관이 구덩이에 빠진 남자를 구해주지 않고 멀뚱멀뚱 지나가면서 "국민의 자유는 완벽하게 보장되었다!" 외칠 수 있을까요? 그 남자는 구덩이에서 나와야 자유를 누릴 수 있고, 비로소 그때 국가가 국민의 자유를 보장해준 것이죠. 이와 마찬가지로 직장 내 결혼퇴직제 적용을 금지시키지 않고서는 자유를 제대로 보장하고 있다고 말할 수 없는 겁니다.

촛불이 아, 사고의 전환을 하기 전에는 고용주들이 "나는 결혼한 여성은 채용하고 싶지 않다. 채용 전에 결혼하면 나가기로 서로 약속했는데 무슨 문제야? 이건 국가가 공익을 위해 마음대로 정한 방

침이기 때문에 내 자유가 침해당하는 것이다"라고 반문하면 "그
건 보호해야 할 공익의 가치가 더 크기 때문이다"라고 답하는 게
전부였을 것 같아요.

허당선생 겉에서 형식적으로 보면 자유와 공익이 충돌하는 것처럼 보이지
만 실제로는 자유와 자유 사이의 '경계 긋기' 문제라는 겁니다.
보이는 대로만 생각하거나 판단하지 않고, 모든 충돌이 '고용주
개인의 자유와 사회 전체 공익'의 대결은 아니라는 발상의 전환
을 하는 거죠. 이런 문제설정의 전환만으로도 사고 진행 과정이
많이 달라져요.

촛불이 맞아요! 생각해보면 사람들은 자유와 공익을 무조건 대립 구도
로 놓고 시작하는 것 같아요.

허당선생 물론 그 구도가 필요하거나 유용할 때도 있어요. 하지만 자칫 주
관적이고 자의적인 결론에 빠지기 쉽기 때문에 최대한 공익이
란 개념을 등장시키지 않으면서 해결할 수 있는 부분은 다 풀어
놓아야 합니다. 그래서 '자유와 공익'이 아닌 '자유와 자유'의 문
제로 전환시키면 공정한 몫, 공정한 부담의 원칙을 중심 모델로
생각할 수 있죠. 그리고 더 나아가 '자유의 영역을 어떻게 나눠야
공정한 협동의 조건이라고 할 수 있을까?'라는 문제로 고민하지
않겠어요?

촛불이 그러니까 적극적 자유와 소극적 자유의 관계나 존 롤스의 자유
이론 같은 여러 가지 생각들이 둥둥 떠다니다가 번뜩 떠오른 거
군요.

허당선생 맞아요. 그리고 이런 번뜩임은 유추하기와 연결하기 방법 때문
에 가능했던 일입니다. 앞에서 방금 얘기했던 내용은 '자유 대

공익'이 '자유 대 자유'의 경계 긋기로 전환된 거니까 '차원 변환하기'로 볼 수 있겠네요. 그리고 로널드 드워킨이 "타당한 평등을 위해 자유가 보장되어야 한다"고 논증하는 것과 반대로 "타당한 자유를 위해 평등이 보장되어야 한다"고 주장하는 일종의 반전, '뒤집기'라고 할 수 있고요. 이렇게 '평등'에서 시작하여 '자유'를 논증하는 길과 '자유'에서 '평등'으로 가는 길, 양쪽 길을 모두 뚫어놓으면 평등과 자유라는 정치적 가치의 관계에 대해 더 확실하게 이해할 수 있을 것 같더라고요. 이런 사실을 깨닫고 나니, 이전에는 자의적인 기준밖에 없다고 생각했던 자유 제한에 관한 많은 헌법적 문제들을 안정적으로 해결할 수 있었습니다. 그리고 사회권을 자유권과 동일 선상에 놓지 않으면서도 중요한 부분의 연결고리를 밝히는 데도 도움을 줄 수 있겠다는 생각도 들었고요.

촛불이　어느 정도 생각이 정리되고 문제해결의 답이 보이기 시작했다니 기분이 좋으셨을 것 같아요.

허당선생　이건 그냥 모델에 대해 떠오른 단순한 아이디어 스케치에 불과해요. 사고 체계를 발전시켜보다가 별다른 도움이 안 될 것 같다거나 엉터리 답이 나오겠다 싶으면 가슴이 아파도 폐기시키고 다시 시작할 수도 있어요. 저는 실제로 징병제는 두 번, 사형제는 세 번이나 생각이 바뀌었어요.

촛불이　우왓! 완전 바람에 흔들리는 갈대네요.

허당선생　하하, 어떤 문제를 더 풍부하게 이해하면서 같은 결론을 더욱 확고하게 지지하는 경우도 많지만 공부를 더 하면서 생각이 바뀌는 경우도 많아요. 그래서 저는 언제나 지금의 문제풀이는 '잠정적인 답'이라고 생각합니다. 당연한 거죠. 어떻게 바로 최종적인 답이라고 할 수 있겠어요? 우리가 할 수 있는 일은 현재 자신이 고민한 답들 중 '최선'의 답을 찾는 것뿐이랍니다. 이런저런 생각들이 떠오르고, 기존 추론장비에 맞춰서 해결하는 작업을 하다 보면 밤을 새기도 해요.

마음에 드는 지적 영웅을 찾자

촛불이   제가 나중에 어떤 문제에 흥미를 가지고 끈질기게 생각할 때, 이렇게 들었던 이야기들이 도움이 될까요?

허당선생   아마 조금은 도움이 되지 않을까요? 그렇지만 아무래도 특정 분야의 문제해결은 그 분야나 관련 분야를 먼저 공부한 사람들이 어떻게 해결했는지를 살펴보는 것이 제일 도움이 됩니다. 이때 중요한 건 문제해결 사례들의 결론만 참고해서는 안 된다는 겁니다. '저 사람은 이 문제를 어떻게 풀었을까?' 역추적하며 생각해야 문제해결에 도움이 됩니다. 저는 종종 드워킨이나 롤스가 완성한 논의들을 가지고 그들의 사고를 역으로 따라가며 생각하기도 해요.

촛불이   정말 진정한 팬이시군요. 스타의 소소한 일상이나 에피소드들을 광적으로 수집하시는 건 아니죠?

허당선생   하하하! 스타라기보다 저만의 '지적 영웅'이라고 할 수 있죠. 자신만의 지적 영웅을 두면 문제를 해결하거나 이리저리 생각할 때 도움이 됩니다. 학문 내용뿐만 아니라 지적 영웅의 일생이나 소소한 이야기에 관심을 가지는 것도 좋습니다. 드워킨이 옥스

퍼드 대학교 허버트 하트 교수의 후임으로 와서 제대로 교수 활동을 하지 않는다고 하트에게 핀잔을 듣고 세미나에서 거만하게 군다는 평가를 받은 적도 있대요. 그리고 존 롤스는 쿠키를 정말 좋아해서 아내 몰래 하나라도 더 먹으려고 요령을 피우는 귀여운 면도 있었고요. 반면에 제2차 세계대전 때 고속 승진한 롤스가 자신을 모독한 병사를 처벌하라는 상부 명령을 거부했다가 졸지에 이등병으로 강등된 적이 있는데, 그의 강단 있는 성품을 엿볼 수 있죠. 이렇게 지적 영웅들의 삶을 세부적으로 아는 것이 공부할 때 꽤 도움이 된답니다. 무엇보다 그들의 삶은 그 당시 역사적 환경과 밀접하게 연결되어 있거든요. 특히 정치철학 같은 경우는 그들이 처한 환경에서 문제를 설정하고 해결하려는 노력이기 때문에 문제해결 과정을 이해하는 데 크고 작은 도움이 됩니다. 그리고 가장 중요한 건 공부가 따분하지 않고 재미있어진다는 거죠. 이렇게 지적 영웅에 애착을 가지면 그 거인들의 저작을 곱씹어 읽는 것을 좋아하게 됩니다. 그리고 거인들의 저작은 독자에게 언제나 큰 도움과 기쁨을 선사한답니다.

촛불이 선생님이 존 롤스 논문을 조금씩이라도 틈틈이 읽는 것처럼 말이죠? 하지만 지적 영웅을 무비판적으로 따르는 건 아니겠죠?

허당선생 물론이죠. 그래도 지적 영웅이 아닌 학자들을 대할 때와 다른 점은 있어요. 뭐랄까, 이 사람은 이 분야의 거의 모든 문제에 대해 깊은 고민을 해봤을 것이고, 최소한 사고과정의 실마리는 남겨놓았을 것이라는 믿음이 있는 겁니다. 같은 말이라도 깊은 뜻을 헤아리게 되고, 함부로 왜곡해서 받아들이는 일이 없어지죠. 예전에 제가 존 롤스를 제대로 이해하지 못했을 때는 다른 사람들이 읽는 대로 엉터리로 따라 읽으면서 그의 의견들을 비판했었거든요. 부끄러울 따름입니다. 이제는 그렇지 않아요. 금방 탁탁 정리하고 "다 읽었다, 이제 바이 바이~." 이러려면 고전을 뭐하러 읽습니까? 중심 모델이나 추론장비, 문제해결의 단서로 사용하면서 아이디어를 길어 올리는 우물로 사용해야죠.

촛불이　그래서 사람들이 새로 나온 책만 읽는 것이 아니라 옛날 책들도 많이 읽는 거군요.

허당선생　그렇죠. 오랜 시간 동안 세월의 힘을 견뎌냈다는 것만으로도 그 책의 훌륭함을 어느 정도 짐작할 수 있어요.

촛불이　지적 영웅은 똑똑하거나 유명한 사람들 중에 마음에 드는 사람으로 정하면 되나요?

허당선생　아니요. 유명한 사람이라도 그 사람이 구체적으로 무슨 이야기를 했는지 잘 이해하지 못한다면 지적 영웅이라 할 수 없어요. 자신이 고민하고 공부하는 분야라서 그 업적을 이해하고 진심으로 감탄할 수 있는 사람을 지적 영웅으로 삼아야 합니다.

생각 굴리기의 완결판, 느리게 생각하기

촛불이　마지막으로 생각 굴리기에서 가장 중요하게 생각해야 하는 요소는 뭘까요?

허당선생　이런 궁금증은 『몰입, 두 번째 이야기』가 알기 쉽게 설명해줄 겁니다. 두 번째 이야기에 실제 문제해결 사례가 들어 있어서 첫 번째 책보다 더 좋은 것 같아요. 실제로 문제해결 과정을 묘사한 저자는 자신의 전문 분야에서 수십 년 동안 누구도 해결하지 못한 난제를 '몰입'이라는 정신적 상태를 유도해서 해결했다고 이야기합니다. 그리고 실제로 문제해결 과정을 간략하게 묘사했는데요, 슬로 씽킹slow thinking, 즉 느리게 생각하기를 강조합니다.

촛불이 아, '열심히'라고 해서 꼭 급하게 공부하는 것을 떠올리지 말라는 이야기와 비슷하군요.

허당선생 그렇죠! '열심히'라는 말은 신체에 힘이 들어간 상태로 "우와아아 아아~!" 하면서 마구잡이로 공부하는 것을 연상시킵니다. 그런데 두뇌는 근육이 아니라서 두뇌에 힘을 줘봤자 뭔가 특별한 게 나오는 건 아니죠. 예를 들어 만화 『쿵후보이 친미』에서 스승이 친미에게 아주 강한 격파를 하고 나서 젓가락으로 콩을 집어 보라고 합니다. 그랬더니 친미가 손이 떨려 콩을 제대로 집지 못하는 거예요. 격파를 하면서 너무 심하게 힘을 써서 아주 쉬운 동작도 제대로 할 수 없는 거죠. 문제해결 과정으로서의 공부는 격파 무술보다 젓가락으로 콩을 집는 섬세한 작업에 가깝습니다.

촛불이 아, 그래서 빨리 풀려고 하지 말고 생각의 끈을 잡고 느긋하게 풀라고 하는 거군요.

허당선생 『몰입, 두 번째 이야기』에서는 "생각하다가 아예 생각을 접고 휴식을 취하는 것이 더 좋다"라는 통념에 반대 목소리를 냅니다. 생각 굴리기는 마라톤처럼 길고 긴 작업이라서 생각의 끈을 놓지 않는 일이 중요하다고 하죠. 적정한 페이스메이커를 활용해야 합니다. 물론 속도감과 리듬감을 느끼며 마구 아이디어가 쏟아져 나올 때도 있고, 장비장착을 위해 신속하게 반복훈련할 때도 있지만, 해답의 요체에 직관적으로 다가갈 때는 자신을 다그치지 않고 이리저리 생각을 굴리면서 계속 고민하는 것이 필요할 때도 있어요.

촛불이   천천히 하란다고 억지로 자기 속도를 늦추는 게 아니라 길고 긴 생각의 끈을 자연스럽게 유지하라는 얘기네요.

허당선생   그렇죠. 그리고 이 책에서 저자가 해결한 사례 중에 '세라믹스의 비정상 입자 성장' 부분을 보면, 정상 입자 성장을 하는 둥근 입자와 비정상 입자 성장을 하는 각진 입자라는 입자 모양의 차이가 문제의 핵심이라는 걸 포착했다고 하는 부분이 나와요.

촛불이   문제를 좁은 범위로 한정시켰군요.

허당선생   네. 이런 과정들을 '포위망 좁히기'라고 하는데, 집중해야 할 부분을 점점 좁혀가며 생각을 굴리는 거죠. 그렇게 고민하다가 보충이 필요하다고 여겨지는 부족한 지식들은 관련 서적이나 논문들을 읽는다고 합니다.

촛불이   그건 생각 굴리기를 하다가 장비장착을 하는 거고요.

허당선생   그렇죠. 무조건 시간 순서대로 장비장착을 다 끝낸 뒤에 생각 굴리기를 하는 거라는 고정관념이 있으면 곤란합니다. 생각 굴리기를 꾸준히 하다 보면 '아, 어느 부분의 지식만 보충하면 뭔가 답이 나오겠구나.' 하는 감이 옵니다. 그 직감에 따라 관련 지식들을 차곡차곡 섭취하다 보면 그 와중에 답이 나오는 경우가 있어요.

촛불이   아, 반복훈련을 퀴즈풀이에만 맞춰서 생각하는 것은 그런 측면에서도 잘못된 생각이네요.

허당선생   맞아요. 그리고『몰입, 두 번째 이야기』의 저자가 이야기한 사례를 이어서 언급하자면, 문제해결 과정에 필요한 지식을 갖추고 있는 분에게 문제설정 이유를 설명하고 공동 연구를 해서 좋은 성과를 냈다는 이야기가 있습니다.

촛불이 오호라! 문제해결을 위한 공동 작업이네요! 정리하자면 '느리게 생각하기', 생각의 끈을 놓지 않고 '계속 생각하기', 좁은 범위에 온 정신을 집중시켜 '몰입하기'가 중요한 거군요.

허당선생 네. 그리고 "나는 이 큰 문제를 해결할 수 있다. 이 문제에는 분명히 답이 있다"라는 낙관주의적 태도도 중요합니다.

촛불이 큰 문제라. 저하고는 거리가 먼 이야기 같아요.

허당선생 이제 막 공부를 시작하는 사람에게 막연하게 보이는 건 당연하죠. 저자는 그 분야의 전문가인걸요. 물론 청소년 때부터 큰 문제를 풀 수 있다는 확신을 가졌다는 뜻은 아닙니다. 처음부터 큰 문제에 강렬하게 끌린다면 좋은 현상이겠지만 설사 그런 느낌이 없다 해도 상관없는 것 같아요.

촛불이 그렇지만 큰 문제를 해결해야 공부하는 의미가 있지 않을까요?

허당선생 세상에는 흥미로운 문제들이 정말 많아요. 제가 문제 중심으로 공부를 바라보지 않았을 때는 그걸 깨닫지 못했어요. 그런데 공부란 문제해결의 과정이라고 이해하게 되니까, 그전에는 눈에 띄지 않던 문제들이 정말 많이 보이더라고요. 각자에게 맞는 수준을 골라잡아 몰입해서 풀 수 있는 흥미로운 문제들은 언제 어디서나 찾을 수 있어요.

촛불이 훌륭한 규칙들이 이미 세상에 나와 있으면요?

허당선생 그 규칙을 구성한 사람도 이 세상 모든 것에 그 규칙을 적용해보지는 않았을 겁니다. 그 규칙이 제대로 적용되지 않았던 구체적인 사례나 영역들이 있을 수도 있고요. 또 그 사례나 영역에 맞춰서 규칙을 변형해야 하는 경우도 있을지 모릅니다.

촛불이　공부 잘하는 사람은 결국 문제를 해결하게 되지만, 공부 못하는 사람은 반복훈련 해도 문제를 해결하는 정도까지 갈 수 없는 건 아닐까요?

허당선생　문제를 해결하는 유전자와 그렇지 않은 유전자가 나뉘어 있다는 연구 보고는 아직 들은 바 없어요. 원대한 문제를 푸는 사람과 그렇지 않은 사람들이 나뉘어져 있는 건 아니지요. 우리는 지적 영웅이 이미 성취한 결과만 보고 그들의 능력을 대단하게 생각하기 쉽습니다. 하지만 그들 역시 공부의 계단을 타고 올라간 건 마찬가지에요. 물론 그들이 우리를 주눅 들게 하는 건 사실이고, 사람들 사이에 개인차가 있는 것도 사실입니다. 통계를 내보면 일반적으로 사람들의 능력이 서로 다르게 분포되어 있다는 걸 쉽게 알 수 있죠. 그러나 다른 사람에 비해 자신의 사고 속도가 얼마나 빠른지 느린지는 문제해결을 하느냐 못하느냐를 결정짓는 원인이 아닙니다. 예를 들어 어린 나이에 규칙을 숙달하고 적용하는 법을 조숙하게 익힌 사람을 '신동'이라고 하잖아요? 그런데 신동과 일반인의 차이는 뭘까요? 그 방법을 배운 나이가 사람마다 차이가 있다는 점밖에 없어요. 신동은 유별나게 어린 나이에 문제해결 방법을 알게 된 것일 뿐, 이런 학습 능력이나 방법은 시간이 지나면 결국 누구나 익힐 수 있습니다. 공부는 퀴즈풀이라는 이미지만 버리면, 같은 연령대에서 얼마나 기존 규칙을 능숙하게 외우고 숙달하였는지 그 능력치에 따라 그린 정규분포 곡선의 위치는 의미가 없어집니다. 그냥 꾸준히 배우고, 익히고, 생각을 굴리면 되는 거죠. 제가 앞에서 반드시 어떤 문제 설정을 완벽하게 해놓고 다음 문제로 넘어가 해결하는 건 아니라고 했었는데, 기억나요?

촛불이 네. 공부하면서 문제설정이 바뀐다고요.

허당선생 많은 것을 읽고 생각하고 풍부하게 반복훈련을 하다 보면 분명히 점점 더 흥미로운 문제를 발견하게 될 것이고, 그 문제에 맞춰 자신의 능력도 조금씩 높아지는 걸 느낄 수 있을 거예요.

촛불이 선생님! 마지막으로요, 인생에서 공부는 어느 정도의 비중을 차지해야 할까요?

허당선생 하하하, 그걸 제가 어떻게 알겠어요.

촛불이 그럼 공부는 많이 할수록 좋은 건가요?

허당선생 좋은 삶의 형태는 다양하다고 생각해요. 딱 하나로 정해진 답은 없어요. 공부를 많이 할수록 행복해진다고 하기엔 무리가 있어요. 더 훌륭한 사람이라고 말할 수도 없고요. 그러니까 그 질문은 일단 공부를 경험해보고 나서 각자 정리할 일로 남겨두기로 하죠. 다만, 문제해결로서의 공부가 무엇인지도 알지 못한다면, 그래서 제대로 경험하지 못한 채로 "공부하기 싫으니까 나는 다른 것에 집중하며 살 거야!"라고 하면 안타깝잖아요.

촛불이 선택하려면 알고 선택해야 하는데 전제가 충족되지 않았네요.

허당선생 네. 제 생각엔 일단 해보면, 전부는 아니더라도 상당히 많은 사람들이 재미있게 공부할 수 있을 것 같아요. 최소한 공부를 삶에서 활기차고 중요한 부분으로 받아들이지 않겠어요? 그러니까 우리가 전에 얘기했던 요령들을 생각하면서 조금씩 나아지도록 노력합시다. 그리고 알아봅시다. 어느 정도로 어디까지 공부할 것인지. 어떤 문제를 풀 것인지 그리고 어떤 의미를 부여할 수 있을지 말이죠.

촛불이   선생님 덕분에 공부가 전혀 다른 의미로 다가온 것 같아요. 시험 점수보다 더 중요한 게 뭔지 어렴풋이 알 것 같아요. 앞으로도 종종 놀러 올 테니 반갑게 맞아주셔야 해요!

허당선생   물론이죠. 언제든지 찾아오세요.

:: 함께 읽으면 좋은 책

창조성의 비밀 모기 겐이치로 저 | 이경덕 역 | 브레인월드

몰입, 두 번째 이야기 황농문 저 | 랜덤하우스코리아

학문과 교육 (하) 장상호 저 | 서울대학교출판부

헌법의 풍경 김두식 저 | 교양인

도박 묵시록 카이지 후쿠모토 노부유키 글·그림 | 학산문화사

기생수 이와아키 히토시 글·그림 | 학산문화사

생각의 탄생 로버트 루트번스타인 · 미셸 루트번스타인 공저 | 박종성 역 | 에코의서재

소유의 역습, 그리드락 마이클 헬러 저 | 윤미나 역 | 웅진지식하우스

어떻게 살아야 할까?
무엇이 좋은 삶일까?

이 큰 질문은 많은 작은 질문들을 만들어냅니다. 이를테면 '신중한 계획에 따르는 것'과 '생각하지 않았던 일을 모험적으로 시도해보는 것'의 비중, '가족의 행복을 위하는 것'과 '세상 사람들의 행복을 위하는 것'에 투여하는 시간과 노력의 비중을 어떻게 정하는 것이 좋을지 고민할 것이 매우 많습니다.

그중에서도 매우 보편적이면서 흥미로운 질문 중 하나는 "지금 이 순간을 즐기는 활동과 미래를 대비하는 활동의 비중을 어떻게 두어야 할까?"입니다. 지금 이 순간을 즐기는 활동을 간단히 플로flow라고 일컬어 봅시다. 플로란 흐름입니다. 재미있는 영화를 보는 경험은 영화를 보는 내내 흘러갑니다. 흐르는 것은 저장해둘 수가 없습니다. 그러나 그 흐름의 양이 얼마나 되는지는 평가할 수 있습니다. 수도꼭지에서 1분당 1리터씩 물이 나오는 것과 1분당 5리터씩 나오는 것은 다릅니다. 한국의 학생들과 직장인들은 이런 플로 시간이 무척 적습니다. 무엇을 하느라 그럴까요. 바로 미래를 대비하는 활동입니다. 이것을 간단히 스톡stock이라고 해봅시다. 스톡은 저장되는 것입니다. 스톡의 성과는 미래를 위해 저장된 양을 비교해보면 간단하게 판단됩니다. 월급으로 받는 '돈'이 대표적인 스톡입니다. 회사에 가기 싫으면서도 날마다 나가는 이유는 월급을 받아 몇 달, 또는 몇십 년 뒤를 대비하기 위해서입니다. 문제는 플로와 스톡 둘 다 중요하기 때문에 어느 한 쪽을 배타적으로 선택할 수는 없다는 데 있습니다. 그래서 이 비중을 정하는 일이 큰 고민거리가 됩니다.

세상에는 스톡과 플로의 균형에 대한 뛰어난 통찰을 담고 있는 많은 이야기들이 있습니다. 먼저 플로에 관한 이야기를 살펴볼까요? 톨스토이의 단편 '사람에게 얼마만큼의 땅이 필요한가'에서 주인공 파홈은 최대한 많은 땅을 차지하기 위해 하루 만에 엄청나게 먼 거리를 다 돌려고 죽을 힘을 다 하다가 진짜 죽어버렸고, 결국 그가 차지한 땅은 고작 그가 묻히는 크기만큼의 땅이었습니다. 톨스토이는 극적인 효과를 위해 스톡인 땅의 면적을 대비시켰지만 실제로 파홈이 잃은 것은 그에게 남은 일생 동안의 시간이라는 플로였습니다. 찰스 디킨스의 '크리스마스 캐롤'도 평생 고집스럽게 돈을 모으는 일, 즉 스톡에만 관심을 가졌던 스크루지에게 자신과 주위 사람들의 행복을 위해 돈을 잘 쓰는 일, 플로의 가치를 일깨워주는 이야기입니다.

플로를 강조하는 것은 할리우드 영화의 단골 주제이기도 합니다. 대표적인 영화로는 니콜라스 케이지 주연의 〈패밀리 맨〉인데, 여기서 니콜라스 케이지는 아름다운 여자친구와의 플로냐 아니면 홀로 외로이 명성과 부를 쌓는 스톡이냐 중에 후자를 선택합니다. 신은 그가 만일 전자를 선택했다면 그의 삶이 어땠을지 잠시 구경시켜 주었고, 그는 플로를 선택하지 않았음을 후회합니다. 애덤 샌들러 주연의 〈클릭〉이라는 영화는 어떤가요? 회계사인 주인공은 회사에서 고용주 위치인 파트너 회계사가 되기 위해 프로젝트를 완수할 때까지의 기간을 빨리감기 버튼으로 넘겨버립니다. 그러나 파트너가 되기 위해선 다음 프로젝트가 있었고, 또 다음 프로젝트도… 이런 식으로 빨리감기가 돼서 순식간에 부자가 되긴 했지만 이제 곧 죽음을 눈앞에 둔 노인이 되어버렸습니다.

다음 이야기는 어떤가요? 대학강사가 "당신이 내일 죽는다면 오늘 무엇을 하겠는가?"라고 학생들에게 질문을 던지자, "부모님께 전화를 하겠다." "헤어진 남자친구에게 고마웠다고 편지를 쓰겠다." "친구들에게 내가 얼마나 사랑하는지 마음을 전하고 함께 즐거운 시간을 보내겠다." 등등의 답을 합니다. 그러자 강사는 말합니다. "오늘, 지금 그 일을 하라!"

그러나 이런 영화나 소설, 우화들은 우리 인생에 확정적인 답을 주지는 않습니다. 왜냐하면 스톡의 가치를 강조하는 서사들도 무시할 수 없을 정도로 많기 때문입니다. 그중 가장 유명한 이야기는 '개미와 베짱이'입니다. 하루 종일 일만 하던 개미는 추운 겨울을 견디고 살아 남았고, 딩가딩가 놀던 베짱이는 스톡을 쌓지 않았기 때문에 굶어 죽었습니다. 더군다나 '스톡 없이는 번영 없다'는 거대한 교훈을 쌓아 올린 학문도 있습니다. 바로 '경제학'입니다. 역사를 돌이켜봐도, 1960년대 이후의 한국 사람들이 저축하고 그 돈이 자본으로 투자되지 않았다면 지금의 한국은 없을 것입니다. 업적을 이룬 사람들의 이야기는 어떻습니까? 감탄할 만한 스톡을 위해 매진하는 많은 사람들의 이야기가 있습니다. 서점에 가면 발에 채이는 수많은 자기계발서들의 요점은 단 하나입니다. "놀지 말고 스톡 쌓으세!" 아인슈타인이 수학을 공부해두지 않았다면 고등수학을 이용한 상대성이론을 만들지도 못했을 것입니다. 앞서 대학강사의 플로 이야기처럼 내일 죽는다고 가정하고 강사가 시키는 대로 오늘 할 일을 했다고 합시다. 그러면 내일은 뭘 하나요? 편지를 365일, 매일 쓸 순 없지 않습니까. 균형을 잃어버린 삶을 되돌아보기엔 좋은 사고실험이지만, 정말 내일 죽는다면 오늘 직장에 나가거나 공부할 사람은 아무도 없을 것입니다.

이 문제는 정말 골치가 아픕니다. "내 인생에선 플로 비중은 30퍼센트, 스톡 비중은 70퍼센트입니다"라고 선언하면 문제가 해결될까요? 그 답은 무슨 근거로 정당화될까요? 왜 30:70인지 근거가 없습니다. 어차피 답이 없으니 아무렇게나 찍든 무슨 상관이냐고 말할 수도 없습니다. 정말로 어떻게 정하든 상관없다면 플로냐 스톡이냐라는 문제에 대하여 통찰을 주는 많은 이야기들은 아무 의미 없는 것에 대해 이야기하고 있는 셈이니까요. 거기다 이 문제는 자기 혼자 속으로 생각해보는 것으로 끝나는 문제가 아닙니다. 이런저런 관계로 얽힌 이들이 서로에 대한 관심과 애정, 혹은 또 다른 이유로 간섭하며 충돌하게 되는 지점이기도 합니다. 학부모와 교사들은 "지금 1분 1초도 아끼지 말고 모든 것을 쏟아 시험 준비를 열심히 하지 않으면 후회하게 된다"고 하고, 학생들은 "지금 내가 하고 싶은 걸 하고 싶어요. 대학시험 준비, 취직 준비, 결혼 준비, 노후 준비, 평생 준비만 하고 남는 게 뭔가요?"라고 합니다.

불행히도 이 문제에 대해 이성적 접근이 어디까지 가능할지조차 잘 모르겠습니다. 다만 분명히 알 수 있는 것은 '흥미로운 문제해결'은 스톡과 플로의 대립을 교묘하게 극복할 수 있는 활동이라는 것입니다. 이 활동은 스톡이자 플로라는 점에서 독특합니다. 예를 들어 "GDP는 증가했는데 왜 국민들의 행복 수준은 그대로인가?"라는 문제의 답을 구하면서 문제설정, 풍부한 반복훈련, 비유, 유추, 패턴 인식, 자료 정리, 글쓰기 등 여러 가지 활동을 하는 경우를 생각해봅시다. 그 문제를 풀기 위해 배운 것들은 머리에 유용하게 남아 다른 문제를 해결하는 데도 도움이 되는 큰 자산입니다. 동시에 이 문제해결 활동은 상당히 의미 있는 경험이 됩니다. 창의성, 단순 노동, 혼란스러움, 고통, 감질남, 기쁨, 삼매경 등 여러 모습들이 이리저리 혼합되어 매우 독특한 경험을 하게 해줍니다. 그리고 전체적으로 봤을 때, 이 경험들은 '좋은 것'이며 또 '계속 하고 싶은 것'입니다.

따라서 문제해결 활동이란 원래 스톡과 플로의 골치 아픈 대립을 일정 부분 해소하는 인생의 묘안이 될 수 있는 활동입니다. 사실 더 많은 사회 구성원들이 스톡과 플로를 동시에 충분히, 직접 경험하며 살 수 있는 기회가 주어지는 사회일수록 만족스러운 사회일 것입니다. 그런데 지금의 교육제도는 공부의 이 독특한 성격을 지워버립니다. 퀴즈풀이 시험을 대비하는 활동은 플로가 되지 못할 뿐더러, 스톡에 해당하는 시험점수가 좋지 않으면 그 경험은 심하게 평가절하가 되기 때문입니다. 중·고등학교 학생들은 하루의 대부분을 차지하는 수업시간이 빨리 끝나기만을 바라고, 대학생들은 강의가 휴강이면 기쁨의 환호성을 지릅니다. 직장인들도 하루의 일과를 빨리감기 버튼으로 숨 가쁘게 넘기려는 〈클릭〉의 애덤 샌들러처럼 지낼 겁니다.

학생들은 성적이 남지 않는다면 학교 활동의 대부분이 '헛짓'이라고 느낄 것입니다. 학생들이 수업시간에 집중하지 않거나 공부하지 않는다고 한심하게 생각하는 교사들은 이 점에 대해 깊이 생각해보아야 합니다. 학교 수업과 관련된 내신·수능 시험이 없어도 수업을 듣는 것이 가치가 있을까요? 우리 개인의 삶과 그것을 크게 규정하는 사회제도 속에서 스톡과 플로의 비극적인 분리를 극복해야 합니다.

　'공부란 문제해결 활동이다'라는 설명을 듣고, 한 분이 이런 질문을 던진 적이 있습니다.

　"애초에 흥미를 느끼는 문제 자체가 없는 학생은 어떻게 합니까? 제가 만나는 많은 학생들은 무언가에 뚜렷한 관심도 없습니다. 그러다 보니, 반복훈련은 고사하고 무언가를 듣고 생각하는 일 자체를 싫어합니다."

　대단히 흥미로운 질문이긴 하지만 먼저 그 질문의 오류를 지적해야 할 것 같습니다. 이 질문은 요령 중심의 사고에서는 허용할 수 없는 '모 아니면 도'의 이분법을 사용하고 있습니다. 즉, 이 질문은 공부를 좋아하는 사람과 싫어하는 사람을 일도양단 식으로 나누고, 싫어하는 사람은 어떤 문제에도 관심을 가지지 않고 어떻게 해도 도통 공부할 생각을 하지 않는 사람으로 정해두고 있습니다. 물론 이런 이분법은 스톡과 플로는 동시에 함께 할 수 없으며 공부는 본질적으로 괴로운 스톡 활동이라는 전제를 깔고 있습니다. 그 결과, 공부 과정의 세세한 부분을 '조금 더' 개선하는 문제보다 '스톡'의 괴로움을 싫어하는 학생의 속성을 단번에 '플로'를 대하듯이 바꿀 수 있는 마술을 기대하고 있는 겁니다.

　그러나 흥미는 '있고 없고'의 문제가 아니라 '많고 적고'의 문제입니다. 질문은 흥미가 없는 학생에게 어떻게 흥미를 생기게 할 것인가의 문제가 아니라, 어떻게 하면 현재 수준에 머물러 있는 학생에게 인간의 삶과 세계에는 흥미로운 문제들이 많다는 점을 '조금 더' 알게 할 수 있을까? 어떻게 하면 추론장비를 익히는 반복훈련의 과정이 문제해결 과정에 '조금 더' 긴밀하게 연결되도록 할 수 있을까? 어떻게 하면 반복훈련이 기계적인 과정이 되지 않고 '조금 더' 풍부하고 다채로운 과정이 될 수 있을까? 어떻게 하면 '조금 더' 집중하고 진득하게 생각할 수 있는 환경을 만들어 줄 수 있을까? 어떻게 하면 이리저리 체계적으로 생각을 굴리는 경험을 '조금 더' 유도할 수 있을까? 어떻게 하면 발달 단계에 따른 적절한 도전 과제를 제공해주고 다음 단계로 '조금 더' 쉽게 나아가게 할 수 있는가의 문제입니다.

공부의 정의만 살짝 바꾼다고 무슨 소용이 있겠냐고 사기 당한 느낌이라고 생각하시는 분은 처음부터 다시 한 번 이 책이 얼마나 시시콜콜한 내용을 다루고 있는지 살펴주시기 바랍니다. 세세한 교수법과 새로이 만들어야 하는 학습전략은, 다루는 지식의 내용과 해결하고자 하는 문제, 배우는 이와 가르치는 이가 처한 상황에 따라 달라지겠지만 그 기본은 '조금 더'를 지향하는 '요령'입니다.

요령에 관한 질문을 진지하게 던지기 위해서 가르치는 사람은 언제나 문제해결 활동을 중심으로 하는 고통스러우면서도 즐거운 배움의 여정 속에 있어야 합니다. 그렇지 않으면 추론장비를 새로 습득하는 초보자의 심정을 모른 채, 매너리즘에 빠져 매일같이 앵무새처럼 낡은 지식을 녹음기 틀듯 되풀이하기 쉽습니다. "이제 나이가 들어 제 굳은 머리로는 가망이 없습니다"라고 하는 것은 "공부란 청소년·청년 시기에 시험 점수라는 스톡을 쌓기 위한 퀴즈풀이 활동이다"라는 오해에 기초한 변명에 불과합니다. 결국 '어떻게 공부해야 하는가?'는 '어떻게 즐겁고 보람 있는 인생을 살 것인가?'라는 우리 삶의 중심에 놓여 있는 질문의 한 형태입니다. 그리고 이것은 학생이라는 신분을 달고 있는 사람이건 아니건 모두가 피해갈 수 없는 질문입니다. '성적을 높게 받는 것이 공부다'라는 스톡 편향적 자세나 '살면서 자연히 배우는 것이 공부의 전부이며, 그 이상의 의도적인 노력은 필요 없다'라는 플로 편향적 태도는 이 질문의 의미를 충분히 음미하지 못한 것 아닐까요? 이 질문을 충분히 음미할 수 있을 때, 비로소 우리는 개인의 공부, 더 나아가 교육제도를 어떻게 바꾸어야 하는지에 대해 제대로 된 해답의 단초를 얻을 수 있을 것입니다.

:: 감사의 글

격월간 『민들레』에 연재를 제의하여 집필할 계기를 마련해주신 김경옥 님, 연재되는 글을 편집하고 글쓰기를 격려해주신 진형민 님, 일부 구술한 내용을 녹취하고 정리해주신 나세경 님, 원고를 읽어보고 좋은 조언을 주셨던 박민선 님, 김혜민 님, 김보현 님, 그리고 단행본 원고를 정성스레 편집하느라 고생하신 홍미진 님께 감사드립니다.